SUPERVISÃO DE ESTÁGIO
EM SERVIÇO SOCIAL:
desafios para a formação e o exercício profissional

*Conselho Editorial da
área de Serviço Social*

Ademir Alves da Silva
Dilséa Adeodata Bonetti
Elaine Rossetti Behring
Maria Lúcia Carvalho da Silva
Maria Lúcia Silva Barroco

Dados Internacionais de Catalogação na Publicação (CIP)
(Câmara Brasileira do Livro, SP, Brasil)

Lewgoy, Alzira Maria Baptista
  Supervisão de estágio em serviço social : desafios para a formação e exercício profissional / Alzira Maria Baptista Lewgoy. — 2. ed. — São Paulo : Cortez, 2010.

  Bibliografia
  ISBN 978-85-249-1492-8

  1. Assistentes sociais - Prática profissional 2. Estágio 3. Serviço social - Pesquisa 4. Serviço social como profissão I. Título.

09-03925   CDD-361.3023

Índices para catálogo sistemático:

1. Assistentes sociais : Prática profissional : Estágio : Serviço social   361.3023

Alzira Maria Baptista Lewgoy

SUPERVISÃO DE ESTÁGIO EM SERVIÇO SOCIAL:
desafios para a formação e o exercício profissional

2ª edição
6ª reimpressão

SUPERVISÃO DE ESTÁGIO EM SERVIÇO SOCIAL:
desafios para a formação e o exercício profissional
Alzira Maria Baptista Lewgoy

Capa: aeroestúdio
Preparação de originais: Carmen T. da Costa
Revisão: Maria de Lourdes de Almeida
Composição: Linea Editora Ltda.
Coordenação editorial: Danilo A. Q. Morales

Nenhuma parte desta obra pode ser reproduzida ou duplicada sem autorização expressa da autora e do editor.

© 2009 by Autora

Direitos para esta edição
CORTEZ EDITORA
R. Monte Alegre, 1074 — Perdizes
05014-001 — São Paulo - SP
Tel. (11) 3864 0111   Fax: (11) 3864 4290
e-mail: cortez@cortezeditora.com.br
www.cortezeditora.com.br

Impresso no Brasil — junho de 2018

In memoriam
a Geraldo e Ruthe

A Maria Quintanilha Baptista, *minha mãe do coração,*
pela maior bênção e herança recebida:
a sua vontade expressa em mostrar-me o segredo
das possibilidades através do conhecimento,
este o legado de sua herança.

Sobre a Autora

Alzira Maria Baptista Lewgoy é assistente social. Doutora em Serviço Social pela Pontifícia Universidade Católica do Rio Grande do Sul (PUCRS). Professora da Faculdade de Serviço Social da PUCRS. Tutora do PREMUS — Programa de Residência Multiprofissional em Saúde da PUCRS. Tutora do PET — Programa de Educação para o Trabalho na Saúde da PUCRS. Vice-Presidente da Região Sul I da ABEPSS — Associação Brasileira de Ensino e Pesquisa em Serviço Social no biênio 2009-2010. Em toda sua experiência profissional tem se dedicado a supervisão de alunos em estágio curricular de serviço social e ministrado disciplinas sobre a temática. Dedica-se especialmente ao estudo dos seguintes temas: Estágio Curricular, Supervisão, Serviço Social, Formação e exercício Profissional e está vinculada como pesquisadora ao Núcleo de Estudos e Pesquisas em Saúde, Trabalho e Formação (NEST/PUCRS), na linha de estudos sobre Políticas Sociais, Formação e Exercício Profissional. Autora do livro "Marginalidade e Controle Social" (Secretaria de Justiça do RS, 1991) e de diversos artigos publicados em periódicos relacionados a temas como saúde, trabalho, saúde coletiva, política social, violência e formação profissional. Dentre estes se destacam: Supervisão em Serviço Social: a formação do olhar ampliado. Textos & Contextos, 2002; Observatórios de Acidentes e Violência: a capacitação dos profissionais da saúde para a implantação de sistema de vigilância em saúde. Textos & Contextos, 2005; Balanço Critico Gestão ABEPSS 2003-2004. Temporalis, 2006; A entrevista nos processos de trabalho do assistente social. Textos & Contextos (Online), 2007; Saúde e interdisciplinaridade: mundo vasto mundo. Ciência & Saúde, 2008.

lewgoy@terra.com.br; Alzira.lewgoy@pucrs.br

Sumário

O ponto de partida: alinhando caminhos e ideias 11

1. Desafios e exigências da formação profissional na contemporaneidade 19

Educação e trabalho 20

Supervisão de estágio e o projeto ético-político-profissional 45

2. Caminhos da supervisão de estágio em Serviço Social 64

Genealogia da supervisão de estágio em Serviço Social 64

Supervisão acadêmica e supervisão de campo: algumas indagações e tentativas de respostas 98

3. Elementos constitutivos da concepção de supervisão de estágio ... 119

Espaço de mediações entre formação e exercício profissional 121

— Projeto político-profissional 121

— Processo de trabalho 124

Espaço afirmativo de formação 132

— Espaço de ensino-aprendizagem 132

— Enfrentamento do cotidiano profissional 137

— Espaço efetivo de não-tutela, de autonomia, de apoio, de fruição, de criatividade 140

— Significados atribuídos à supervisão 146

**4. Competência profissional: dimensões do processo de
supervisão de estágio** 149

Dimensão ético-política: desafios e reafirmação de
compromissos 150

— Desafios e reafirmação de compromissos 151

— Apropriação dos fundamentos teóricos, metodológicos,
históricos, éticos e políticos 154

— Agenda comum: alunos, assistente social e professor 157

Dimensão teórico-metodológica: alicerce em construção 160

— Teoria crítica como alicerce 161

— Vulnerabilidade teórico-metodológica 164

Dimensão técnico-operativa: espaço de operacionalização do
conhecimento e da ética 169

— Dimensão técnico-operativa dissociada das dimensões
ético-política e teórico-metodológica 169

— Instrumentos e técnicas 173

— Supervisão individual e grupal 179

O ponto de chegada: construindo novos caminhos 185

Referências bibliográficas 194

Anexos

Anexo 1 — Cartografia da metodologia 224

Anexo 2 — Processo de categorização 231

Anexo 3 — Publicações em revistas e anais de encontros
científicos sobre supervisão de estágio em Serviço Social
no período de 1996 a 2004 232

O ponto de partida: alinhando caminhos e ideias

O momento que vivemos é um momento pleno de desafios. Mais do que nunca é preciso ter coragem, é preciso ter esperanças para enfrentar o presente. É preciso resistir e sonhar. É necessário alimentar sonhos e concretizá-los dia a dia no horizonte de novos tempos mais humanos, mais justos, mais solidários.

Marilda Iamamoto

A motivação desta obra[1] nasceu da minha vivência como docente, iniciada em 1990, e abriga-se no trabalho cotidiano como supervisora de alunos em estágio curricular em Serviço Social, desenvolvido, inicialmente, na Universidade de Caxias do Sul e, atualmente, na Pontifícia Universidade Católica do Rio Grande do Sul. Nessa trajetória também estão as vivências como assistente social e supervisora de campo no Sistema Penitenciário e a militância numa organização profissional voltada para o ensino e a pesquisa — a Associação Brasileira de Ensino e Pesquisa em Serviço Social (ABEPSS). Esses aprendizados me oportunizaram ampliar e aprofundar as discussões sobre a formação profissional, fortalecendo, assim, minha implicação com o tema e a necessidade e o propósito deste estudo.

---

1. Este trabalho origina-se da tese de doutorado *Pensar a supervisão de estágio em Serviço Social: ser ou não ser, eis a questão!*, apresentada, em março de 2007, ao Programa de Pós-Graduação em Serviço Social da Faculdade de Serviço Social da Pontifícia Universidade Católica do Rio Grande do Sul.

Sustentar sonhos e concretizá-los dia a dia, como convida Iamamoto (1998), é dar concretude à busca de qualificação da docência, trilhando caminhos nos quais se desvela a intenção de garantir a efetivação do projeto ético-político-profissional. Parto do pressuposto de que a supervisão de estágio em Serviço Social encontra nas Diretrizes Curriculares a possibilidade de romper com o pensamento conservador e, desse modo, contribuir para a efetivação da competência profissional no processo de formação. A supervisão de estágio, ao assumir historicamente um lugar privilegiado no sentido de ser o espaço que dá conta da instrumentalização das demandas da prática, expõe-se a maior risco de se tornar um espaço separado do todo da formação, não contribuindo, assim, para a superação da perspectiva conservadora referida. Isso me instiga profundamente, já que os campos de estágio também vivem a tensão entre uma prática conservadora e o atual projeto profissional. Assim, sendo a supervisão de estágio uma das instâncias da formação profissional, é parte da história da profissão e, também, de grande relevância para o aprendizado do aluno no exercício das atribuições outorgadas aos assistentes sociais. Entendo ainda que, para compreendê-la no contexto das transformações ocorridas no ensino superior e no Serviço Social, é necessário construir articulações, vinculando-a ao conjunto dos componentes curriculares das Diretrizes de 1996.

Nessa perspectiva histórica e de tessitura com o projeto ético-político, busquei subsídios ao estudo partindo desta interrogação: Como se constitui o processo de supervisão de estágio em Serviço Social de modo a contribuir para a efetivação da competência profissional preconizada pelas Diretrizes Curriculares? O recorte temporal privilegiado para a aproximação do objeto de investigação é o período compreendido de 1996 a 2004, delimitação que se deve à ocorrência de fatos significativos no ensino superior, os quais tiveram reflexos nas profissões em geral, em especial no Serviço Social. Entre esses fatos estão a aprovação das Diretrizes Curriculares pela categoria profissional; a homologação e a regulamentação das Diretrizes Curriculares pelo MEC; os processos de implantação e implementação das Diretrizes Curriculares nas unidades de ensino brasileiras; a efervescência do debate sobre a formação profissional; a articulação crítica entre as Diretrizes Curriculares e a LDB, ambas as legislações surgidas em 1996, e o crescimento acelerado dos cursos presenciais de graduação em Serviço Social.

Para responder ao problema foi necessário articular supervisão de estágio, formação e exercício profissional, identificando conexões e alterações entre as partes e o sentido de cada parte e do todo, visto que a totalidade concreta não é um todo dado, mas um movimento de autocriação permanente. Isso implica a historicização dos fenômenos que a compõem, expressando a "[...] realidade como um todo estruturado, dialético, no qual, ou do qual, um fato qualquer pode vir a ser racionalmente compreendido [...]" (Kosik, 2002, p. 44). A questão central, conforme Lakatos e Marconi (1996, p. 24), extrapola a "[...] mera identificação, estabelecendo os primeiros reparos operacionais: isolamento e compreensão dos fatores específicos, que constituem o problema no plano de hipóteses e de informações [...]". Nesse percurso identifiquei as dimensões que permeavam o problema e que são prioritárias para o seu desvendamento, desdobrando-as em quatro questões norteadoras:

1. Quais os elementos presentes na concepção de supervisão de estágio em Serviço Social?
2. Como a dimensão ético-política se expressa no processo de supervisão?
3. Qual é a base teórico-metodológica de referência para o processo de supervisão de estágio?
4. Como se operacionaliza a supervisão de estágio a partir das Diretrizes Curriculares em Serviço Social?

Portanto, meu objetivo foi conhecer como se constituiu o processo de supervisão de estágio, a fim de propor estratégias que contribuam para a efetivação da competência profissional nas dimensões ético-políticas, teórico-metodológicas e técnico-operativas. Dessa forma, procurei: a) dar visibilidade ao processo de supervisão de estágio segundo a ótica dos supervisores acadêmicos e de campo e de alunos estagiários, tendo em vista a atual lógica curricular que norteia a formação do assistente social;

b) identificar de que modo o processo de supervisão de estágio possibilita o exercício da competência e das habilidades previstas no atual projeto profissional no intuito de fortalecê-las.

Quanto à perspectiva metodológica, minha opção foi utilizar a análise qualitativa dos dados. Serviram de âncora as categorias totalidade, historicidade e contradição, que foram trabalhadas de modo interconectado com a análise transversal de toda produção. Simultaneamente às anteriores, merecem destaque as categorias trabalho e mediação. O trabalho é fundamental a esta investigação e à obra marxiana como categoria central no processo de construção humana. A relação entre homem e natureza, mediada pelo trabalho, posição intelectual orientada por consciência com finalidades e objetivos, ao se relacionar com a formação profissional no processo de supervisão de estágio, é também produto desse complexo, ou seja, nenhuma entidade social que tem poder sobre o homem é exclusivamente exterior a ele, pois é resultante de sua própria atividade.

Em razão de ser constitutiva das relações sociais historicamente construídas, a mediação é uma categoria "[...] objetiva, ontológica, que tem de estar presente em qualquer realidade, independente do sujeito [...]" (Lukács, 1979, p. 90), isto é, tanto se manifesta como categoria que compõe o ser social, portanto ontológica, quanto se constitui em construto que a razão elabora logicamente para possibilitar a apreensão do movimento do objeto. As categorias utilizadas que tiveram larga interferência na reflexão são "[...] aquelas que retêm historicamente as relações sociais fundamentais e podem ser consideradas balizas para o conhecimento do objeto nos seus aspectos gerais [...]" (Minayo, 1998, p. 94).

A mediação é tomada aqui como ponto de partida metodológico, como momento de atenção permanente no trânsito das categorias analíticas formação e supervisão, as quais possibilitaram transitar do singular ao universal, mediatizado pelo particular. As categorias empíricas, operacionalmente, foram arquitetadas a partir do trabalho de campo, à medida que se identificava que tinham a propriedade de "[...] apreender as determinações e as especificidades que se expressam na realidade empírica" (Minayo, 1998, p. 94).

Foram fontes de dados da investigação produções científicas da área de Serviço Social em supervisão de estágio publicadas em anais e revistas dos eventos realizados pela ABEPSS, CEFSS e Enesso, questionários enviados via *e-mail* aos professores especialistas em Serviço Social de várias regiões do Brasil e grupo focal com os assistentes sociais de campo e com alunos estagiários. Os dados foram alvo de tratamento qualitativo, processo detalhado no Anexo 1.

A obra estrutura-se em quatro capítulos. O primeiro — "Desafios e exigências da formação profissional na contemporaneidade" — introduz as exigências e os desafios contemporâneos que se impõem cotidianamente na formação em Serviço Social, na sua interface com o projeto político-profissional e o rebatimento na supervisão de estágio, relacionando profissão, formação e supervisão. A articulação entre as categorias teóricas formação, supervisão e competências foi necessária para decifrar o que se encontra na contramão do projeto político-profissional e para fundamentar este tema. Apresento também o delineamento de que os espaços de formação estão hoje especialmente focalizados na consecução do lucro e da concentração de poder, o que demanda um perfil profissional crítico, atento às armadilhas desse contexto. Nesse sentido, parece que no período de formação os sujeitos tornam-se reféns das normas e regras estabelecidas pelo mercado de trabalho, que se constituem como uma requisição e um desafio na formação em Serviço Social.

Em "Caminhos da supervisão de estágio em Serviço Social", segundo capítulo, realizo um mergulho na supervisão, em suas particularidades, genealogia e perspectivas histórica e processual. Discorro, aqui, sobre a história, os movimentos e os diferentes momentos pelos quais a supervisão de estágio perpassa no curso da formação do assistente social. Destaco as concepções e a natureza, especialmente os discursos produzidos sobre o tema no Serviço Social até a primeira metade da década de 1990, ponto de reflexão que possibilita conhecer o conjunto de fenômenos que desencadearam as novas exigências e os desafios do processo de supervisão. Busco, ainda, a compreensão do que envolve o atual processo de supervisão, objetivando dar maior visibilidade ao que se produz sobre supervisão acadêmica e supervisão de campo, levantando algumas indagações e tentativas de respostas e considerando, para tanto, as elaborações teóricas produzidas sobre o tema no decorrer de sua história. Ainda neste capítulo, de forma preliminar, aponto o desafio contemporâneo que se impõe aos cursos de Serviço Social a distância no que se refere ao tema. Saliento que a supervisão de estágio a distância merece aprofundamento e análise consistente, o que requer um estudo baseado na realidade atual, ainda em construção.

No fascinante percurso e no intenso exercício de alinhar as categorias e subcategorias empíricas emergidas do estudo (Anexo 2), cuja análise e interpretação se entrecruzam, apresento o terceiro capítulo — "Elementos constitutivos da concepção de supervisão de estágio". As categorias *espaço de mediações entre formação e exercício profissional e espaço afirmativo de formação* respondem a uma das questões norteadoras da pesquisa e, consequentemente, a uma parte do problema, pois a concepção é um dos elementos que compõem o processo de supervisão.

Prosseguindo e dando concretude ao percurso das análises e interpretações, no quarto capítulo — "Competência profissional: dimensões do processo de supervisão de estágio" — reflito sobre o processo de supervisão, que se compõe da concepção e de ações circunscritas pela competência profissional, esta evidenciada pelas categorias empíricas, apresentadas nos subcapítulos — "Dimensão ético-política: desafios e reafirmação de compromissos", "Dimensão teórico-metodológica: alicerce em construção" e "Dimensão técnico-operativa: espaço de operacionalização do conhecimento e da ética". Descrevo neste capítulo, didaticamente separadas, as três dimensões, porém muitas vezes elas aparecem como de fato são, ou seja, intrinsecamente articuladas.

Por fim "O ponto de chegada: construindo novos caminhos", onde, com base no estudo e no processamento do material teórico e empírico, alinhando os resultados sobre o que se evidencia acerca da supervisão após a implantação das Diretrizes Curriculares. Retomo o pressuposto, o conjunto de perguntas e o problema, construindo, assim, a minha tese. Teço, ainda, algumas sugestões, na expectativa que esse percurso seja ainda muito trilhado, mas não de maneira solitária. Assim, "O ponto de partida: alinhando caminhos e ideias" anuncia e busca dar passagem ao leitor para novos entrecruzamentos de ideias, opiniões e convicções que o tema suscita.

Na oportunidade, quero expressar minha gratidão às inúmeras pessoas que contribuíram para a elaboração desta obra: à professora Jussara Maria Rosa Mendes, pelo desafio e compromisso de ser minha orientadora, companheira e cúmplice de tempos de ABEPSS, mas, acima de tudo, como amiga que "pega junto"; aos professores membros da banca examinadora — Beatriz Gershenson Aguinsky, Jairo Melo Araújo, Juliane Feix Peruzzo e Vera Maria Ribeiro Nogueira —, pelas valiosas contribuições que qualificaram este estudo, perpassando todas as etapas deste trabalho; aos profissionais docentes, pela receptividade ao responder aos questionários e despojamento de seus conhecimentos; aos assistentes sociais supervisores de campo e alunos que gentilmente se dispuseram a participar do grupo focal, contribuindo de forma ímpar; aos colegas professores da Faculdade de Serviço Social da PUCRS, pelas frutíferas discussões acadêmicas, e aos secretários, pelo carinho e convivência; ao Léo e às minhas filhas Amanda e Laura, pela continência e guarida familiar, e aos meus queridos amigos, pelos gestos de sensibilidade e de ternura. Uma palavra carinhosa de reconhecimento às minhas fiéis amigas de todas as horas, Esalba Carvalho Silveira, pelo companheirismo afetuoso e intelectual no percurso de elaboração da tese, e Maria Palma Wolff, pela disponibilidade e contribuição na revisão desta obra. Agradeço, ainda, a Berenice Rojas Couto, pelo estímulo à publicação e revisão final deste trabalho.

1

Desafios e exigências da formação profissional na contemporaneidade

> *O tempo é minha matéria, o tempo presente,*
> *presente a vida presente...*
>
> Carlos Drummond de Andrade

Pensar, contemporaneamente, em formação profissional requer integrar o complexo debate sobre a relação educação/trabalho. Esse relacionamento é profundamente significante tendo em vista a responsabilidade do campo educacional, em razão de as universidades conviverem, neste início do século XXI, com o desafio permanente de redescoberta das pessoas na sua essência e plenitude. A universidade também tem a obrigação de atender às exigências da era do mercado informatizado e globalizado, num cenário em que observamos, de parte das empresas, a procura de um profissional criativo, bem informado e capacitado, que seja, assim, capaz de exercer suas tarefas com flexibilidade. Paralelamente a essas características, o profissional deverá ser crítico, alerta, curioso, possuir espírito de liderança e elevado senso de trabalho em equipe. Portanto, o mundo do trabalho exige um profissional polivalente.

Na formação em Serviço Social a atual demanda para o assistente social é de um trabalho na esfera executiva, na formulação de políticas públicas e na gestão de políticas sociais. Requer-se, pois, um processo de formação voltado para o desenvolvimento de competências que busquem captar as distintas formas de expressão e de requisições da realidade social: saber criticar, propor, criar, atualizar-se, saber transmitir e ter sensibilidade para escutar e trabalhar com o outro. Constata-se, portanto, que a abrangência do trabalho do assistente social vai além da prestação de serviços, competindo-lhe pesquisas, consultorias, planejamento e assessorias, capacitação, treinamentos e gerenciamento de recursos e projetos. Esse fazer profissional tem como eixo a qualidade dos serviços prestados, o respeito ao usuário e a melhoria de programas institucionais, o que exige o desafio diário de "[...] redescobrir alternativas e possibilidades para o trabalho profissional no cenário atual [...]" (Iamamoto, 1998, p. 67).

Nesse contexto, a supervisão de estágio em Serviço Social é instância que favorece o trânsito do singular ao universal, particularizando a intervenção do Serviço Social no âmbito das relações sociais. Contextualizo, neste capítulo, os elementos que incidem na formação profissional em Serviço Social e no processo de supervisão de estágio, considerando a relação de reciprocidade.

Educação e Trabalho

> *A ênfase na flexibilidade está mudando o próprio significado do trabalho, e também as palavras que empregamos para ele. "Carreira", por exemplo, significava originalmente, na língua inglesa, uma estrada para carruagens, e, como acabou sendo aplicada ao trabalho, um canal para as atividades econômicas de alguém durante a vida inteira.*
>
> Richard Sennett

O trabalho é entendido como ação sobre a natureza, uma atividade social assentada na cooperação entre os indivíduos, com divisão técnica, mesmo que de forma rudimentar, ligando entre si os participantes e mediatizando a comunicação entre eles. Essa concepção é bastante conhecida na teoria de Marx (1983), que destaca o trabalho como o processo pelo qual o homem vai se diferenciando dos demais seres vivos, como atividade pela qual ele transforma a natureza e a si próprio.

A concepção de homem fundamenta-se na relação de transformação que estabelece com a natureza, na perspectiva de que ele se faz humano pelo trabalho, pois é por meio dele que estabelece relações sociais, transformando a natureza e a si próprio. Assim, é no solo da formação que a concepção filosófica de ser humano aparece como alicerce de sustentação à concepção de sujeito.

Se o homem se faz humano por meio do trabalho, numa atividade submetida a relações sociais desde a sua origem, essa é a causa imediata que dá origem à forma "[...] especificamente humana do reflexo de realidade, a consciência humana [...]" (Leontiev, 1978, p. 79). Ao fazer a abstração das mutações históricas do trabalho como atividade humana, caracteriza-se a diferença entre ontogênese animal e ontogênese humana. Para Marx e Engels (1993), as ações dos animais são feitas para satisfazer suas necessidades, ao passo que as dos seres humanos têm por objetivo produzir os meios de satisfação de suas necessidades.

Para dar visibilidade a esse pensamento, busca-se na história dos ancestrais o exemplo da transformação da pedra em objeto perfurante ou cortante, bem como o uso desse objeto para outras atividades, como a caça, e, com o produto da caçada, a satisfação da necessidade do alimento. Portanto, entre a necessidade de alimento dada como ponto de partida e a satisfação dessa necessidade há um componente intermediário, como diz Leontiev (1978, p. 74), uma atividade mediadora: "o uso e o fabrico de instrumentos". Não importa quão primitivo seja esse primeiro instrumento, a pedra lascada; o que importa é que começa aí a distinção entre o ser humano e os animais.

Vygotsky compreende o significado da formação do ser humano como um processo especificamente histórico-social, distinto da aprendizagem dos animais, ou seja, não é um processo natural, mas social, formando-se pela superação e a incorporação dos processos psíquicos elementares, de origem biológica. Também é importante destacar que o processo de formação do homem resulta da apropriação dos produtos da atividade social, os quais são objetivação da atividade humana, que, assim, mediatiza a relação entre indivíduo e mundo (Vygotsky, 1996, p. 93-101).

Apropriação implica, necessariamente, o papel ativo do sujeito. Contudo, essa atividade de produção dos meios de satisfação das necessidades humanas vai acarretar também, segundo Marx e Engels (1993), o surgimento de novas necessidades, não mais aquelas imediatamente ligadas à existência humana, como comer, beber, vestir-se, ter habitação. Satisfeitas tais necessidades, a ação e o instrumento de satisfação conduzem a novas necessidades, cuja produção é o primeiro ato histórico.

Portanto, ao produzir os meios para a satisfação de suas necessidades básicas de existência, o homem produz uma realidade na qual humaniza a si próprio, na medida em que a transformação objetiva requer dele uma transformação subjetiva. Desse modo, cria uma realidade humanizada tanto objetiva como subjetivamente. Por sua vez, a atividade humana objetivada passa a ser também objeto de apropriação pelo homem, pois os indivíduos devem se apropriar daquilo que é criado por eles mesmos. Assim, além da produção de instrumentos, há a produção de relações sociais, ou seja, "[...] é preciso que no sentido das suas ações se descubra, que ele tenha consciência dele. A consciência da significação de uma acção realiza-se sob a forma de reflexo do seu objeto enquanto fim consciente" (Leontiev, 1978, p. 80).

Nesse processo, ao ser conservada na consciência, ao tornar-se ideia, a ação produz, segundo Leontiev (1978, p. 84), "[...] o processo consciente da realidade, nas suas propriedades, ligações e relações objetivas, incluindo mesmo os objetos inacessíveis à percepção sensível imediata [...]". Portanto, o pensamento, como o conhecimento humano em geral, distingue-se fundamentalmente do intelecto dos animais, porque só ele pode aparecer e desenvolver-se em união com o desenvolvimento da consciência social. Por consequência, o pensamento verbal abstrato não pode efetuar-se a não ser pela realização de generalizações elaboradas socialmente pelo homem. A linguagem, a mais fundamental forma de expressão humana, passa a existir na atividade coletiva de trabalho. Assim, tanto os instrumentos como as relações entre os integrantes do grupo e também a linguagem foram adquirindo existência objetiva, como resultado da atividade humana. Logo, a objetivação também "[...] resulta em produtos que não são objetos físicos, como a linguagem, as relações entre os homens, o conhecimento [...]" (Duarte, 2000b, p. 118).

O homem é, portanto, indissociável em termos de corpo e mente (espírito), constituindo-se nas e pelas relações sociais; sua consciência é construída a partir de sua atividade concreta sobre o meio e materializada na linguagem, diferenciando-se de outros animais por produzir seus meios de subsistência por intermédio do trabalho, o qual sempre implica a utilização de todas as faculdades. Para o homem atingir o gênero humano foi necessário que dominasse a natureza para a produção de bens voltados à satisfação de suas necessidades, domínio possível quando passou a conhecer as leis fundamentais que regiam a natureza. Dessa forma, no processo pedagógico da supervisão em Serviço Social faz-se necessário o

> [...] aclaramento ontológico desse complexo processo social característico da profissão porque nos instrumentaliza metodologicamente para vencer a força inercial que nos prende à imediaticidade, permitindo-nos o movimento que ascende dos fatos (abstrato) ao real mediatizado (concreto pensado). (Pontes, 1996, p. 56)

Esse processo exige o conhecimento do objeto em estudo através de um caminho que começa no real. Por meio do pensamento e da análise, vão-se construindo abstrações, categorias que dizem respeito a aspectos do real, aos complexos que o constituem e a suas determinações. O caminho de ida e volta concretiza-se pelo trânsito entre o abstrato e o concreto. O tema da supervisão revela um claro-escuro, no dizer de Kosik (2002), que instiga à reflexão sobre o lugar ocupado pela supervisão de estágio na formação dos assistentes sociais. Historicamente, aparece como espaço privilegiado por lidar diretamente com a ação profissional que deverá "dar conta da formação", mas também como o lugar empobrecido da formação, aquele menos qualificado, ocupado com questões secundárias, por trabalhar cotidianamente no mundo da ação, ou da "[...] prática, agindo e padecendo, faces opostas da mesma moeda" (Arendt, 2003, p. 203).

O termo "ação" é comumentemente utilizado pelos supervisores docentes, alunos e supervisores assistentes sociais no desenvolvimento do processo pedagógico para decifrar o saber-fazer profissional. A expressão tem um significado que não se restringe à sua semântica, mas carrega, historicamente, sentidos e intencionalidades no processo de trabalho. Nesse sentido, ação pode designar, segundo Arendt (2003), paralelamente, a labor e trabalho, as atividades humanas fundamentais para expressar a vida ativa.

Ao estudar o desenvolvimento do psiquismo, Leontiev mostra que *ação* se diferencia de *atividade*, pois ações são "[...] os processos em que o objeto e o motivo não coincidem" (1978, p. 77). O autor traz como exemplo a caça, em que a caçada é a atividade do batedor e o fato de levantar a caça é sua ação. A decomposição de uma ação supõe que o sujeito que age tem a possibilidade de refletir psiquicamente sobre a relação que existe entre o motivo-objetivo da ação e o seu objeto; do contrário, a ação é vazia de sentido para o sujeito. Desse modo, é evidente que sua ação só é possível se ele relacionar os nexos entre o resultado antecipadamente previsto da ação que realiza pessoalmente e o resultado final do processo da caçada completa, isto é, a agressão ao animal em fuga, a sua mortandade e, por fim, sua ingestão.

Estamos, portanto, perante uma relação, uma ligação, que condiciona a orientação da atividade humana coletiva e não poderia existir fora dela (Leontiev, 1978). Tendo em vista as atuais "[...] propostas neoliberais de desmantelar o setor público e de transformar a educação num negócio submetido à lógica do mercado" (Cattani, 2002, p. 54), a atividade parece fazer sentido no processo de formação profissional apenas do ponto de vista da mera utilidade. Evidencia-se, assim, a necessidade de um estado de alerta para acompanhar a formação, como expressão de resistência aos modelos que se anunciam como mercantilistas, reprodutores e conservadores quanto à formação profissional.

As transformações econômicas que atingiram o mundo de forma global impulsionaram novas e promissoras carreiras, principalmente as profissões que envolvem inovações tecnológicas e as áreas de informação. Em 2004 foram registrados 18.644 cursos superiores,[2] dos quais 66,3%

---

2. No Rio Grande do Sul existem 98 instituições que oferecem cursos superiores, sendo 5 públicas e 93 particulares. Dentre elas destacam-se algumas, com seus respectivos números de cursos: Universidade Federal do Rio Grande do Sul (UFRGS), com 50 cursos; Pontifícia Universidade Católica

são de instituições privadas (Brasil, 2006), o que legitima a precarização do ensino superior e da universidade no país. O Brasil tem um dos mais acelerados processos de privatização do ensino superior do mundo, o que resulta em instituições dos mais variados níveis, em sua maior parte deficientes em relação às universidades públicas, como no aspecto do pouco investimento na área de pesquisa em razão do elevado custo demandado.

Nessa perspectiva, pensar as exigências e os desafios contemporâneos à formação profissional demanda, necessariamente, refletir sobre as formas reificadas que transformam o processo educacional em mera mercadoria. Implica, também, debater as atribuições e o significado da profissão de Serviço Social perante as forças sociais presentes na sociedade e como atividade inscrita na divisão social do trabalho, o que supõe estabelecer uma estreita articulação entre exercício e formação profissional. A profissão é uma atividade historicamente determinada pelo modo como a sociedade se organiza e, ao mesmo tempo, pelo resultado do desempenho da categoria profissional, isto é, do posicionamento e das respostas oferecidos por ela às demandas sociais dos distintos grupos e classes sociais.

A sociedade defronta-se com constantes transformações paradigmáticas, dentre as quais se destacam as da organização do mundo do trabalho, bem como as formas de acesso ao conhecimento. A investigação sobre a supervisão de estágio na formação em Serviço Social tem como propósito desvendar mediações do processo de aprendizagem acadêmico-profis-

---

do Rio Grande do Sul (PUCRS), com 51; Universidade do Vale do Rio dos Sinos (Unisinos), com 52; Universidade Federal de Pelotas (UFPel), com 50; Universidade Luterana do Brasil (Ulbra), com 75; e Faculdades Porto Alegrense (Fapa), com 7. A Ulbra, por exemplo, na área de graduação tecnológica, oferece cursos rápidos, com duração de quatro semestres, como: *Design* de Joias, cuja formação visa a um profissional capaz de aprimorar o projeto de concepção da joia, pelo uso do *design* como fator competitivo; *Design* de Embalagens, que forma profissional habilitado a projetar embalagens, tanto em sua concepção visual como em sua estrutura, levando em consideração o produto embalado, suas formas de ênfase, distribuição no ponto de venda; Estética e Cosmetologia, habilitando profissionais para atuar nos segmentos de estética e beleza, qualificando-os com embasamento teórico-prático para o uso correto das técnicas, equipamentos e produtos cosméticos, desenvolvendo ainda habilidades para gestão de empreendimentos na área de estética. Na Fapa, com número reduzido, os cursos têm duração de oito semestres, oferecendo Administração, Ciências Contábeis, Ciências, Matemática, Letras, Normal Superior, Pedagogia e História.

sional, uma vez que a supervisão é parte integrante da formação. Com base nessas considerações, estudar a formação e a sua multidimensionalidade sugere novas maneiras de pensar diante do contexto educacional, as quais devem transcender a lógica comportamental e evolutiva, como algo relacionado "ao ser que deveio".[3] Lembra-se, nesse sentido, que uma característica universal da formação, seguindo as ideias de Hegel, apresentadas por Gadamer (2002, p. 56), é "[...] manter-se aberto para o diferente, para outros pontos de vista mais universais". Destaca-se a contemporaneidade dessa afirmação, visto que privilegia o respeito à diversidade e à pluralidade.

Nessa perspectiva, a formação não é só a maneira humana de aperfeiçoar aptidões e faculdades, mas também um fenômeno, para além da ideia de *Bildung*,[4] ou seja, "[...] o relato do processo temporal pelo qual um indivíduo singular alcança sua própria forma constitui sua própria identidade, configura sua particular humanidade ou, definitivamente, converte-se no que é" (Nietzsche, 1971, p. 52). Assim, a formação caracteriza-se não apenas como uma propriedade conferida pelo sistema educativo aos sujeitos sociais, mas como uma relação social que articula várias dimensões advindas das transformações e exigências do mundo e do mercado de trabalho. Nesse sentido, são exigidos do acadêmico e do profissional a especificação e o entendimento dos princípios e valores

---

3. Relaciona-se ao novo, ao inusitado, para outros pontos de vista mais universais. "A formação existe, em sentido universal, para a medida e para a distância com relação a si mesmo, sendo, por isso, uma elevação por sobre si mesmo, para a universalidade. Ver a si mesmo e a seus fins privados significa vê-los como os outros os vêem. Não se determina algo particular a partir de algo universal, não se pode comprovar nada por coação. Os pontos de vista universais a que se mantém aberto o formado não são para ele um padrão fixo, que tenha validade, mas fazem-se presentes diante dele apenas como ponto de vista de possíveis outros." (Gadamer, 2002)

4. Formação (*Bildung*) refere-se à palavra "imagem" (*bild*). "O conceito de forma fica recolhido por trás da misteriosa duplicidade com a qual a palavra imagem 'Bild' abrange ao mesmo tempo 'cópia' (Nachbild) e 'modelo' (Vorbild)." Corresponde a uma frequente transferência do devir para o ser, o fato de que a formação (*bildung*) (assim como a palavra *formatio* em nossos dias) designa mais o resultado do processo de devir do que o próprio processo. A transferência, aqui, é bastante compreensível, porque "o resultado da formação não se produz na forma de uma finalidade técnica, mas nasce do processo interno de constituição e de formação. Por isso, permanece em constante evolução e aperfeiçoamento" (Gadamer, 2002, p. 49-50).

que envolvem o saber-fazer profissional quando de sua utilização no mercado de trabalho. É por essa dimensão que se compreende a relevância da concepção de formação profissional para o assistente social, que se configura como

> [...] um amplo processo determinado socialmente no conjunto mais geral de uma dada formação social e, particularmente, no contexto contraditório da Universidade — espaço institucional onde se concretiza a formação básica do profissional. É um projeto que abrange em sua estrutura a formação acadêmica (graduação e pós-graduação), a capacitação continuada, a prática interventiva e organizativa do assistente social e a pesquisa, traduzindo uma determinada direção social expressa pelo vínculo a uma perspectiva de sociedade. (Cardoso, 2000, p. 204)

Pensar a supervisão de estágio por meio de suas relações e processos é um desafio, pois implica analisar dialeticamente o seu fazer pedagógico, o que inclui postura investigativa diante dos elementos novos que se apresentam à universidade nos aspectos referentes à formação. Isso possibilita a alunos e supervisores participarem do processo de objetivação e apropriação do conhecimento da realidade.

Desse ponto de vista, a supervisão como processo articula exercício e formação, uma vez que está vinculada à atividade concreta de estágio. Entende-se que essa atividade permite ao acadêmico transformar o que aprendeu em posturas, produtos, serviços e informações. Assim, no final do processo, são os usuários do Serviço Social que passam a encontrar no atendimento qualificado nas instituições o justo acesso à garantia dos direitos sociais e humanos. Isso impõe a busca cotidiana de novas alternativas de atuação. Uma das requisições na formação do ensino superior é a criação de estratégias de enfrentamento às grandes transformações decorrentes, por exemplo, das atuais regras do mercado, "[...] tanto como campo privilegiado da acumulação, quanto como no intento de fazer da Universidade, esvaziada de seu papel de produtora de conhecimento, uma emissora de certificados" (ABEPSS, 2004a, p. 346). É necessário, pois, buscar o aprofundamento do caráter da universidade como instituição social que possui como marca essencial a formação.

No processo de supervisão um dos desafios impostos aos supervisores docentes, de campo e aos alunos é a visualização da lógica mercantilizada e empresarial impressa no trabalho que é executado na universidade brasileira. É uma lógica que estimula a privatização dos serviços e que pensa o ensino superior segundo critérios do mundo empresarial, ou seja, válidos para quaisquer tipos de investimentos, na perspectiva do "custo/benefício, eficácia/inoperância e produtividade" (Iamamoto, 2000, p. 40).

A universidade, ao adaptar-se às exigências do mundo atual, atende a essa rede "móvel, instável", por ser concebida como entidade administrativa, regida por ideias de gestão, de planejamento, de previsão, de controle e de êxito, não questionando, assim, sua existência e sua função social. A visão organizacional das instituições de ensino superior produziu o naufrágio da universidade, tanto que pode hoje ser denominada como "universidade operacional" (Chaui, 2003). Regida por contratos de gestão, avaliada por índices de produtividade, calculada para ser flexível, a universidade operacional está estruturada por estratégias e programas de eficácia organizacional e, portanto, pelas particularidades e instabilidades dos meios e dos objetivos. Definida e estruturada por normas e padrões inteiramente alheios ao conhecimento e à formação intelectual, está pulverizada em microrganizações que ocupam seus docentes e curvam seus estudantes às exigências exteriores ao trabalho intelectual.

Diante dessa realidade, e considerando a supervisão numa perspectiva de formação — não só de informação, tanto os que trabalham e estudam quanto os que procuram pensá-la de forma crítica têm a responsabilidade intelectual e política de analisar o grau de complexidade das mediações existentes na formação e no exercício profissional. Esse debate revela que é necessário entender melhor as estratégias utilizadas para a formação do ensino superior a fim de não isolar, hierarquizar ou subalternizar a supervisão. É possível, nesse sentido, verificar o

> [...] distanciamento entre professores e profissionais supervisores, Unidades de Ensino e Instituições e campos de estágio, como produto de uma percepção ainda fragmentada da relação ensino, pesquisa e extensão e de uma

concepção dicotômica entre teoria e prática; isolamento entre os campos de estágio e desarticulação entre estes e as disciplinas; descontinuidades dos estágios e sua pulverização em múltiplos campos, o que gera dificuldades na supervisão do aluno; falta de atualização teórico-metodológica dos profissionais supervisores de campo, além de certo desconhecimento da legislação que fundamenta o fazer profissional; ativismo como realidade presente nos campos de estágio, reduzindo, por vezes, o estágio a mero momento de execução de tarefas, destituídos de componentes teórico-investigativos, em que a questão da instrumentalidade parece divorciada do aspecto teórico-metodológico do Serviço Social. (Ramos et al., 2004, p. 4-5)

Diante disso, há a exigência de se pensar o processo de supervisão articulado a um plano de formação que considere o projeto político de educação superior e, desse modo, confirmar a proposição da ABEPSS (2004a, p. 346) de que o trabalho deve estar "[...] referenciado na criatividade humana para a satisfação de suas necessidades e precisa assegurar a todos a liberdade de viver com dignidade, sob a égide da democracia".

Por tudo isso, concebo a educação como prática social, como "[...] atividade humana e histórica que se define no conjunto das relações sociais, no embate dos grupos ou classes sociais, sendo ela mesma forma específica de relação social" (Frigotto, 1999, p. 30). A educação, como espaço específico, porém não exclusivo, de formação, ao configurar-se como "[...] política pública e direito do cidadão, padece igualmente das orientações reducionistas e privatizadoras que assolam as demais políticas públicas [...]" (Iamamoto, 2000, p. 82). Assim, o desafio permanente consiste em decifrar o que está por trás dessas orientações, que, à primeira vista, parecem claras, mas, em sua dimensão obscura, expressam o "[...] mundo da pseudoconcreticidade, que é um claro-escuro de verdade e engano" (Kosik, 2002, p. 15).

A afirmação de Kosik remete-me ao cotidiano da formação profissional nas questões referentes à problematização do conhecimento dos alunos, supervisores e professores nos espaços nos quais estão inseridos. Para tanto, é necessário desvelar a "pseudoconcreticidade" do real, desvendando as contradições que, pela negação, provocam tanto uma ruptura como uma continuidade do pensamento de senso comum e do pensamento crítico.

Um dos desafios na operacionalização da supervisão é dar visibilidade aos processos sociais contemporâneos, que se apresentam cotidianamente de forma difusa e com sentido ambíguo, pois os fenômenos aparecem de forma parcial, superficial, fetichizados, dando a falsa ideia de serem verdadeiros. Neste mundo, o sujeito dos processos educativos é o aluno, com suas múltiplas e históricas necessidades, de ordem material, afetiva, política e ética, e quem, pela necessidade e pelo desejo, poderá alterar de forma coletiva o que está instituído.

Dessa forma, uma das respostas a esse desafio é, justamente, decifrar em que condições se estabelecem as relações entre os processos de formação e de supervisão, articulados e conectados à concepção de sociedade, educação e formação. Devem ser condições nas quais a formação não seja subordinada às leis do mercado, à sua adequabilidade e funcionalidade, tanto sob a forma de "adestramento e treinamento estreito da imagem do mono domesticável dos esquemas tayloristas, como na forma da polivalência e formação abstrata, formação geral ou policognição" (Frigotto, 1999, p. 31). O processo de supervisão de estágio, ao se vincular à formação em Serviço Social, não pode ser reduzido à mera preparação de tarefas, ação atrelada à burocracia, aos ditames mecânicos, rotineiros e essencialmente técnicos.

Igualmente, a formação profissional aqui requerida não se reduz à oferta de disciplinas que propiciem uma titulação ao assistente social para responder a uma condição para sua inserção no mercado de trabalho. A construção de uma profissão não pode ser confundida com a preparação para o emprego, uma vez que o trabalho do assistente social não se limita à realização de um leque de tarefas — as mais diversas — no cumprimento de atividades preestabelecidas; antes, supõe um sólido suporte teórico-metodológico e técnico-político para propor, executar e negociar projetos, para defender o seu campo de trabalho, suas qualificações e funções profissionais.

A supervisão, atrelada à formação numa dimensão de qualificação humana, diz respeito ao desenvolvimento das condições físicas, teóricas, afetivas, estéticas, políticas e éticas dos alunos, capaz de alargar a capacidade de trabalho na produção de valores de uso em geral como condição de satisfação das múltiplas necessidades do ser humano no seu processo histórico. Entretanto, submetendo essa dimensão de qualificação do ensino e da pesquisa aos modos de gestão das universidades, não mais se reconhece a educação como direito de cidadania, mas como um mercado, no qual se transacionam a mercadoria conhecimento e a mercadoria ensino. Assim, está no "[...] plano dos direitos que não podem ser mercantilizados e, quando isso ocorre, agride-se elementarmente a própria condição humana" (Frigotto, 1999, p. 32).

Essa ideia, segundo Cardoso (2001), vai se disseminando por todo o tecido social e transforma tudo em mercadoria. Na verdade, o que percebemos é a instalação da "[...] cultura-mercadoria que se torna espetáculo e desse modo é esterilizada naquilo que lhe é essencial, que não é mercantilizável: seu potencial crítico criador e contestador [...]" (Cardoso, 2001, p. 7). Parece-me importante observar que esse uso indiscriminado da lógica mercantilista vai se instituindo como um escudo para evitar que se efetivem projetos que lhe sejam contrários. Em contrapartida e em oposição a essa lógica, um dos desafios está na efetivação do atual projeto ético-político do Serviço Social, que se vincula a um projeto de transformação da sociedade, pela própria exigência que a dimensão política da intervenção profissional impõe nos singulares cotidianos de trabalho. Essa dimensão política afeta as relações de poder existentes na sociedade.

> [...] Esse caráter não deriva de uma intenção do assistente social, não deriva exclusivamente da atuação individual do profissional ou de seu "compromisso". Ele se configura na medida em que sua atuação é polarizada por estratégias de classes voltadas para o conjunto da sociedade, que se corporifiquem através do estado, de outros organismos da sociedade civil, e expressam nas políticas sociais públicas e privadas e nos organismos institucionais nos quais trabalhamos como Assistentes Sociais: trata-se de organismos de coerção e hegemonia que sofrem rebatimento dos combates e das classes subalternas na sua luta coletiva pelo esforço de sobrevivência e para fazer valer seus interesses e necessidades sociais. (Iamamoto, 1994b, p. 122)

Vislumbro, nesse contexto contraditório, as exigências que vão desafiar o processo de formação e constituir o solo pedagógico[5] da supervisão de estágio em Serviço Social. É no cotidiano que se constrói a supervisão. Cotidiano é o tempo em que se reproduzem as relações sociais, a vida diária. A palavra vem do latim *cotidie* ou *cotidianus*, significando todos os dias, o diário, o dia a dia, o habitual, o comum. O dia a dia, segundo Kosik (2002), é antes de tudo a organização da vida individual dos homens; a repetição de suas ações vitais é fixada na repetição de cada dia, na distribuição do tempo em cada dia. A vida de cada dia é a divisão do tempo e é o ritmo em que se escoa a história individual de cada um.

Entretanto, esse modo de existência humana ou de existir no mundo possui sua própria cotidianidade, na qual o modo de viver e os atos tornam-se um instintivo e irrefletido mecanismo de ação e de vida. Os homens, os objetos circundantes e o mundo não são vistos em suas originalidades, nem são examinados; eles simplesmente são

> [...] como inventário, como partes de um mundo conhecido são aceitos. A cotidianidade se manifesta como a noite da desatenção, da mecanicidade e da instintividade, ou então como o mundo da familiaridade. [...] Na cotidianidade tudo está ao alcance das mãos e as intenções de cada um são realizáveis. Por esta razão ela é o mundo da intimidade, da familiaridade e das ações banais. (Kosik, 2002, p. 80)

O cotidiano também implica o "[...] não cotidiano, ou na cotidianidade, o incomum no repetido [...]" (Guimarães, 2002, p. 11). Dito de outro modo, a cotidianidade não é só essa atmosfera natural ou só essa realidade íntima e familiar; ela possui uma dimensão histórica, que é produto, processo e transformação, pois "[...] é o mundo fenomênico em que a realidade se manifesta de um certo modo e ao mesmo tempo se esconde" (Kosik, 2002, p. 83).

---

5. "A pedagogia assume a interestruturação entre o sujeito que procura conhecer e os objetivos aos quais se refere esse conhecimento, ou seja, trata-se de uma posição de síntese, pois garante compreender o processo de conhecimento com intervenção do sujeito no mundo objetivo e a modificação do sujeito em decorrência de sua ação sobre esse mundo objetivo. Essa objetividade se redefine com a adequação do conhecimento a uma ação prática sobre o mundo social" (Libâneo, 1987, p. 101).

Ainda para Kosik, da reflexão sobre o tema nasce a "consciência absurda", a qual não encontra sentido algum na cotidianidade: "[...] Não se procura o sentido da cotidianidade — com o seu automatismo e a sua imutabilidade —, porque ela se tornou um problema, mas porque no seu problematismo se reflete o problematismo da realidade [...]" (Kosik, 2002, p. 87). Não existe vida humana sem cotidiano e sem cotidianidade, porque estão presentes em todas as esferas de vida do homem, seja no trabalho, seja na vida familiar, seja nas suas relações sociais, bem como no processo de formação profissional.

Dessa forma, é na cotidianidade da formação profissional, especificamente na supervisão de estágio em Serviço Social, que essa realidade se torna mais presente. O tempo faz parte do cotidiano e é um fator relevante para a formação e para a supervisão de estágio em Serviço Social, compondo o núcleo fundamental do trabalho da tríade supervisor pedagógico, assistente social de campo e aluno. A relevância do tempo na formação, como diz Chaui (2003, p. 6), no sentido antropológico do termo, está em "[...] introduzir alguém ao passado de sua cultura [...], é despertar alguém para as questões que esse passado engendra para o presente, e é estimular a passagem do instituído ao instituinte".

Considero importante reconhecer a "[...] multiplicidade das qualidades objetivas que o espaço e o tempo podem exprimir e o papel das práticas humanas em sua construção [...]" (Harvey, 1993, p. 189). Desse ponto de vista, por meio da linguagem no mundo da comunicação, as informações difundem-se cada vez mais velozmente. Os jornais correm territórios através dos meios eletrônicos, disponibilizando instantaneamente notícias do mundo todo; canais de TV são acessados em locais distantes de sua base. Se, antes, os governos tramavam suas negociações em segredo para, somente depois, divulgar os resultados, atualmente essas negociações são mais passíveis de cair na esfera pública, possibilitando a construção de uma nova dinâmica entre público e privado. Portanto, os meios de comunicação tornaram o fluxo de informação incontrolável.

Desse modo, a circulação das informações que os sistemas de comunicação hoje promovem dificulta a existência de fatos políticos isolados, que sejam de conhecimento apenas local. Se, durante a Segunda Guerra, o mundo pôde alegar seu desconhecimento sobre o genocídio, agora, por mais que se tente censurar informações, o bloqueio poderá ser rompido. A objetividade do tempo e do espaço decorre, nesses dois momentos, de práticas materiais de reprodução social, e, na medida em que essas podem variar geograficamente e de acordo com a história, o tempo social e o espaço social são construídos. Em suma, "[...] cada modo distinto de produção ou formação social incorpora um agregado particular de práticas e conceitos de tempo e de espaço [...]" (Harvey, 1993, p. 189).

A apreensão do conceito de tempo-espaço, relacionado à apropriação e à velocidade do conhecimento, apresentado por Chaui, tem sido marcada, de fato, por fortes rupturas e novas construções epistemológicas. Isso alicerçado por um sistema capitalista cujo modo de produção é revolucionário, no qual práticas e processos materiais de reprodução social se encontram em permanente mudança, de modo que tanto as qualidades objetivas como os significados do tempo e do espaço se modificam. Por outro lado, se o avanço do conhecimento é capital para o mundo contemporâneo, para o avanço da produção e do consumo capitalista, as transformações do nosso aparato conceitual podem ter consequências materiais para a organização da vida cotidiana.

A flexibilidade do tempo também atingiu a formação profissional[6] pela redução da carga horária nos cursos do ensino superior, o que possibilitou maior número de profissionais com esta qualificação em menor prazo. Essa estratégia reduziu o custo da formação de profissionais e possibilitou rotatividade de alunos nas universidades, além do consequente aumento da capacitação profissional e da mobilidade da pirâmide social.

---

6. Apenas 6,8% dos brasileiros com 25 anos ou mais concluíram o curso superior, e 0,4% completaram o curso de mestrado, um déficit que tem impacto nas baixas taxas de desenvolvimento do Brasil. Há 130 mil matriculados em programas de pós-graduação no país, mas nem todos devem concluir seus estudos, devido à falta de recursos. O número de bolsas das agências de fomento que possibilitam o acesso à academia praticamente há nove anos não vem aumentando (Fundação Instituto, 2000). Há favorecimento à expansão de um ensino superior privado como área de investimento de capital, bem como criação de cursos sequenciais de curta duração, de nível superior não graduado, para alunos do ensino médio, seguindo à risca as metas do Banco Mundial de expansão numérica de alunos, independentemente da formação de qualidade.

Ao relacionar o tempo com o processo de supervisão, levanto algumas questões que parecem importantes no atual contexto educacional, tais como sincronia com o tempo que a instituição exige para respostas dos estagiários diante das demandas socioinstitucionais a serem trabalhadas e entre o supervisor acadêmico e o aluno no processo de ensiná-lo a intervir diante das exigências das instituições — faculdade e campo de estágio; o tempo de que cada aluno precisa para intervir e responder às agências formadoras e aos campos de estágio e sincronia do tempo.

Ocorre, então, que a velocidade do conhecimento tem dificultado o acesso aos momentos de análises, de reflexões e de sínteses. O tempo, necessário para a sedimentação do conhecimento, é um elemento que potencializa e limita a formação profissional, como se percebe, por exemplo, na exígua disponibilidade para a execução das tarefas, na urgência com que as demandas se apresentam e na própria aceleração dos sujeitos no mundo do trabalho.

A formação profissional dá-se em tempo e espaço construídos historicamente, que se apresentam hoje como aspecto contingente da ação humana, em vez de fundamental. Isso se expressa na própria noção sobre a formação do ensino superior atualmente proposta, que deixa de ser a "[...] descoberta da verdade histórica, a busca do saber universal, passando a ser denominada pelo saber 'pragmático e instrumental', 'operativo' 'internacionalizado', produzido sob encomenda para que as coisas funcionem" (Iamamoto, 2000, p. 51). Assim, a universidade, em nome da internacionalidade, perde a sua universalidade.

Ademais, os acadêmicos, de maneira geral, carregam as fragilidades e as potencialidades da educação e do ensino brasileiro, como expressão de um contexto sócio-histórico marcado por desigualdades sociais e manifestações de resistências. Assim, o aluno, como sujeito coletivo, traz uma bagagem de conhecimento e vivências produzidas no ritmo da atual realidade. Ao mesmo tempo, está marcado pelas vulnerabilidades do ensino, muitas vezes expressas na dificuldade de escrever, de interpretar textos, de abstrair conceitos, bem como de suprir suas necessidades de sobrevivência, em detrimento das condições objetivas de que dispõe para seu processo de aprendizagem, em especial quando se trata de aluno trabalhador. Essas considerações indicam o quadro de pressão pelo qual passa o acadêmico. Segundo a pesquisa desenvolvida por Dourado,

> [...] 55% dos alunos exercem atividade remunerada, sendo 20% em horário parcial e os demais em tempo integral. Quando a exigência do estágio supervisionado se coloca, há "pressão" por parte dos alunos para que a coordenação priorize aqueles campos com maior remuneração em detrimento, quase sempre, da proposta de intervenção profissional. [...] Uma outra forma de conciliar o curso com a necessidade de emprego está na busca de estágio de final de semana que, se não bem estudado à possibilidade de uma experiência de ensino de qualidade e não meramente o cumprimento de carga horária para a conclusão do curso, pode representar um sério distanciamento de um projeto profissional que privilegie o desenvolvimento de novas competências, sociopolíticas e teórico-instrumentais no conhecimento da realidade social. (1998, p. 158)

Os aspectos abordados são reflexos da precarização das condições de estudo, que se expressa na sobrecarga de tarefas acadêmicas e de trabalho e na própria condição de classe do discente, o que o impele a buscar estratégias de sobrevivência. Há que se considerarem, também, o custo da faculdade/curso, o tempo disponibilizado para a aquisição de informações e de posturas que respondam às exigências da competência profissional, além do empobrecimento da vida cultural e política da universidade.

De fato, o ingresso na universidade dá prosseguimento a uma outra etapa, uma vez que entre a escola propriamente dita e a vida existe um rompimento, não uma passagem racional da quantidade (idade) à qualidade (maturidade intelectual e moral) (Gramsci, 1995). Isso demanda uma relação de reciprocidade entre formação e supervisão de estágio, na qual conhecimentos, atitudes e valores são construídos e apropriados. Desse modo, o desafio ao aluno e ao supervisor é o de transitar, simultaneamente, pelos campos cognitivo, operativo e valorativo, o que exige de ambos capacitação teórico-argumentativa no âmbito ético-político e teórico-metodológico para o exercício das atividades técnico-operativas, com vistas à

> [...] apreensão crítica dos processos sociais numa perspectiva de totalidade; análise do movimento histórico da sociedade brasileira, apreendendo as particularidades do desenvolvimento do capitalismo no país; compreensão do significado social da profissão e de seu desenvolvimento sócio-histórico nos cenários internacional e nacional, desvelando as possibilidades de ação contidas na realidade; e a identificação das demandas presentes na sociedade, visando formular respostas profissionais para o enfrentamento da questão social, considerando as novas articulações entre o público e o privado. (ABEPSS, 2004a, p. 348)

A referência ao tempo no processo de formação e supervisão contempla também o ideário, que, no seu conjunto, almeja a competência técnica, a criatividade, a capacidade de iniciativa e autonomia e o compromisso com um projeto sociopolítico de justiça social. Certamente, essa não é prerrogativa exclusiva da formação no Serviço Social, contudo é nele que essa perspectiva se institui formalmente, fazendo parte intrínseca do processo teórico-metodológico-político. A competência profissional está alicerçada, portanto, em projetos de transformação social cujos princípios estão vinculados à liberdade, à equidade e à democracia.

A visibilidade dessas competências, do ponto de vista político da prática profissional, ao ser decodificada no cotidiano da formação e da supervisão, impõe o exercício de uma "competência crítica" (Iamamoto, 1998). Tal competência não pode ser confundida com aquela estabelecida pela burocracia da organização, segundo a linguagem institucionalmente consentida e autorizada, que não reifica o saber-fazer, subordinando-o, antes, à direção social desse mesmo fazer. Nesse sentido, busca-se no processo formação/supervisão de estágio um profissional competente, que contribua para desvelar cotidianamente os "[...] traços conservantistas ou tecnocráticos do discurso oficial, recusa o papel de tutela e controle das classes subalternas — em seus diferentes segmentos e grupos — para envolvê-los nas teias e amarras do poder econômico, político e cultural" (Iamamoto, 1998, p. 144).

Portanto, decifrar quais discursos vão se instituindo como discurso oficial, que se traduzem no dia-a-dia como um "discurso competente" (Chaui, 2000), é uma das requisições de mediações no processo de formação (totalidade) e de supervisão (particularidade). Assim, pela mediação objetiva-se a prática de supervisão, ao mesmo tempo que supervisor e aluno se objetivam como seres sociais. Como diz Martinelli (1993, p. 137), mediação é, ao mesmo tempo, "[...] uma categoria reflexiva e ontológica, pois sua construção se consolida tanto pelas operações intelectuais, como valorativas, apoiadas no conhecimento crítico do real, possibilitado fundamentalmente pela intervenção da consciência". A mediação exige uma postura de sucessivas aproximações, na medida em que o discurso conservador estabelece não uma dependência qualquer, mas algo profundo e assombroso, uma vez que "[...] exige a interiorização de suas regras, pois aquele que não as interiorizar corre o risco de ver-se a si mesmo como incompetente, anormal, a-social, como detrito e lixo" (Chaui, 2000, p. 13).

Entretanto, a cotidianidade do processo de supervisão apresenta uma multiplicidade de atividades que, ao se tornarem rotineiras e reprogramáveis, correm o risco de absorver e ofuscar o exercício de pensar sobre o realizado, de forma alienante e alienadora. Kosik (2002) refere-se a essas manifestações como a práxis das operações diárias, em que o homem é empregado no sistema de coisas já prontas, isto é, serviçal aos aparelhos, ao sistema, de tal modo que ele próprio se torna objeto de manipulação, pois a práxis da manipulação transforma os homens em manipuladores e objetos de manipulação.

Nessa lógica de raciocínio, Sennett (2004) agrega mais um elemento às armadilhas na relação manipulador e manipulado ao fazer referência à "flexibilidade", considerando que é um dos elementos que ilegitimam o significado do trabalho para o trabalhador. As inovações tecnológicas impulsionadas a partir da segunda metade do século passado contribuíram para o reordenamento das dimensões do tempo e do espaço e desencadearam um conjunto de novas formas de organização de trabalho, deixando os trabalhadores dependentes de programas de computadores, o que lhes dificulta a aquisição de conhecimento sobre a finalidade do que estão realizando. Esse pensamento reforça as ideias apresentadas por David Harvey (1993) sobre a reestruturação produtiva e as consequentes alterações no mundo do trabalho, as quais estão relacionadas ao paradigma de produção industrial. Esse processo é caracterizado como "globalização", "terceira revolução industrial" ou "revolução informacional", segundo a denominação de Lojkine (1995). O domínio do regime de acumulação flexível possibilitou a mobilidade dos polos produtivos, a produção descentralizada e a formação de redes supranacionais de trabalho. Lojkine destaca, ainda, a necessidade de atenção às tramas e aos discursos que têm como base a lógica do "capitalismo flexível".

A expressão "capitalismo flexível", utilizada por Sennett (2004), é apresentada como um sistema que é mais uma variação do velho tema da ênfase na flexibilidade. A concepção capitalismo flexível, cotidianamente, ataca as formas rígidas de burocracia, bem como os males da rotina cega. São constantes as solicitações feitas aos trabalhadores no sentido de que sejam ágeis, de que estejam abertos a mudanças em período de curto prazo. Além disso, eles são solicitados a assumir continuamente os riscos e a depender, cada vez menos, de leis e procedimentos formais.

Ao fazer analogia com o comportamento humano, pode-se dizer que, em termos ideais, este também deve ser flexível, com a mesma força de tensão, ou seja, deve ser adaptável a circunstâncias variáveis, mas não pode ser vergado por elas. Sennett (2004), valendo-se da expressão "carreira", que significa, em sua origem, na língua inglesa, uma estrada para carruagens, vê a flexibilidade aplicada ao trabalho como canal para as atividades econômicas de alguém durante a vida, evidenciando que a carreira profissional é permanentemente constituída. O autor assinala que a substituição do modelo fordista-keynesiano pelo regime de acumulação flexível diferencia emprego e trabalho, com o que este último muda a sua forma de organização.

No modelo atual de organização de trabalho observamos a mesma finalidade de produção mecanicista e cartesiana de séculos passados. Há, desse modo, uma conexão com o modelo atual proposto, que, ao se mostrar flexível e oferecer maior possibilidade de liberdade, oculta novas formas de controle. Contudo, esses novos controles são difíceis de entender, uma vez que "[...] o novo capitalismo é um sistema de poder muitas vezes ilegível" (Sennett, 2004, p. 10), ou seja, todas as artimanhas que separam o homem da finalidade do trabalho, com frequência, não são codificadas. O termo "ilegível" pode estar relacionado à ausência de finalidade do ser humano para o trabalho que executa, em decorrência da dificuldade de entender o que está operando. A aversão à rotina burocrática tradicional e a procura da flexibilidade produziram novas estruturas de poder e controle em vez de representar avanços para o trabalhador.

As mudanças no mundo do trabalho repercutem no fator tempo, visto que tudo depende de prazos, de oportunidades, de horários, de datas e de vencimentos. O mesmo parece estar ocorrendo com a educação no Brasil, pois mudanças profundas estão acontecendo no ensino, regulamentadas pela Lei de Diretrizes e Bases da Educação Nacional (LDB).[7] Essas movimentações vêm permitindo uma veloz e radical alteração da educação no país, em especial na universidade, o que fica evidenciado na LDB em propostas estratégicas de qualificação, racionalização e flexibilização para o ensino superior brasileiro. É nesse campo da educação que se faz necessário elucidar as relações que tecem o quadro sociopolítico e educacional atual. Vive-se uma época

> [...] em que o saber se transformou na mola-mestra de todo o processo produtivo, qualquer esforço para melhorar a competitividade nacional tende ao fracasso, se a máquina geradora deste saber, que é o sistema educacional, não apresentar uma eficácia compatível com as exigências da nova era. (Oliveira; Castro, 1993, p. 6)

---

7. Trata-se da Lei n. 9.394, de 20 de dezembro de 1996. Esta lei aplica ao campo da educação os dispositivos constitucionais, constituindo-se, assim, na referência fundamental da organização do sistema educacional. No capítulo IV, os artigos 43 a 57 são dedicados à educação superior, normatizando suas finalidades, atribuições, abrangências dos cursos e programas; a autorização e reconhecimento de cursos em instituições de ensino superior, sejam públicas, sejam privadas; o ano letivo regular; a diplomação de cursos superiores; gestão, orçamento, plano de carreira; a carga horária mínima do professor.

Os autores apontam o desafio de serem compatibilizadas a qualidade da formação e as implicações impostas pela influência de organismos econômicos internacionais, como o Banco Mundial, na política educacional imposta no Brasil, que, segundo Peroni (2003, p. 97), faz uma defesa explícita da vinculação entre educação e produtividade. Tal situação pode ser exemplificada com o aumento considerável do número de cursos superiores criados no Brasil. Segundo dados de 2006 do Instituto Nacional de Estudos e Pesquisas Educacionais Anísio Teixeira (Inep), do Ministério da Educação, o país tem, atualmente, 216 cursos de graduação em Serviço Social, dos quais 175 (81,0%) são oferecidos por instituições privadas de ensino superior e 41 (19,0%), por instituições públicas. Do total dos 216 cursos de graduação, cerca de noventa unidades de ensino são filiadas à ABEPSS. Em 2004 havia 174 cursos de graduação em Serviço Social, dos quais 142 (81,6%) pertencem a instituições privadas de ensino superior e 32 (18,4%), a instituições públicas. Em 2002 havia o total de 111 cursos de Serviço Social, sendo 76 (68,5%) em instituições privadas e 35 (31,5%) em instituições públicas. Portanto, em quatro anos registrou-se um crescimento total dos cursos de 94,6% — 130,2% em instituições privadas e 17,1% em públicas —, o que confirma a tendência de privatização do ensino superior público no país. Portanto, para cada instituição pública criada entraram em funcionamento 7,6 instituições privadas.

Essa realidade reforça o fato de que a educação brasileira trata suas escolas como "empresas", ou seja, como um "negócio" que precisa dar rentabilidade. No entanto, formação não rima com produtividade, nem com lucro. Por isso, esse índice de aumento do número de escolas tem preocupado os docentes e as instituições, como enfatiza Mendes (2004, p. 11):

> [...] a ABEPSS deve caminhar no sentido de reforçar a Universidade pública, pois este é um dos únicos espaços onde há possibilidade de discussão face a face, de liberdade de pensamento, de expressão, de cátedra, de pesquisa, de associação. Um espaço público e livre é condição de cidadania, de desenvolvimento de inteligência e de desenvolvimento da crítica e da cultura. E, sem dúvida, o que vemos hoje é uma proposta que vem no contrafluxo, de desregulamentação das comunitárias e das públicas.

A regulamentação atual do ensino superior tem seu arcabouço legal na Lei de Diretrizes e Bases da Educação Nacional, da qual decorre uma nova concepção de universidade, que pode ser pensada, conforme Chaui (1999), na transição de instituição social à universidade organizacional.

A formação profissional é um processo permanente de qualificação e atualização, porque exige deciframento cotidiano dessa realidade social. Contudo, o mundo da realidade "[...] não é uma variante secularizada do paraíso, de um estado já realizado e fora do tempo; é um processo no curso do qual a humanidade e o indivíduo realizam a própria verdade, operam a humanidade do homem" (Kosik, 2002, p. 23). Por essa razão, um dos desafios no processo de formação em Serviço Social é o de estimular nos seus estudantes o espírito científico, não dogmático, numa perspectiva crítica.

No mundo contemporâneo, onde se fala comumente de uma indústria da cultura, é utópico imaginar uma informação livre das regras da rentabilidade e do lucro. Chaui (2003) considera que as mudanças tecnológicas referentes à circulação da informação produziram a ideia de sociedade do conhecimento, na qual o valor mais importante é o uso intensivo e competitivo dos conhecimentos. A autora problematiza o significado dessa sociedade, uma vez que o conhecimento e a informação, ao se tornarem forças produtivas, passaram a compor o próprio capital, que, por sua vez, passa a depender disso para sua acumulação e reprodução. No entanto, segundo Lojkine (1995, p. 17), a informação, criada e assentada num trabalho cada vez mais coletivo, "[...] não pode ser apropriada e, menos ainda, ser enriquecida, se for apropriada privadamente, ela perde seu valor de uso [...]".

Um outro aspecto que pode ser apontado é que a sociedade do conhecimento é inseparável da velocidade, isto é, há acentuada redução do tempo entre a aquisição de um conhecimento e sua aplicação tecnológica, a ponto de essa aplicação determinar o conteúdo da própria investigação científica, da própria formação. De acordo com essa lógica, Chaui (2003) refere a explosão quantitativa e qualitativa do conhecimento, que se expressa tanto nas disciplinas clássicas quanto no processo de criação de disciplinas novas e de novas áreas de conhecimento. O conhecimento, segundo a autora, levou 1.750 anos para duplicar-se pela primeira vez, no início da era cristã; depois, passou a duplicar-se a cada 150 anos e, posteriormente, a cada 50 anos. A estimativa é que, a partir do ano 2000, a duplicação passe a acontecer a cada 73 dias.

A fim de dar amplitude aos desafios postos à formação no processo de supervisão recorre-se a Vygotsky (1998), autor de referência em áreas como educação, psicologia e sociologia, que, na perspectiva do materialismo histórico, trouxe elementos importantes para a compreensão das condições concretas para a apropriação do conhecimento. O ensino formal, vindo da escola até a universidade, por oferecer conteúdos e desenvolver modalidades de pensamento bastante específicas, tem um papel distinto e relevante na apropriação da experiência culturalmente acumulada. Trata-se de um processo direto e intencional (Saviani, 1992), por meio do qual o sujeito é levado a se apropriar das formas mais desenvolvidas do saber objetivo produzido historicamente pelo gênero humano (Duarte, 1996, 1999 e 2004).

Nessa perspectiva, o sujeito constitui-se pelos processos de maturação orgânica e pelas suas interações sociais, com base nas trocas estabelecidas. Para que possa dominar esse conhecimento, é fundamental a mediação de sujeitos, sobretudo dos mais experientes de seu grupo cultural. Desse ponto de vista, Vygotsky (1998) referenda que a construção do conhecimento implica ação partilhada, já que é através dos outros que as relações entre os sujeitos e o objeto de conhecimento são estabelecidas. O paradigma esboçado sugere, assim, um redimensionamento das interações sociais entre docentes, discentes e supervisores. Tais intercâmbios são a condição necessária para a produção de conhecimentos, particularmente daqueles que permitem o diálogo, a cooperação e a troca de informações mútuas, o confronto de pontos de vista divergentes. Significa, pois, compartilhar ideias e responsabilidades que, potencializadas, resultarão no alcance de um objetivo comum.

Uma formação orientada para a heterogeneidade, característica presente em qualquer grupo humano, passa a ser percebida como componente pedagógico-político imprescindível para as interações no cotidiano acadêmico. Seguindo essa linha de pensamento, entende-se que os distintos ritmos, comportamentos, experiências, trajetórias pessoais, contextos familiares, valores e níveis de conhecimentos de cada um (aluno e professor) imprimem ao cotidiano acadêmico a possibilidade de troca de repertórios, de visão de mundo, confrontos, ajuda mútua e, consequentemente, ampliação das capacidades individuais.

Desse modo, reforça-se o pressuposto de que o conhecimento não deve mais ser concebido como doação, mas compreendido nas dimensões coletiva, individual e crítico-reflexiva. No entanto, o conceito de reflexão nas reformas educacionais dos governos de orientação neoliberal é transformado em mero termo, expressão da moda, na medida em que é despido de sua potencial dimensão político-epistemológica. Investir na formação e na defesa de um espaço que possibilite aos acadêmicos uma prática reflexiva configura-se, pois, como movimento de valorização no sentido de um ensino de caráter emancipatório, comprometido politicamente com os processos sociais. Trata-se de um movimento que deve ser feito cotidianamente. É imprescindível mencionar também a responsabilidade dos meios acadêmicos no sentido de construir conhecimento, para "[...] compreender o movimento do real, para penetrar no tecido mais profundo que constitui a realidade investigada" (Frigotto, 1995, p. 26).

Pelo exposto, constatamos que a época contemporânea acena com exigências e desafios que expressam as possibilidades e os limites a serem superados. Desse modo, os caminhos da supervisão encontram-se com os da construção de uma formação profissional que sedimenta o significado social da profissão. Para isso, terá de responder, entre tantos outros desafios, às contradições presentes na política educacional, na ideologia capitalista impressa nas universidades brasileiras, na efetivação das diretrizes curriculares pelas faculdades/cursos do Serviço Social, nos espaços institucionais em que se efetiva o trabalho dos assistentes sociais e dos estagiários e nas transformações e exigências do mercado de trabalho. Assim, percebe-se que a formação convoca a supervisão como um dos ductos que relacionam as particularidades e singularidades da profissão à universalidade das relações sociais.

Supervisão de estágio e o projeto ético-político-profissional

> *A consolidação do projeto ético-político-profissional que vem sendo construído requer remar na contracorrente, andar no contravento, alinhando forças que impulsionem mudanças na rota dos ventos e das marés na vida em sociedade.*
>
> Iamamoto

A supervisão de estágio, ao articular formação e exercício profissional, abarca a compreensão, a análise, a proposição e a intervenção em processos sociais, compondo a dinâmica da relação entre teoria e realidade. Nesse sentido, Guerra (2002, p. 5) referenda: "[...] só o estágio permite a análise concreta de situações concretas". Tal apropriação oportuniza aos alunos contato com as situações reais de trabalho nos seus campos de estágio, entendidos como sínteses de múltiplas determinações, de muitas relações sociais, históricas, econômicas (de produção), políticas, culturais e ideológicas.

Destaco também como sua atribuição a manutenção da unidade didática entre ensino e aprendizagem, cujas facetas do processo — o exercício ético-político e teórico-metodológico — são basilares para o desempenho das atividades técnico-operativas. Para tanto, exige-se, no contexto da supervisão de estágio, a compreensão teórica da categoria de mediação, que possui tanto a dimensão ontológica quanto a reflexiva. É ontológica porque "[...] é uma categoria objetiva que tem que estar presente em qualquer realidade, independente do sujeito [...]" (Lukács, 1979, p. 90), e é reflexiva porque

> [...] a razão para ultrapassar o plano da imediaticidade (aparência) em busca da essência, tem que construir intelectivamente mediações para reconstruir o próprio movimento do objeto. E, para melhor compreender esse dinâmico e movente processo de apreensão pela razão do modo de ser de um complexo na totalidade, necessário se faz compreender a tríade singular-universal-particular. (Pontes, 1996, p. 55)

Tal mediação faz parte do trabalho docente e aparece no processo de supervisão como espaço, por excelência, de objetivação das competências e habilidades profissionais, cuja particularidade é a ênfase na aprendizagem, baseada em fundamentos teórico-metodológicos e em sua dimensão investigativa e de produção de conhecimento. Uma das competências recomendadas pelas Diretrizes Curriculares (1996) é a "[...] apreensão crítica dos processos sociais numa perspectiva de totalidade" (ABEPSS, 2004a, p. 348), reafirmada por um dos princípios deste mesmo documento quando refere a "[...] adoção de uma teoria social crítica que possibilite a apreensão da totalidade social em suas dimensões de universalidade, particularidade e singularidade" (ABEPSS, 2004a, p. 351). Desse modo, a supervisão não se restringe aos procedimentos metodológicos no seu processo de trabalho.

Assim, um dos desafios de materialização desse processo organicamente vinculado ao projeto ético-político está na necessidade de o cotidiano romper com as ações reiterativas e fragmentadas, abrindo espaço para a elaboração de pensamento que siga movimentos lógico-dialéticos na interpretação da realidade com o objetivo de compreendê-la para transformá-la. Sobre a importância de pensar essa ação desde a perspectiva de transformação, Marx assinala (1978, p. 111) que "[...] os filósofos se limitaram a interpretar o mundo de diferentes maneiras; o que importa é transformá-lo [...]".

Ao abordar a supervisão é necessário, portanto, descortinar a compreensão de formação, na medida em que esse conceito está intrinsecamente relacionado a outros, como trabalho, consciência, pensamento, linguagem, postura pedagógica e competências. O processo formativo não se desenvolve por meio de pura interpretação da realidade, nem se atém somente aos fatos empíricos. Esse processo, ao interpretar a realidade, constitui-se em fundamento para sua transformação em práxis; é entendido como prática articulada à teoria, prática desenvolvida com e através de abstrações do pensamento, como busca de compreensão mais consistente e consequente da atividade prática — é prática eivada de teoria (Marx; Engels, 1993).

Do ponto de vista pedagógico, o processo de supervisão precisa de alicerces para acompanhar a compreensão histórica e social dos fenômenos na relação dialética entre indivíduo, sociedade e natureza. Essa base aparece como epistemológica na teoria de Vygotsky e também como eixo norteador do projeto de formação em Serviço Social, o qual requisita uma teoria social crítica para a fundamentação da leitura da realidade, das dimensões investigativas e interventivas. Isso demanda a instrumentação dos supervisores no processo de supervisão de estágio pela orientação majoritária do pensamento pedagógico contemporâneo, sob a centralidade do lema aprender a aprender. Segundo Duarte (2000b, p. 3), esse lema é interpretado como uma expressão inequívoca das proposições educacionais "[...] afinadas com o projeto neoliberal, considerado projeto político de adequação das estruturas e instituições sociais às características do processo de reprodução do capital no final do século XX".

É por essa razão que a pedagogia histórico-crítica deve defender, de forma radical, que o papel da escola consiste em socializar o saber objetivo historicamente produzido. Não se trata de defender uma educação intelectualista nem de reduzir a luta educacional a uma questão de quantidade maior ou menor de conteúdos acadêmicos. A questão é defender como tarefa central da escola a socialização do saber historicamente produzido. A pedagogia histórico-crítica procura desvelar a contradição da sociedade contemporânea, que se apresenta como a sociedade do conhecimento, mas, ao contrário do que é apregoado, não cria as condições para uma real socialização do saber (Duarte, 2000b, p.1-9).

Outro aspecto a ser considerado, tendo Vygotsky como referência, é a sua proposição sobre o papel fundante das relações sociais na formação do indivíduo. Tal relação requer não apenas a função de desenvolver a tolerância ou a solidariedade, mas de ser uma necessidade ontológica, ou seja, é por meio da relação do homem com outros, com a natureza e com a história dessas relações que ele se humaniza, proposição profundamente identificada com a matriz teórico-metodológica do Serviço Social, perspectiva sócio-histórica proposta pelas Diretrizes Curriculares.

Portanto, é necessário instrumentalidade, postura investigativa, teórica, técnica, política e pedagógica para alicerçar o que se faz. Kameyama (1998) aponta a concentração no ensino de disciplinas — sobretudo aquelas voltadas à intervenção nos processos e procedimentos pedagógicos — e na instrumentalização técnica, como planejamento, administração e supervisão. Em relação à produção sobre o estágio supervisionado, a autora avalia ser necessário "[...] uma discussão de caráter mais substantivo, considerando que a questão do estágio continua sendo um impasse no quadro da formação profissional, que consiste, antes de tudo, numa das expressões de uma velha e sempre atual questão: a relação teoria/ prática" (p. 48).

Defendo, então, a necessidade de dar visibilidade à concepção pedagógica contemplada pelas Diretrizes Curriculares, principalmente no que se refere às competências e habilidades exigidas no processo educativo. A questão da relação teoria/prática apontada por Kameyama reflete a história e a cultura do próprio fazer pedagógico da supervisão. Contemporaneamente, vislumbram-se outros componentes para essa análise, como a premissa que orienta a formação profissional apoiada no método dialético crítico, consolidada na década de 1990, a qual sustenta a não-dicotomia teoria-prática. Identifica-se nessa perspectiva a influência do método de Paulo Freire, que propunha uma educação para a liberdade em contraponto à educação bancária (Freire, 1978). Esse pensamento foi fortemente difundido na educação e no Serviço Social a partir da década de 1970.

Fazendo a conexão com o contexto histórico-pedagógico apresentado, buscam-se elementos que possam constituir a natureza própria do fenômeno educativo na especificidade da supervisão. Recorre-se a Saviani (1992), o qual ressalta que "[...] a natureza humana não é dada ao homem, mas é por ele produzida sobre a natureza biofísica [...]". Assim, o trabalho educativo é o "[...] ato de produzir direta e intencionalmente, em cada indivíduo singular, a humanidade que é produzida histórica e coletivamente pelo conjunto dos homens" (p. 14) Desse modo, o objeto da educação diz respeito tanto à identificação dos elementos culturais que precisam ser assimilados pelos indivíduos da espécie humana para que eles se tornem humanos como à descoberta das formas mais adequadas para atingir esse objetivo. O resultado obtido pelo trabalho educativo alcança seu escopo quando cada indivíduo singular se apropria da humanidade produzida histórica e coletivamente, ou seja, quando o indivíduo se apropria dos elementos culturais necessários à sua humanização. Portanto, a referência fundamental é justamente o quanto o gênero humano conseguiu se desenvolver ao longo do processo histórico de sua objetivação.

Para tanto, avulta a questão do saber localizado na natureza da educação no âmbito da categoria do "trabalho não material", cuja modalidade é aquela em que o produto não se separa do ato de produção. Essa reflexão remete à produção do saber, pois a produção não material, isto é, a produção espiritual, é "[...] a forma através da qual o homem apreende o mundo, expressando a visão daí decorrente de distintas maneiras [...]" (Saviani, 1992, p. 15). Desse modo, podemos falar de diferentes tipos de saber ou de conhecimento, tais como conhecimento sensível, intuitivo, afetivo, conhecimento intelectual, lógico, racional, conhecimento artístico, estético, conhecimento axiológico, conhecimento religioso e, mesmo, teórico e prático.

Do ponto de vista da formação profissional, esses diferentes tipos de saberes não interessam em si mesmos; interessam, sim, como elementos que os indivíduos necessitam assimilar para que se tornem humanos, porque o homem

> [...] não se faz homem naturalmente; ele não nasce sabendo ser homem, vale dizer, ele não nasce sabendo sentir, pensar, avaliar, agir. Para saber pensar e sentir; para saber querer, agir ou avaliar é preciso aprender, o que implica o trabalho educativo. Assim, o saber, que diretamente interessa à educação é aquele que emerge do processo de aprendizagem, como resultado, do trabalho educativo. Entretanto, para chegar a esse resultado a educação tem que partir, tem que tomar como referência, como matéria-prima de sua atividade, o saber objetivo produzido historicamente [...]. (Saviani, 1992, p. 15)

Desse modo, a humanidade, produzida histórica e coletivamente pelo conjunto dos homens, diz respeito ao conjunto de instrumentos (objetos, ideias, conhecimento, tecnologia etc.) por meio dos quais os homens se relacionam com a natureza e com os outros homens para promover a sobrevivência.

O processo de formação profissional envolve reflexões empírico-teóricas para compreendê-lo em sua concretude, o que significa pensar as contradições da organização do trabalho em nossa sociedade, as possibilidades de superação de suas condições adversas e empreendimentos no interior do processo educativo para a humanização plena do conjunto dos homens em sociedade. Considerando que os homens se caracterizam por um permanente vir a ser, a relação entre eles não está dada, mas precisa ser construída (vir a ser) material (trabalho social) e historicamente (organização social do trabalho). O trabalho, como princípio educativo, traz para a educação a tarefa de educar *pelo* trabalho, não *para* o trabalho.

As características apontadas na proposta pedagógica demandam dos professores e supervisores uma visão filosófica, política, científica e técnica. Isso é válido também para os assistentes sociais que supervisionam o processo de trabalho dos alunos estagiários, os quais, apesar de terem natureza e atribuições diferentes dos professores, precisam assumir uma postura pedagógica junto ao aluno, que está em processo de formação. Tal processo irá se estreitando, conforme o preconizado pelas Diretrizes Curriculares, pelo planejamento entre professor e profissional do campo, caracterizando-se como atividade que exige reflexão, acompanhamento e sistematização.

O desdobramento da atividade de planejamento em outras atividades, como de acompanhamento e de avaliação do processo de trabalho do estagiário, exige da supervisão um repensar contínuo e o fortalecimento do processo da tríade. Sabemos que toda atividade humana envolve, em alguma medida, tanto a ação concreta sobre a realidade quanto a abstração dessa realidade. Assim, é possível afirmar que teoria e prática são indissociáveis, o que equivale a dizer que toda atividade humana envolve algum grau de reflexão. Essa construção do pensamento concretiza-se ao se partir do empírico, passando pelo abstrato para chegar ao concreto (Saviani, 1992).

A superação das limitações do homem na produção capitalista vai de encontro àquelas competências que apenas visam a uma instrumentalização às novas qualificações, as quais, pelo capitalismo tecnologicamente avançado, conformam a subjetividade dos trabalhadores ao novo nível de acumulação, modelando o homem laboral para ajustar sua consciência à nova ideologia do capital. As competências do assistente social pressupõem a superação da visão fragmentada entre as dimensões ético-política, teórico-metodológica e técnico-operativa, que, embora distintas, estão articuladas organicamente em todo o processo de formação, expressas desde o perfil de profissional que se pretende formar até a organização curricular, buscando, dessa forma, um profissional

> [...] competente na sua área de desempenho, generalista em sua formação intelectual e cultural, munido de um acervo amplo de informações, em um mundo cada vez mais globalizado, capaz de apresentar propostas criativas e inovadoras em seu campo de trabalho. (Koike, 1997, p. 81)

Não há como negar que a década de 1980 foi pródiga em mudanças conceituais e operativas em relação à formação profissional. No relato de Tanguy:

> [...] as políticas educativas adotadas na segunda metade da década de 80, na França, têm como traço mais marcante o fato de terem sido elaboradas em relação às preocupações do emprego e de terem sido enunciadas em termos de nível. Este deslocamento de enunciado dos objetivos de uma política educativa, da ordem escolar para a ordem das qualificações, coloca em equação ensino, formação e qualificação; equação que oculta o fato de que a qualificação não é uma propriedade conferida pelo sistema educativo aos indivíduos, mas uma relação social que combina vários parâmetros e que é determinada pelo mercado de trabalho. (1998, p. 22)

Constatamos que esses fatos estão correlacionados, uma vez que a formação nasceu vinculada ao mundo do trabalho. É na conjugação desses elementos que é encaminhada a formação na dimensão de operações, "[...] cuja noção está associada ao saber-fazer e não se dissocia da qualificação" (Tanguy, 1998, p. 25). A competência, a partir da década de 1980, passou a ser um ponto relativamente central no sistema educativo. Desse modo, o ensino deixou de estar centrado em saberes disciplinares para se centrar num ensino que visa à produção de competências verificáveis em situações específicas. As reformulações do conceito de formação ocorreram à medida que o mercado de trabalho foi exigindo novas competências e habilidades. O conceito multidimensional de formação refere-se ao "[...] processo de valorização que não só avalia conhecimentos técnicos, como também dimensões referentes a atitudes e comportamentos inscritos no 'currículo oculto' exigido no acesso ao trabalho [...]" (Lope; Artiles, 1998, p. 186).

É oportuno destacar a direção assumida pelo Serviço Social e contemplada no projeto político-profissional, tendo como valor ético central o compromisso com aquela que deve ser a sua parceira inseparável: a liberdade. Isso implica autonomia, emancipação e plena expansão dos indivíduos sociais usuários dos serviços dessa profissão. Envolve, também, uma defesa intransigente dos direitos humanos e, logo, a recusa a todas as formas de autoritarismo e de arbítrio, requerendo uma condução democrática ao trabalho do assistente social. Essas premissas trazem a preocupação quanto à qualidade dos serviços prestados ao usuário, implicando um investimento na melhoria de programas institucionais, na rede de abrangência dos serviços públicos, como reação contra a imposição de crivos de seletividade no acesso aos atendimentos, ou seja, significa o compromisso com a classe subalterna (CEFSS, 1993).[8]

A qualidade e o compromisso com os serviços prestados aos sujeitos usuários estão presentes no Código de Ética e relacionam-se à competência e à formação do assistente social; referem-se, também, ao atual contexto socioeconômico, político e cultural, impulsionando o alargamento da compreensão desses conceitos, uma vez que é vital localizá-los na totalidade da ação profissional. A reflexão sobre a relação que se estabelece entre competência e qualidade tem o propósito de busca de uma significação que vai sendo construída socialmente no cotidiano, em virtude de imposições ideológicas que dão margem a equívocos e contradições.

O conceito de qualidade pode ser utilizado de maneira equivocada e reduzida se revestido de valores neoliberais. É corriqueiro empregá-lo como se já conservasse uma conotação positiva — algo é de qualidade quando é bom. No entanto, a qualidade é um

---

8. O Código de Ética dos Assistentes Sociais foi aprovado em 13 de março de 1993, com as alterações introduzidas pelas resoluções do CFESS, n. 290/94 e n. 293/94.

[...] atributo essencial da realidade. Há boa e má qualidade nos seres com que nos relacionamos, nas situações que vivenciamos [...] A ação competente vai se definir como uma ação de boa qualidade. A qualidade que se revela no trabalho competente aponta para novas dimensões aí presentes [...]. (Rios, 2005, p. 21)

O saber-fazer competente é um saber-fazer de boa qualidade, na medida em que analisa criticamente as exigências e os desafios postos cotidianamente. Portanto, essa qualidade não é atribuída, mas conquistada, construída dia a dia. Ao adjetivar esse saber-fazer, faz-se a conexão entre as dimensões teórica, técnica, ética e política hoje propostas nas Diretrizes Curriculares. O conceito de qualidade é multidimensional, social e historicamente determinado, pois emerge de uma realidade específica, de um contexto concreto.

O significado dado à qualidade hoje pode se converter, segundo Enguita (1995), em uma palavra de ordem mobilizadora, um grito de guerra em torno do qual se juntam todos os esforços, resumindo-se a uma "retórica da qualidade". Visualizamos o seu caráter polissêmico pelo significado dessa expressão em situações que podem mobilizar reivindicações de diferentes categorias profissionais, como os assistentes sociais, os professores que desejam melhores salários e mais recursos; também é expressa pelos acadêmicos, que almejam um resultado educacional a menor custo ou gratuitamente, e pelos dirigentes das instituições universitárias educacionais, que buscam uma força de trabalho mais disciplinada e flexibilizada.

Percebemos, portanto, em igual intensidade, o caráter retórico da qualidade e o caráter ideológico do discurso, que vão se instituindo como competentes na sociedade. Conforme Chaui (2000, p. 7), o discurso competente é um discurso instituído, confundindo-se, portanto,

[...] com a linguagem institucionalmente permitida ou autorizada, isto é, com um discurso no qual os interlocutores já foram previamente reconhecidos como tendo o direito de falar e ouvir, no qual as circunstâncias já foram predeterminadas para que seja permitido falar e ouvir e, enfim, no qual o conteúdo e a forma já foram autorizados segundo os cânones da esfera de sua própria competência.

O discurso competente retratado por Chaui (2000) reveste a competência de um caráter ideológico, cujo papel é mascarar a existência de dominação na sociedade dividida e hierarquizada em que vivemos. O contraponto do discurso competente está em desvendar os seus fundamentos conservadores e tecnocráticos. A reflexão sobre competência e qualidade ganha relevância na medida em que, do ponto de vista ético-político, esses fundamentos possam ser indagados, verificados quanto às implicações de sua utilização, bem como quanto às contradições. Estas, ao serem identificadas, devem ser superadas não apenas no campo das ideias, mas, sobretudo, na prática compromissada que se desenvolve socialmente.

Nesse sentido, qualidade exige comprometimento com a compreensão da desigualdade social crescente, com as escassas alternativas decorrentes da acirrada disputa pelo mercado de trabalho, o que contribui para dissuadir o pensamento crítico, dificultando, assim, as iniciativas de enfrentamento. O compromisso volta-se à prestação de serviços à população com aprimoramento intelectual, de acordo com um projeto social radicalmente democrático, compromissado com os interesses históricos da massa da população trabalhadora (Barroco, 2003).

Assim, com base nesse enfoque conceitual e no conhecimento registrado na literatura em Serviço Social, busca-se fundamentar a concepção de competência entendendo-a como elemento que constitui o solo da formação, numa dimensão transversal ao período de formação e exercício profissionais. A competência está em permanente construção; é construída socialmente e, por ser um termo revestido de significações, é preciso decifrá-la no contexto atual da educação e da profissão. O conteúdo necessário à competência no trabalho do assistente social depende, em primeiro lugar, da definição de um objeto de intervenção para o Serviço Social, que só pode ser entendido adequadamente em sua relação com a totalidade dos fenômenos humanos e sociais.

A competência não implica solidificação ou enrijecimento num modelo. Constitui-se pelo domínio dos conteúdos de sua área específica de conhecimento e de sua operacionalização e pela dimensão política, quando atenta à finalidade da ação e ao compromisso profissional. Nesse sentido, está implicada também a dimensão ética, que envolve postura crítica e investigativa sobre os fundamentos e o sentido atribuído aos conteúdos, aos métodos, aos objetivos, tendo como referência a afirmação dos direitos.

As competências instituídas pelas Diretrizes Curriculares para o curso de graduação em Serviço Social foram propostas pelas unidades de ensino por meio da ABEPSS e estão em consonância com as determinações da Lei n. 8.662/93, que regulamenta a profissão. É definido que, no eixo das competências e habilidades, "[...] a formação profissional deve viabilizar uma capacidade teórico-metodológica e ético-política, como requisito fundamental para o exercício de atividades técnico-operativas" (Brasil, 2002).

Emprega-se, frequentemente, a expressão "competências", no plural, para indicar habilidades que devem ser desenvolvidas no processo educativo ou na formação profissional (Perrenoud, 2000; Ropé; Tanguy, 1997; Brasil, 1996). Algumas das significações conferidas à noção de competências são inseparáveis da ação; expressam o conjunto de conhecimentos, qualidades, capacidades e aptidões que habilitam para a intervenção; supõem conhecimentos fundamentados. Quase sempre "[...] considera-se que não há competência total se os conhecimentos teóricos não forem acompanhados das qualidades e da capacidade que permitem executar as decisões sugeridas [...]" (Tanguy, 1997, p. 16).

O conceito de qualificação é confrontado com a noção de competência, o que, segundo a autora, não implica defender uma oposição universal entre eles, mas alertar sobre a tensão permanente que os une e os afasta dialeticamente. Tal visão instiga à reflexão e à pesquisa, pois anuncia uma oposição mais contundente entre noções, porque identifica a qualificação com o regime taylorista-fordista, associada a uma visão estática do mundo do trabalho. Ao contrário, a noção de competência emerge dos novos modelos de produção, sendo afeta à dinamicidade e à transformação. A ideia que se difunde, então, é a apropriação da noção de competência pelo sistema de ensino, uma vez que este seria capaz de promover o encontro entre formação e emprego (Ramos, 2001). No plano pedagógico, constatam-se a organização e a legitimação da passagem de um ensino centrado em saberes disciplinares a um ensino definido pela produção de competências verificáveis em situações de tarefas específicas. Essas competências devem ser definidas com referência às situações que os alunos deverão compreender e dominar.

Vygotsky (1998) aborda as relações entre aprendizagem e desenvolvimento humanos, considerando que a aprendizagem, como um processo profundamente social, necessita adaptar estratégias e conteúdos dos projetos curriculares ao contexto histórico e cultural específico dos alunos. Distingue o nível de desenvolvimento real do aluno, possuído em um determinado momento, daquele que pode chegar a alcançar.

Falar sobre competência significa falar em saber fazer bem (Rios, 2004), o que tem uma dimensão técnica, a do saber e a do saber fazer. A técnica está relacionada ao domínio dos conteúdos dos quais o sujeito necessita para desempenhar o seu papel, aquilo que se requer dele socialmente, articulado com o domínio das técnicas e das estratégias. É preciso saber bem e saber fazer bem, indicando tanto a dimensão técnica quanto a dimensão política. Rios (2004, p. 47) exemplifica essa ideia: "eu sei bem geografia", portanto eu tenho um conhecimento que me permite identificar istmos e penínsulas, distinguir planaltos de planícies; ou "eu sei fazer bem tricô", isto é, domino bem certos recursos, consigo manejar as agulhas e executar certas receitas. Em outras palavras, eu faço bem o meu trabalho de geografia ou meu trabalho de tricoteira, isto é, vou ao encontro daquilo que é desejável, do que está estabelecido valorativamente com relação à minha atuação. Logo, o conceito de "bem" não está numa perspectiva metafísica, mas o *bem* é entendido como resposta "[...] a necessidades historicamente definidas pelos homens de uma determinada sociedade [...]" (Rios, 2004, p. 48).

O advérbio "bem" possui um valor que não apresenta apenas um caráter moral, pois não se desvincula dos aspectos técnicos nem dos aspectos políticos da atuação do educador. É importante não confundir saber ou fazer bem com conhecer e fazer o *bem*. Como não há uma essência histórica de *bem*, este é definido no âmbito de valores criados socialmente em nossa sociedade; assim, muitas vezes o que se qualifica de bem é extremamente contestável, na medida em que atende a certos interesses, favorecendo incontestavelmente certa parcela da sociedade.

A qualidade da supervisão de estágio passa a ser prejudicada na medida em que não contribui para que o processo de aprendizagem dos alunos ocorra de forma reflexiva e crítica. A postura que sustenta a qualidade perpassa pelo compromisso dos estagiários entre si e com os usuários, não podendo apenas expressar afetividade, pensamento espontâneo e fazer o bem. Tal postura precisa ser constantemente problematizada, de forma coletiva e individual, alicerçada nas expectativas de cada usuário dos serviços sociais, uma vez que este espera do profissional ação firme, constante e consequente. Disso decorre a compreensão de que as "[...] profissões se criam a partir de necessidades sociais e se desenvolvem na medida de sua utilidade social, vindo a institucionalizar práticas profissionais reconhecidas socialmente [...]" (Mota, 2000, p. 26). Nesse sentido, as ações cotidianas dos assistentes sociais estão impregnadas de responsabilidade coletiva e pública, ou seja, responsabilidade com a categoria profissional e com a população usuária de seus serviços. Do mesmo modo, o discurso sinaliza que as implicações do agir profissional ultrapassam as "boas intenções", implicando compromisso social perante a população.

A reflexão que se faz está ancorada na importância que se atribui à apropriação, pelo indivíduo, por meio do ensino intencional, dos conceitos científicos que já foram historicamente construídos e que já têm, portanto, "[...] uma existência socioobjetiva anterior ao indivíduo [...]" (Duarte, 2000b, p. 200), e dos conceitos espontâneos, que, segundo Vygotsky (1993, p. 82), referem-se às

> [...] formas de pensamento ou aos conceitos cotidianos que se desenvolvem não no processo de assimilação do sistema de conhecimentos que são comunicados à criança durante o ensino escolar, mas sim que se formam no curso da atividade prática do aluno e de sua comunicação direta com os que rodeiam.

O processo de supervisão promove a construção de competências na atividade concreta de estágio ao permitir ao aluno o uso dos conceitos espontâneos, já que esses "[...] possibilitam a aparição dos conceitos não espontâneos através do ensino que é fonte de seu desenvolvimento [...]" (Vygotsky, 1993, p. 218). Dessa forma,

> [...] o desenvolvimento dos conceitos científicos segue um caminho particular em comparação com o desenvolvimento dos conceitos cotidianos. Esse caminho está condicionado pelo fato de que a definição verbal primária constitui o aspecto principal de seu desenvolvimento, que nas condições de um sistema organizado desce em direção ao concreto, ao fenômeno, enquanto a tendência de desenvolvimento dos conceitos cotidianos se produz fora de um sistema determinado e ascende até as generalizações. O desenvolvimento do conceito científico de caráter social é produzido nas condições do processo de ensino que constitui uma forma singular de cooperação sistemática [...].

Ainda sobre a ampliação de conceitos, o autor esclarece que, dentro de um mesmo nível de desenvolvimento e num mesmo indivíduo, existem elementos fortes e débeis nos conceitos cotidianos e científicos, pois

> [...] a debilidade dos conceitos cotidianos se manifesta, segundo os dados de nossa investigação, na incapacidade para abstração, no modo arbitrário de operar com eles; em semelhante situação, domina sua utilização incorreta. A debilidade do conceito científico reside em seu verbalismo, em sua insuficiente saturação do concreto, que se manifesta como o principal perigo de seu desenvolvimento: a parte forte, a capacidade para utilizar voluntariamente a "disposição a atuar". (Vygotsky, 1993, p. 183)

Com base nisso, proponho que sejam pensadas as dimensões ético-política, teórico-metodológica e técnico-instrumental no processo de supervisão em Serviço Social. Ao relacioná-las ao que é proposto pelas Diretrizes Curriculares, a noção de competência requisita para o trabalho profissional o caráter dialético entre as três dimensões pela sua relação de complementaridade, reciprocidade e compromisso. Isso se concretiza em valores éticos fundamentais, tais como "[...] liberdade, equidade e justiça social, articulando-os à democracia, à cidadania [...]" (Barroco, 2003, p. 201).

No âmbito do processo da supervisão de estágio, a efetivação da competência evidencia uma compreensão histórica da dicotomia entre o técnico, o político e o teórico. Considera-se que essa falta de unidade aparente está na atribuição de um peso demasiadamente tecnicista à dimensão técnica; politicista à dimensão política e teoricista à dimensão teórica. Conforme Madeireira (1996, p. 2),

> [...] há dificuldade geral dos estagiários, supervisores de campo e das unidades de ensino. Os acadêmicos reconhecem que são preparados para ler criticamente a realidade, porém sem instrumentalização necessária para o agir profissional, não havendo, portanto, um sincronismo entre o ensinado e a prática de estágio, o que traz insegurança no processo ensino-aprendizagem e que nem sempre reflete a matriz da questão social como direção da profissão.

Essa preocupação posta pelo eixo da competência vai, entretanto, sendo apreendida por compreensão radical das diretrizes curriculares. Entendo que a formação do profissional está assentada na articulação das dimensões ética, teórico-metodológica e técnica. Dessa forma, viabiliza-se

> [...] uma prática crítica e reflexiva, que deve ser informada por uma teoria social e por procedimentos metodológicos — em consonância com os valores expressos no código de ética — que possibilitem ao profissional uma análise do movimento do real e a proposição de estratégias e táticas para o seu enfrentamento sem perder de vista a intencionalidade dessa prática e as possibilidades de construções coletivas de táticas e de estratégias na relação com os movimentos sociais [...] Somente assim será possível abandonar o praticismo, o obreirismo e o pragmatismo que, hoje, se (re)atualizam [...]. (Silva; Cardoso, 2001, p. 1-5)

Para tanto, é necessário também o domínio de técnicas que permitam que essa ação se concretize a partir do planejamento. Entendo que isso poderá ocorrer à medida que a competência profissional estiver ancorada no conjunto de conhecimentos teóricos, metodológicos, ético-políticos e instrumentais propostos pela multiplicidade de vivências em "[...] disciplinas, seminários temáticos, oficinas/laboratórios, atividades complementares e outros componentes curriculares [...]" (ABEPSS, 2004c, p. 353).

As habilidades de investigação, de proposição e de intervenção precisam ser trabalhadas desde o início do curso de Serviço Social, por meio de leitura crítica e propositiva das exigências sociais postas no mundo contemporâneo. Além disso, o futuro profissional, ao intervir nas expressões da questão social, matéria-prima de seu trabalho, não deve entendê-la como "[...] situação social problema, tal como historicamente foi encarada no Serviço Social, reduzida à dificuldade do indivíduo [...]" (Iamamoto, 1998, p. 58). Para tanto, há que se decifrar a gênese das desigualdades sociais num contexto em que há concentração de renda, de propriedade e de poder, exigindo estratégias de enfrentamento à questão social na defesa intransigente dos direitos humanos e sociais. A competência passa pelo deciframento do contexto em que se inserem a formação e a profissão, pressupondo:

> [...] a) apreensão crítica dos processos sociais numa perspectiva de totalidade; b) análise do movimento histórico da sociedade brasileira, apreendendo as particularidades do desenvolvimento do capitalismo no país; c) compreensão do significado social da profissão e de seu desenvolvimento sócio-histórico, nos cenários internacional e nacional, desvelando as possibilidades de ação contidas na realidade; d) identificação das demandas presentes na sociedade, visando formular respostas profissionais para o enfrentamento da questão social, considerando as novas articulações entre o público e o privado. (ABEPSS, 2004a, p. 348-349)

Os elementos referidos estão em consonância com as determinações da Lei n. 8.662, de 7 de junho de 1993, que regulamenta a profissão de assistente social.[9] Desse ponto de vista, o que subjaz ao processo de trabalho dos supervisores junto aos alunos é a não-redução da compreensão de competência a um discurso articulado pelas regras da burocracia e da organização, fazendo o contraponto aos discursos cujos fundamentos são

---

9. Na Lei de Regulamentação da Profissão estão dispostas no art. 4º as competências e no art. 5º as atribuições privativas do assistente social.

"[...] conservantistas e tecnocráticos. Esse discurso é competente quando é crítico, ou seja, quando vai à raiz e desvenda a trama submersa dos conhecimentos que explicam as estratégias de ação [...]" (Iamamoto, 1994b, p. 183-184). Para tanto, reforça-se que a categoria *mediação* se faz indispensável nos processos existentes na realidade objetiva, a qual se efetiva nas ações recíprocas, na trama de relações que ocorrem entre partes, nas forças que constituem os fenômenos de uma totalidade. A mediação tem a ver com a "[...] passagem de um nível genérico, abstrato ou universal, para outro mais singular ou particular [...]" (Mello, 1988, p. 26).

Desse modo, a postura crítica não é mera recusa ou mero relato do instituído, da informação; supõe, sim, um diálogo particular com as fontes inspiradoras do conhecimento, buscando esclarecer seus vínculos sócio-históricos, localizando as perspectivas e os pontos de vista das "[...] classes através dos quais são construídos os discursos: suas bases históricas, a maneira de pensar e interpretar a vida social das classes [...] que apresentam esse discurso como dotado de universalidade, identificando novas lacunas e omissões" (Iamamoto, 1994b, p. 184).

Competência supõe um referencial teórico-metodológico, produto da formação e do exercício profissional, que se traduz pelo diálogo crítico estabelecido com o legado intelectual "[...] incorporado nos discursos do Serviço Social e nas autorrepresentações do profissional, deslindando ao mesmo tempo as bases sócio-históricas desse discurso e as teorias de que se nutre" (Iamamoto, 1994b, p. 184). Para isso exige-se uma abordagem associada à ideia de que, para compreender a profissão, é necessário dialogar com a história da sociedade e com a história do pensamento social na modernidade, ou seja, um diálogo entre a teoria e a história.

Estabelecendo a articulação entre as dimensões apresentadas no projeto ético-político, verifica-se que a materialização da competência profissional apresenta a totalidade que abriga em seu interior uma direção social, um conjunto de saberes e conhecimentos na realização dos direitos do coletivo de uma sociedade. Desse modo, a dimensão ético-política é determinante para se entender a competência profissional não como algo abstrato, mas como algo situado na sociedade real em que se vive como docente, assistente social e supervisora. A competência está sempre situada — o processo de supervisão de estágio dá-se dentro de um sistema de educação formal — em determinada unidade de ensino superior, num coletivo de profissionais que fazem a universidade numa sociedade capitalista.

Assim, tornar-se um profissional competente exige ir além do domínio de conceitos formais; é preciso pensar criticamente no valor de uso efetivo desses conceitos, exercer a criatividade, comprometer-se politicamente, pois, como afirma Contreras Domingo, a reflexão ética é parte da competência profissional e também

> [...] uma dimensão necessária para o desenvolvimento do compromisso ético e social porque proporciona os recursos que o fazem possível. Mas é ao mesmo tempo consequência desses compromissos, posto que se alimenta das experiências nas quais devem afrontar situações dilemáticas e conflitos em que estão em jogo o sentido educativo e as consequências da prática escolar. (1997, p. 58-59)

Dessa reflexão decorre a compreensão de técnica, termo[10] que indica o "[...] conjunto dos processos de uma arte ou a maneira ou habilidade especial de executar ou fazer algo [...]" (Cunha, 1982, p. 759). Quanto à formação em Serviço Social, a técnica teve especial significado até a década de 1980 na visão do trabalho do assistente social, quando foi supervalorizada, ignorando-se a sua inserção no contexto social e político. Nessa configuração, era-lhe outorgada neutralidade, na verdade impossível, pois a mais aparente neutralidade responde a alguma intencionalidade, porque se operacionaliza em determinado espaço histórico. Assim, "[...] é importante que se associe a ideia de *techne* às de *poiésis* e *práxis*, para que se explore de maneira mais ampla sua presença na competência [...]" (Rios, 2005, p. 95).

A afirmação de Rios reitera a exigência de reciprocidade nas diferentes dimensões da competência. A consciência dessa reciprocidade brota da

---

10. O termo *techne* surgiu na Grécia antiga e era empregado para narrar qualquer habilidade no fazer e, mais especificamente, uma competência profissional oposta à capacidade instintiva ou a mero acaso (Peters, 1974).

negação dos pressupostos vinculados aos projetos de modernização emergidos nas décadas de 1960 e 1970 na profissão. Tais projetos avançaram na década de 1980, alinhando-se gradativamente como proposta de ruptura, a qual foi consolidada na década de 1990 com o atual projeto ético-político-profissional, que procura evidenciar as contradições e dimensionar as mediações presentes na formação em Serviço Social. Essas são decorrentes de e construídas pelo próprio contexto social, político e histórico e, contemporaneamente, exigem interlocuções entre formação e exercício profissional, cujos desafios e construções de alternativas são respondidos de forma coletiva e permanente. Portanto, há indissociabilidade entre a supervisão de estágio e o processo de formação profissional em Serviço Social, se a supervisão não for pensada política, técnica e teoricamente.

2

Caminhos da supervisão de estágio em Serviço Social

Genealogia da supervisão de estágio em Serviço Social

> *Das velhas notações, de tempos fenecidos, copio, com carinho, o que me foi legado. Por irmãos, pais, avós, tios e primos queridos, dos quais nada mais há que um retrato apagado. Se, automaticamente, os dedos vão e vêm, o pensamento não: esse voa em vertigem, ao sabor do que diz uma data que alguém rabiscou, sem saber que eram marcas, origem, para a gente lembrar fatos, coisas, lugares... "E os rostos, bom Jesus? E os sóis? E os luares? E a fogueira no chão da cozinha de terra?..." E os dedos vão e vêm... E o pensamento erra pelo tempo que foi e que volta na idade com sabor de canção, nos braços da saudade!*
>
> Afonso Celso de Oliveira

A gênese da supervisão em Serviço Social acompanha a história das condições políticas que envolveram a criação da profissão. Como lembra Marx (1978), cada nova geração tem de se apropriar das objetivações resultantes da atividade das gerações passadas. Considerando que as mutações ocorrem em todas as áreas, contextualizar a supervisão de estágio na formação profissional significa poder situá-la abarcando suas concepções, práticas e ideias, que, relacionadas ao contexto econômico, político, social e cultural, podem ser vistas de vários ângulos, ampliando o foco de análise. Desse modo, pode-se particularizar a supervisão em Serviço Social como instância do processo de formação profissional, o que impõe vinculação com as Diretrizes Curriculares, e como um legado na formação do Serviço Social, buscando a compreensão dos fatos e dos personagens que fizeram e fazem parte de sua história.

A palavra "supervisão" é um neologismo formado pelo prefixo "super" e pelo afixo "visão", para designar o ato de ver; origina-se do latim *videre, avistar,* conhecer ou perceber pela visão, olhar para, contemplar, distinguir (Cunha, 1999). Significa, ainda, ação ou efeito de supervisionar, dirigir, orientar ou inspecionar. Na língua inglesa, o vocábulo *supervision* significa "olhar em conjunto", "olhar de cima" (Araújo, 1991, p. 168). O termo sugere a ideia de uma visão superior, inspeção, ou seja, a presença de um controle. Vieira (1979) emprega o vocábulo "supervisado", referindo-se ao verbo "supervisar", que, etimologicamente, provém de um verbo do inglês, *to supervise*. Em textos contemporâneos de Serviço Social o termo já não aparece, sendo usado "supervisionado", que se origina do verbo "supervisionar", o qual advém da palavra "supervisão" (Houaiss, 2004, p. 2642). Embora a raiz seja a mesma, o valor semântico dessas palavras denota sentidos diferentes: o primeiro termo dá ideia de ordenação, controle e fiscalização, ao passo que o segundo denota acompanhamento e orientação.

Historicamente, a supervisão corresponde a uma das atividades mais antigas de ensinar e aprender. O ato de supervisionar pode ser examinado desde a Grécia antiga, quando era considerado treinamento para estudantes. Posteriormente, o cristianismo instituiu a atividade filantrópica das "diaconias", o que originou uma supervisão orientadora de trabalhos assistenciais, feita pelos diáconos, que orientavam os demais na distribuição de esmolas e na administração de bens (Vieira, 1979).

Na Idade Média a supervisão ocorria pelas autoridades, que enviavam um professor às escolas para verificar se os aspectos morais e religiosos da instrução estavam sendo desenvolvidos. Nessa época, em razão das confrarias, corporações de ofícios e outras atividades afins, havia um sistema prático de aprendizagem, no qual o aprendiz residia com a família do mestre, recebendo dele os ensinamentos para a execução do ofício. Portanto, desde a Antiguidade a supervisão ocupou espaço na educação, sendo vista como possibilidade de reprodução e controle dos sistemas nos quais se inseria (Medina, 1995).

Na Idade Moderna, com o processo de industrialização, a supervisão passou a visar mais diretamente à capacitação do indivíduo, com vistas à produtividade, ou seja, à qualidade e à quantidade da produção. Toma-se como referência a primeira fase da Revolução Industrial, na qual a supervisão na área de produção surgiu "[...] das fábricas para garantir o *adestramento* de comportamentos e desempenhos que possibilitassem o uso de técnicas para assegurar o sucesso da produção" (Medina, 1995, p. 42).

Em relação à supervisão em Serviço Social, constata-se que emergiu como um "[...] modo de treinamento de pessoal (pago ou voluntário), que trabalhava nas organizações de caridade e que devia ser instruído nos princípios e métodos das instituições a que estivesse ligado" (Ander-Egg, 1974, p. 248). Segundo o autor, a supervisão desenvolveu-se para enfrentar as necessidades de orientação, coordenação, formação e administração, embora seu vínculo maior estivesse ligado à área de trabalho. Após serem fundadas as primeiras escolas de Serviço Social[1] na América do Norte e

---

1. Em 1898, a New York Charity Organization Society levou o plano inicial de Mary Richmond adiante. Um ano mais tarde, ao apagar das luzes do século XIX, surgiu, em Amsterdã (Holanda), o Instituto de Treinamento em Serviço Social, que se encarregou de pôr em prática um curso de dois anos, composto de matérias como conhecimentos sociológicos gerais, problemas socioeconômicos, legislação e treinamento prático supervisionado em diferentes campos do Serviço Social. Em 1904 o curso mantido pela New York Charity Organization Societ adquiriu a forma de cursos de um ano de duração, levados a cabo na Escola de Filantropia de Nova York, primeira Escola de Serviço Social nos Estados Unidos (CELATS, 1980). Na América Latina, a primeira escola surgiu no Chile, em 1925 (iniciativa pública, fundada pelo médico doutor Alejandro Del Rio), com características de uma profissão paramédica e parajurídica. A segunda escola, também no Chile, foi fundada em 1929, por Miguel Cruchaga — de iniciativa privada — (Igreja Católica), chamada de Escola Elvira Matte de Cruchaga. Ambas tiveram forte influência católica, como ocorreu com as demais escolas que surgiram no continente latino-americano. Destacam-se as orientações dadas pelas encíclicas papais *Rerum Novarum*, de 1891, do papa Leão XIII, que trata da questão operária e da propriedade privada e propõe a submissão do operário e a humanização do capitalista; *Quadragésimo Anno*, de 1931, do papa Pio XI, que enfoca a importância do laicato para combater o liberalismo e o comunismo e propõe a justiça social através da fraternidade e conciliação entre classes (Aguiar, 1982). No Brasil, a primeira escola de Serviço Social surgiu em São Paulo, em 1936, por iniciativa católica. Tinha como base filosófica os princípios do neotomismo (Santo Tomás de Aquino): "[...] o homem é criado à

na Europa, nas primeiras décadas do século XX, essas agências seguiram sendo o principal campo de treinamento para o pessoal. Desde então, "[...] o ensino sistemático que se realizava principalmente por meio da supervisão era feito partindo de situações simples e de outras mais complexas" (Ander-Egg, 1974, p. 248).

O Serviço Social não era ainda profissão, mas, sim, vocação ou trabalho[2] (Vieira, 1979), e o pensamento, até o final da Primeira Guerra Mundial, era de que o estágio se concretizava por um treinamento prático vocacional. A aprendizagem ocorria na ação e no trabalho de campo, sendo significativa a concepção de "aprender fazendo.[3]" Posteriormente, a função de ensino foi incorporada à supervisão por influência das ideias de Mary Richmond (1950) e das teorias de John Dewey[4] (Vieira, 1979). A

---

imagem e semelhança de Deus". De acordo com essa doutrina, a caridade e a fraternidade são as bases da justiça social, a qual deve prever, também, reformas sociais que visem ao bem comum. A segunda escola foi fundada no Rio de Janeiro, em 1937, também por iniciativa católica. Até a metade da década de 1940, a influência predominante foi do Serviço Social europeu, passando, a seguir, para a influência norte-americana. Em decorrência desta, introduziram-se na formação profissional dos assistentes sociais o Serviço Social de Casos, o Serviço Social de Grupo e, posteriormente, o Serviço Social de Comunidade (Iamamoto; Carvalho, 1982).

2. Os membros da Sociedade de Organização de Caridade (SOC) consideravam que o termo trabalho (*work*) caracterizava com mais precisão a dimensão profissional da atividade dos agentes sociais, evidenciando a diferença dos procedimentos caritativos voluntários dos membros da comunidade, a partir de motivações pessoais e religiosas. Muitos presos ainda à noção de caridade, historicamente associada à prática da assistência como uma prática servil, de doação, de ajuda (Martinelli, 2003, p. 112).

3. Tal lema, amplamente divulgado nos relatórios para a Unesco da Comissão Internacional sobre Educação para o Século XXI, nesse quadro de luta intensa do capitalismo para sua perpetuação, aparece como palavra de ordem, caracterizando-o como educação democrática. O ideário proposto pelo lema aprender a aprender não é novo, aparecendo de forma contundente no cenário educacional com o pensamento pedagógico da escola nova, que, guardadas suas proporções, integra a formação em Serviço Social constituindo a própria história da supervisão: "[...] inicia-se uma nova era para a supervisão: o supervisor como orientador da metodologia. [...] — sentia-se a influência de John Dewey: *aprender-fazendo* [...]" (Vieira, 1979, p. 29). Percebe-se que tal dimensão fazia o contraponto do ideário da época, de romper com a ótica do Serviço Social na perspectiva da ajuda social. Contudo, na mesma proporção iniciava outra forma de aprendizado, pois a função do supervisor na época era "[...] mais de natureza administrativa que pedagógica: o supervisor decidia *o que e como fazer*" (Vieira, 1979, p. 29).

4. John Dewey (1859-1952), autor de *Aprender-fazendo: da educação tradicional à educação nova*, foi filósofo, psicólogo e pedagogo liberal norte-americano e exerceu grande influência sobre toda a pedagogia contemporânea; defensor da Escola Ativa, que propunha a aprendizagem através da atividade

experiência concreta da vida apresentava-se sempre diante de problemas que a educação poderia ajudar a resolver. A educação, portanto, era fundamentalmente pragmática, instrumentalista, já que buscava o convívio democrático, sem, no entanto, pôr em questão a sociedade de classes: "[...] a educação era essencialmente processo e não produto; um processo de reconstrução e reconstituição da experiência; um processo de melhoria permanente da eficiência individual [...]" (Gadotti, 1998b, p. 144).

Na época, o estágio correspondia a um modo de aprender decorrente da compreensão do quê e como fazer; assim, o supervisor exercia um papel de natureza mais administrativa do que pedagógica. A partir da segunda década do século XX, a supervisão reflete a influência da psicanálise, visto que o supervisor assumia tarefas de terapeuta em relação aos supervisionados, o que lhe possibilitava trabalhar mais eficientemente em relação aos "casos" a que devia atender (Ander-Egg, 1974).

Soma-se a isso a influência da célebre obra publicada em 1917, *Diagnóstico social*, de Mary Richmond (1950), evento significativo por se tratar da primeira sistematização teórica de Serviço Social. O texto indicava metodologias de estudo, diagnóstico e tratamento para atendimento de casos, desencadeando na supervisão o debate relacionado ao plano de tratamento entre supervisor e supervisionado. Começava, pois, uma nova era para a supervisão: o supervisor como orientador da metodologia (Vieira, 1979).

A linha da história revela que o conceito de supervisão atende às tendências técnicas predominantes do cenário social de cada época e de cada área profissional. Ilustra-se essa ideia no campo da psicanálise,[5] que

---

pessoal do aluno, sua filosofia da educação foi determinante para que a Escola Nova se propagasse por quase todo o mundo. Dewey promoveu uma crítica contundente à obediência e submissão até então cultivadas nas escolas, que considerava verdadeiros obstáculos à educação. Através dos princípios da iniciativa, da originalidade e da cooperação, pretendia liberar as potencialidades do indivíduo rumo a uma ordem social que, em vez de ser mudada, deveria ser progressivamente aperfeiçoada. Assim, traduzia para o campo da educação o liberalismo político-econômico dos Estados Unidos. Embora vários aspectos da teoria de Dewey sejam similares aos da pedagogia do trabalho, seu discurso apresentava-se bastante genérico, não questionando as raízes das desigualdades sociais. Dewey priorizava o aspecto psicológico da educação, em prejuízo da análise da organização capitalista da sociedade, como fator essencial para a determinação da estrutura educacional (Gadotti, 1998b).

5. A supervisão na área psicanalítica, conforme Mabilde (1991), constitui um dos principais fatores da experiência de aprendizagem da psicoterapia, responsável pela integração entre os conhecimentos

teve a primeira descrição completa de uma supervisão nessa área com os trabalhos de Freud,[6] em 1909 (Brito, 1999). A supervisão também marcou presença significativa, desde sua introdução, no Instituto de Berlim, em torno de 1920.

Ao abordar o mais antigo estudo sobre supervisão, atribuído a Virginia Robinson, na obra *Supervision in social case work*, de 1936, encontramos como conceito: "[...] o processo educacional pelo qual uma pessoa possuidora de conhecimentos e experiência prática toma a responsabilidade de treinar outra, possuidora de menos recursos técnicos" (apud Williamson, 1967, p. 31). Este primeiro registro instituiu o pensamento do olhar "sobre", de controle, de treino, ou seja, a probabilidade de ensinar o fazer, não mais o de aprender a fazer. A supervisão, então, era apresentada como treinamento prático e método de ensino que envolvia o supervisor e o supervisado no processo de aprendizagem. Vieira (1979), apoiada nas teorias psicológicas da época, relata que esse método de ensino levava à autêntica formação profissional, o que contribuiu para a consolidação da supervisão no Brasil, na medida em que respondeu às necessidades das escolas de Serviço Social.

Paralelamente às primeiras formulações sobre supervisão no Brasil, em 1936,[7] ocorreu o início da formação em Serviço Social, com a criação

---

teóricos e aqueles oriundos da técnica. Um dos principais propósitos do processo de supervisão é conseguir que o estudante adquira a destreza necessária para desempenhar o mais adequadamente possível sua tarefa de terapeuta (Grinberg, 1975). A finalidade da supervisão psicoterápica é a de "[...] ensinar o supervisionado a bem praticar a psicoterapia dinâmica, ou psicanalítica. [...] não é um tratamento psicoterápico" (Machado, 1991, p. 16). Lembra o autor que essa é a posição adotada na maior parte do mundo científico e que o supervisor funciona como um professor e não como um terapeuta. Semelhança guarda a área de Serviço Social, na qual o supervisor é assistente social e professor; na vida acadêmica, tem a atribuição de professor/supervisor enquanto, em atividade de campo, lhe sobressai a tarefa de supervisor.

6. Freud analisou um caso de fobia em um menino de cinco anos: o conhecido caso clínico do Pequeno Hans. O pai do menino, Max Graf, musicólogo, conduziu uma análise supervisionada por Freud, através de cartas e encontros pessoais, porque Graf era também discípulo do fundador da Psicanálise (Brito, 1999).

7. Período de profundas transformações, motivadas basicamente pelo processo socioeconômico brasileiro e mundial, e, com isso, a reorganização das forças econômicas e políticas. A Revolução de 1930 é o marco comumente empregado para indicar uma nova fase na história do Brasil. No âmbito educacional, durante o governo revolucionário de 1930 Vargas constituiu o Ministério de Educação

da primeira escola de Serviço Social em São Paulo. Tal fato não pode ser considerado fruto de uma iniciativa exclusiva do Movimento Católico Laico, pois "[...] já existe presente uma demanda — real ou potencial — a partir do Estado, que assimilará a formação *doutrinária* própria do *apostolado social* [...]" (Iamamoto; Carvalho, 1982, p. 180). Um ano após surgiu outra escola no Rio de Janeiro, e na década seguinte seriam em número de 15.[8] Na década de 1940 começaram as organizações de estágios. Nesse período, sentiu-se a necessidade da supervisão, pelos registros do 2º Congresso Pan-Americano de Serviço Social, de 1949. Na oportunidade, Nadir Kfouri afirmava:

> [...] de início a parte prática girava exclusivamente em torno de visitas realizadas a obras sociais e a famílias necessitadas. Atualmente percebe-se que a preocupação maior, para bom número de escolas, reside em organizar os estágios nas obras e a supervisão [...]. (Apud Aguiar, 1982, p. 33)

Aguiar (1982) refere diferentes formas de aprendizagem para a formação do assistente social. A formação prática era entendida como apreensão do "como fazer" em relação aos diferentes campos de atuação. A formação técnica, específica do assistente social, consistia no estudo das teorias do Serviço Social que respaldassem as ações dos profissionais quanto aos desajustamentos individuais e coletivos. Daí a formação técnica ensinar a "como fazê-lo", pois oferecia o conhecimento sobre o Serviço Social, dando-lhe condições de colocá-la em prática. A formação científica dava-se por meio de disciplinas como sociologia, psicologia e

---

e Saúde Pública; em 1931 e 1932, foi adotado o regime universitário para o ensino superior, bem como organizada a primeira universidade brasileira: a Faculdade de Filosofia, Ciências e Letras, da Universidade de São Paulo (Veiga, 1995, p. 29-30)

8. Conforme Iamamoto (1982), foi pela intervenção de Nadir Kfouri, no II Congresso Pan-Americano de Serviço Social (1949), que esse dado foi publicizado. Das 15 escolas, 12 teriam sido constituídas sob os auspícios de organizações católicas e três, por iniciativa do governo. Quatro são filiadas a universidades (universidades católicas), sendo 13 exclusivamente para assistentes sociais do sexo feminino e duas, para homens. Dessas, 14 enviaram representação ao 1º Congresso Brasileiro de Serviço Social em 1947. A maioria formaria sob a influência das duas primeiras escolas (São Paulo e Rio de Janeiro), de origem católica, tendo em sua direção ex-alunas dessas escolas formadas sob o regime de bolsas de estudo.

biologia e também da moral, para serem utilizadas como instrumentos de trabalho, e a formação pessoal tinha a preocupação do desenvolvimento da personalidade integral dos alunos, operando através de uma formação moral sólida, que é um dos aspectos importantes na formação doutrinária dos alunos.

Em virtude do contexto socioeconômico e político, emergiu tanto a necessidade como a demanda de uma formação qualificada ao ensino em Serviço Social no Brasil, o que delineou um novo contorno à supervisão na década de 1940. Esse período demarcou a criação e o desenvolvimento das grandes instituições assistenciais estatais, paraestatais e autárquicas,[9] cuja criação, conforme Silva (1995, p. 24), "[...] ocorre no bojo do aprofundamento do modelo corporativista do estado e do desenvolvimento de uma política econômica favorecedora da industrialização adotada a partir de 1930 [...]". Foi o momento em que se ampliou o mercado de trabalho para a profissão, permitindo ao Serviço Social romper "[...] com suas origens confessionais e transformar-se numa atividade institucionalizada [...]" (ibidem, p. 25). Nesse período se consolidaram dois movimentos de um mesmo processo: de uma parte, as alterações no âmbito do Estado e, de outra, a adaptação da formação técnica especializada às organizações que prestam serviços sociais, o que exigiu novas formas de execução do trabalho de assistente social, bem como novos instrumentos de trabalho. Nessa época estavam em evidência as técnicas de caso e grupo, cuja finalidade era a eficácia da ação profissional.

Na década de 1940 o Serviço Social norte-americano marcou presença, estendendo-se nas décadas seguintes e sobrepondo-se, assim, à influência europeia, que ainda era muito significativa na profissão. Além disso, a bibliografia predominante sobre o assunto era importada dos Estados Unidos, juntamente com outras mais esparsas, vindas do Canadá, da Bélgica e da Itália, trazidas por profissionais que se aperfeiçoavam nesses países. A bibliografia adotada influenciou de modo imperativo as primeiras escolas de Serviço Social brasileiras, estendendo-se as influên-

---

9. Esse aspecto tem sido analisado por vários estudiosos, destacando-se entre eles Iamamoto e Carvalho (1982) e Silva (1995).

cias norte-americana e europeia até o início da década de 1980. Para os norte-americanos, a supervisão era entendida como um conjunto de métodos que privilegiam a dimensão técnica do processo de ensino na formação, fundamentada nos pressupostos psicossociais cientificamente validados na experiência, na prática eficiente, ignorando o contexto social, político e econômico.

Os textos sobre supervisão no Brasil tinham um caráter tecnicista e pedagógico. Essa influência era atribuída às publicações norte-americanas utilizadas na época pelos cursos de Serviço Social, das quais se faz registro da obra de Bertha Reynold, *Learning and teaching in the practice of social work*, de 1942. Sua concepção sobre supervisão detinha-se no processo pedagógico global do Serviço Social, tanto teórico, em sala de aula, como prático, no estágio. A autora não separava as duas esferas, pois acreditava que "[...] o indivíduo [...] na sua globalidade, aprende" (apud Vieira, 1979, p. 30).

O livro *Social group work practice*, publicado em 1949, de Gertrude Wilson e Gladis Ryland, apresenta o capítulo "O processo de supervisão". A obra influenciou, com suas definições, a introdução da supervisão entre profissionais, conceituada como

> [...] uma relação entre o supervisor e o assistente social, na qual o primeiro, pelo conhecimento e compreensão de si mesmo, dos outros seres humanos, das condições sociais e das finalidades da instituição, ajuda os assistentes sociais a desempenhar as funções que lhes competem na execução dos fins comuns. (Wilson; Ryland, 1957, apud Vieira, 1979, p. 30)

Como podemos constatar, as autoras estabeleceram visões diferentes, mas não excludentes, para o processo. Reynolds (1942, apud Vieira, 1979) ampliou a compreensão da supervisão, não dicotomizando a relação entre teoria e prática na construção do conhecimento, o que parece registrar um pensamento avançado para a época. Por sua vez, Wilson e Ryland (1957, apud Vieira, 1979) apresentaram uma outra modalidade de supervisão, aquela que acontece entre profissionais, numa dimensão em que o conhecimento e o apoio se evidenciam como ajuda profissional.

O acervo sobre supervisão no Brasil foi organizado a partir de 1947 e durante quase quatro décadas, até 1981, a área contou com três expoentes — Helena Juracy Junqueira, Nadir Gouvêa Kfouri e Balbina Ottoni Vieira —, que delinearam um percurso bibliográfico mais sistemático. Após esse período surgiram outras produções, todavia de forma esparsa. O conjunto dessas publicações revela a história que, ao ser narrada, integra a formação e o exercício profissional, bem como o contexto social, político, econômico e cultural das diferentes conjunturas que marcaram cada época.

Ao identificar o ano em que a bibliografia sobre supervisão foi produzida, verificamos que essa atividade foi impulsionada pelos demais órgãos gestados no período, visto que em 1946[10] foi fundado o Comitê Brasileiro da Conferência Internacional de Serviço Social (CBCISS). Esta organização abarcou, além de outras finalidades,[11] a de agência divulgadora das produções nacional e internacional, bem como a renovação profissional junto aos profissionais de Serviço Social. Essa renovação constava no acordo entre Brasil e Estados Unidos, por meio da concessão de bolsas de estudos, com as quais os assistentes sociais realizavam as especializações. Esse dado é relevante tendo em vista que as professoras Nadir Kfouri,[12] especializada em Serviço Social de Casos, e Helena Iracy Junqueira,[13] em Desenvolvimento de Comunidade, foram as primeiras assistentes sociais brasileiras a escrever sobre supervisão em Serviço Social. Ambas eram

---

10. Ainda no mesmo ano, aconteceu a fundação da Associação Brasileira de Ensino de Serviço Social (ABESS) por assistentes sociais católicos, sob a liderança de Odila Cintra Ferreira, da Escola de Serviço Social de São Paulo. A ABESS passou a estar sempre presente nos diferentes momentos do Serviço Social, exercendo papel relevante ao procurar imprimir unidade ao ensino no Brasil, preocupando-se com a questão curricular e outros grandes temas de interesses para a profissão.

11. Foi criado com a finalidade de incentivar a cooperação e o intercâmbio no Brasil entre as instituições, tanto privadas como estatais, bem como entre os profissionais que têm sua ação voltada para o social. Está definido em seus estatutos como entidade de cunho técnico-científico, sem fins lucrativos, apolítico, com personalidade jurídica de direito privado, não confessional, de utilidade social (Silva, M. O., 1994, p. 9).

12. Ingressou na Escola de Serviço Social em 1936 e especializou-se na Universidade de Washington National Catholic School of Social Service de 1942 a 1943.

13. Ingressou na Escola de Serviço Social de São Paulo em 1936; cursou a pós-graduação em Serviço Social na School of Social Applied Sciences, da Universidade de Pittsburgh, Pensilvânia, nos Estados Unidos, de 1944 a 1945. Faleceu em 1997, sendo homenageada, em 1998, pela revista *Serviço Social & Sociedade*, n. 56, pela importância de seu trabalho para a profissão.

diplomadas pela PUCSP, a primeira com dez publicações sobre o assunto, no período de 1949 a 1969, e a segunda, também com dez produções, realizadas no período de 1947 a 1962. Ainda, a professora Balbina Ottoni Vieira,[14] a terceira expoente, diplomada pela Escola de Serviço Social do Rio de Janeiro, deu continuidade a esse ciclo de produções, com 18 obras sobre o tema, escritas no período de 1961 a 1981 (Silva, M. O., 1994).

É interessante observar que o processo de supervisão se alimentou dessa literatura norte-americana. Na década de 1950 ocorreu a primeira publicação textual, de Margaret Williamson — *Supervision: principles and methods* —, sobre supervisão em Serviço Social com grupos. As ideias de Williamson enfocavam a supervisão de voluntários em obras de recreação de adolescentes e seus aspectos administrativos. Só em 1961 a autora fez algumas reformulações na obra, introduzindo a supervisão de profissionais e de auxiliares remunerados para o Serviço Social com grupos e o uso das técnicas grupais em supervisão. Tal perspectiva foi dimensionando a supervisão no âmbito da realização pessoal, caracterizando o processo de uma supervisão direta como ajuda (Williamson, 1967).

Durante as décadas de 1950 e 1960 foi forte a influência da área pedagógica[15] na supervisão em Serviço Social. Essa extensão está relacionada aos estudos do Council of Social Work Education e ao relatório de Hollis e Taylor sobre currículo, os quais contribuíram decisivamente para a modificação na educação do Serviço Social (Vieira, 1979). Reitera-se, pois, que a supervisão, tendo como solo a formação profissional, recebia influência das práticas educativas vigentes, que, por sua vez, ao serem um fenômeno social e universal, tornavam-se necessárias no processo de supervisão. A prática educativa não é apenas uma exigência da vida em sociedade; é, segundo Libâneo (1994, p. 17), "[...] o processo de prover os indivíduos de conhecimentos e experiências culturais que os tornam aptos a atuar

---

14. Ingressou na Escola de Serviço Social do Rio de Janeiro em 1941 e especializou-se na National Charities Nova York em 1943.

15. O período compreendido entre 1960 e 1968 foi marcado pela crise da Pedagogia Nova e pela articulação da tendência tecnicista, assumida pelo grupo militar e tecnocrata. O pressuposto que embasou essa pedagogia foi a neutralidade científica, inspirada nos princípios de racionalidade, eficiência e produtividade (Veiga, 1995).

no meio social e a transformá-lo em função de necessidades econômicas, sociais e políticas da coletividade [...]".

Ao recorrer à história, constatamos que as tendências pedagógicas no Brasil nessas décadas incluíam várias correntes. O estudo feito sobre supervisão mostra que, na época, houve forte influência do movimento da Escola Nova. A ênfase no processo ensino-aprendizagem estava centrada no aluno, não mais no professor e na matéria, segundo a ideia de que o aluno aprende melhor o que faz por si próprio — "aprender fazendo". Não se trata apenas de "aprender fazendo", no sentido do trabalho manual, de ações de manipulação de objetos; trata-se de colocar o aluno, conforme Libâneo (1994, p. 64), "[...] em situações em que seja mobilizada a sua atividade global que se manifesta em atividade intelectual, atividade de criação, de expressão verbal, escrita, plástica ou outro tipo [...]".

Por outro lado, deixar o aluno à educação espontânea é também deixá-lo exposto ao autoritarismo de uma sociedade nada espontânea, pois, reafirmando Gadotti (1998b, p. 148), o papel do educador é o de "[...] intervir, posicionar-se, mostrar um caminho e não se omitir. A omissão é também uma forma de intervenção [...]". Essa fase demarcou uma preocupação com o aluno em relação às suas potencialidades, fragilidades, ritmo de trabalho e necessidades pessoais, cuja pedagogia servia, acima de tudo, aos interesses da sociedade burguesa. Segundo o autor, poucos foram os pedagogos dessa tendência que superaram o pensamento burguês para demonstrar a exploração do trabalho e a dominação política, próprias da sociedade de classes.

Além disso, por influência do desenvolvimento do campo pedagógico, não se focalizou mais o supervisor, mas, sim, o supervisado, marcando, na formação em Serviço Social, uma fase que se constituiu como "[...] *educativa e pedagógica da supervisão*" (Vieira, 1979, p. 32). Essa "renovação didática" é uma recomendação da ABESS, que, em sua 11ª Convenção, em 1961, apontou tal necessidade no sentido de instigar a "[...] curiosidade intelectual, conduzindo os alunos à iniciativa própria, à pesquisa e ao desenvolvimento da capacidade de julgamento" (Sá, 1995, p. 245).

Acompanhando o pensamento atribuído à supervisão nas décadas seguintes, chegamos ao período do Movimento de Reconceituação, considerado o desencadeador de mudanças no estatuto da profissão, em cujo contexto se analisa a supervisão, levantando e problematizando as concepções encontradas. Nesse período se utilizaram especialmente os aportes propostos por Vieira (1979; 1981), cujas obras foram de extremo valor na transição e contestação da profissão, por possibilitarem a visibilidade e a sistematização do processo de supervisão.

Dentre as várias definições de autores brasileiros, registro a de Castilhos[16] (1972, p. 46), que reforça a supervisão no universo das relações pedagógicas, focalizando a natureza, o processo, os relacionamentos, os objetivos e o conteúdo. O autor apresenta a Supervisão em Serviço Social como

[...] um processo de formação e desenvolvimento profissional, pelo qual, através de um relacionamento supervisor-supervisado e da atividade profissional, este adquire, exercita e desenvolve atitudes, habilidades e técnicas profissionais, aprendendo a traduzir na ação princípios, conhecimentos e objetivos, metodologia e técnicas do Serviço Social.

O processo de supervisão, abordado sob o ângulo de sua operacionalização, privilegiou a tematização acerca do manejo técnico-instrumental, o relacionamento entre supervisor e supervisionado, a sistematização da ação na supervisão, o enfoque didático-pedagógico. Assim, houve a inclusão dos fundamentos acadêmicos na supervisão, uma vez que era muito mais "[...] ligada ao Serviço Social do que à pedagogia, pois era aplicada por assistentes sociais que são profissionais do Serviço Social antes de serem professores [...]" (Vieira, 1979, p. 34), revelando a influência da prática profissional no processo da supervisão.

Nessa relação, se, por um lado, a supervisão era concebida por se adaptar aos modelos de intervenção com indivíduos, grupos e comunidade, por outro, a abordagem individual com visão psicológica levou a que se confundissem capacitação e terapia, da mesma maneira que durante "[...] muito tempo não se fez diferença entre os aspectos pedagógicos e

---

16. Lúcia G. Castilhos foi diretora e professora da Faculdade de Serviço Social da Pontifícia Universidade Católica do Rio Grande do Sul. Aposentou-se na década de 1990 e faleceu em janeiro de 2007.

administrativos da supervisão e entre supervisão pedagógica e supervisão de programas [...]" (Vieira, 1979, p. 34). Conforme registro da autora, houve avanço sensível em razão do esforço conjunto de educadores e profissionais em Serviço Social brasileiros na conceituação da supervisão.

O autor argentino Ander-Egg (1974, p. 248) expressa que as referências do processo de supervisão estão dadas pela confluência de três disciplinas: "[...] a pedagogia da supervisão; a concepção que se tem do método do Trabalho Social e a interpretação das situações contextuais em que se realiza o trabalho [...]". Argumenta, ainda, que a supervisão em Serviço Social constituía-se num processo mediante o qual um assistente ou trabalhador social, ou um estudante que realizava uma prática, recebia de forma individual ou grupal a orientação de outro profissional designado para tal fim. Isso ocorria de modo que pudesse aproveitar o melhor possível seus conhecimentos e habilidades, objetivando o estímulo a alguém, no sentido de que deveria aperfeiçoar suas aptidões para realizar as tarefas da maneira mais eficiente possível.

Ander-Egg (1974) registra que a supervisão podia ser vista com dupla função: administrativa e didática. Recomenda o cuidado de se observar que a ênfase num ou noutro aspecto estaria dada se a supervisão se realizasse dentro de uma instituição, por seus trabalhadores sociais, ou se fosse realizada numa escola, constituindo-se, fundamentalmente, num processo educacional. O autor define que, para o supervisor, no campo administrativo prevalece a tarefa de estimular, orientar e guiar, e, na área docente, a finalidade é ensinar a fazer. Ressalta-se que o alcance atribuído pelo autor à supervisão era o de prescrição no âmbito da eficácia e da eficiência, identificadas como dimensão de caráter tecnicista.

A partir da década de 1970 começou a se delinear o pensamento marxista no contexto do Serviço Social brasileiro, com o desenvolvimento do processo de renovação da profissão, na percepção de uma clara "[...] intenção de ruptura com o Serviço Social tradicional" (Netto, 1994, p. 159). Merece destaque a experiência de Belo Horizonte, ou método BH,[17] por

---

17. Experiência vivida, de 1972 a 1975, por um grupo de profissionais, tendo como principal valor a aproximação de professores e estudantes à realidade concreta dos setores sociais mais explorados dessa região do Brasil: trabalhadores, mineiros e lavradores, habitantes de Minas Gerais.

intermédio da Escola de Serviço Social da Universidade Católica de Minas Gerais,[18] que se constituiu na mais expressiva proposta crítica elaborada na época no Brasil.

Dentre as experiências relatadas cita-se o trabalho da Universidade de Minas Gerais, que prestava orientação técnica juntamente com a LBA, considerado órgão financiador e mediador do estágio. A equipe era composta de três estagiárias acadêmicas, um professor-orientador e um supervisor da LBA (Santos, 1982, p. 71). Infere-se que a íntima ligação da supervisão de estágio com essa experiência abastecida pelo método dialético-crítico foi uma exceção, pois apresentava outra visão que não aquela cujos parâmetros sustentavam a supervisão e a profissão: "[...] pelo viés desenvolvimentista-modernizante [...] compatível à renovação do Serviço Social com as exigências próprias do projeto ditatorial [...]" (Netto, 2005, p. 81).

Ainda naquela década, a obra de Teresa Sheriff et al. (1973), da Argentina, *Supervisión en trabajo social*, foi apontada como a publicação que rompeu com o que tinha sido produzido até então. As ideias nela constantes estavam alicerçadas no humanismo marxista e nos aportes de Paulo Freire, o que marcou toda a sua sistematização. Assim, supervisão passou a ser concebida como "[...] um processo educativo e administrativo de aprendizagem mútua entre supervisor e supervisionado, no qual ambos são sujeitos do processo, tratando de que sejam portadores de uma educação libertadora" (Sheriff et al., 1973, p. 26). Nesse trabalho, os autores foram portadores de uma proposta de educação libertadora, buscando a consciência crítica da realidade com o objetivo de transformá-la e, como sujeitos da história, de organizar uma nova sociedade, via "revolução comunitária". A mudança em relação ao conceito de supervisão indica

---

18. Conforme Sá (1995), foi na 18ª Convenção da ABESS, em 1973, que essa escola encaminhou um modelo de organização curricular de uma das mais bem elaboradas propostas alternativas na história da formação profissional do assistente social, dentro do referencial teórico adotado e da época em que foi formulada, a da reconceituação do Serviço Social. A Escola Mineira foi capaz de entender que a "transformação" não se refere só às estruturas que estão para além dos muros escolares, mas começa na própria unidade de ensino e toma como referências teóricas fundamentadoras de sua opção um conceito de "ensino-aprendizagem" e uma relação "teoria e prática" baseada na filosofia da práxis.

também a tentativa de romper com as práticas ligadas às relações psicossociais.

É possível encontrar publicações latino-americanas que romperam com as ideias tradicionais e atribuíram à supervisão a característica de processo educativo e operacional, sob o enfoque de uma educação libertadora. Ressalta-se que as bibliografias de âmbito latino-americano,[19] como a dos autores argentinos,[20] no período do Movimento de Reconceituação, fizeram parte do percurso histórico da formação profissional brasileira, embora não exercessem influência na produção sobre supervisão.

Buriolla (1994) lembra que a concepção de supervisão não se alterou na década de 1970 e que no Movimento de Reconceituação o Serviço Social rejeitou práticas psicossociais que deram suporte a toda a produção relacionada à supervisão até aquele período. A autora refere que, à medida que o Movimento de Reconceituação deu um salto teórico-metodológico, não concretizado na prática, privilegiaram-se a busca da explicação científica e a política do Serviço Social pela via do discurso. Por isso, a intervenção prática foi deixada em plano secundário, revelando uma contradição em relação aos avanços teóricos empreendidos.

Ainda segundo Buriolla (1994), umas das explicações para esse quadro encontra-se na própria dinâmica do Movimento de Reconceituação, que se, por um lado, mexeu com a estrutura do Serviço Social, avançando teoricamente, por outro, deixou lacunas de instrumentação para o agir profissional. Houve também a tentativa de negar o atendimento individual. Todavia, não houve essa mesma correspondência no processo de supervisão, pois a literatura continuou apresentando a supervisão individual como estratégia imprescindível do processo, tanto que ainda na década de 1990 a supervisão grupal era considerada um instrumento complementar.

O processo de renovação do Serviço Social buscou atribuir uma nova face para a profissão no Brasil, em contraposição ao *social-work* norte-ame-

---

19. Ver Lima (1978) e Di Carlo (1969).

20. Como exemplo citam-se Kisnermann (1976; 1978; 1979), Ander Egg (1971; 1974; 1975; 1976), Kruse (1968; 1970), Sheriff (1971) e Sheriff et al. (1973).

ricano, de orientação funcionalista, o que resultou na sua aproximação ao materialismo histórico. Essa orientação representava uma transição "[...] do eixo de preocupação da situação particular, para a relação geral-particular e de uma visão psicologizante e puramente interpessoal, para uma visão política de interação e de intervenção [...]" (Silva, 1995, p. 77).

É no interior dessa tendência que a passagem das décadas de 1970 a 1980, num cenário de greves operárias e luta pelas eleições diretas, reativou o movimento operário-sindical e o protagonismo dos chamados "novos movimentos sociais" (Netto, 2005), o que motivou novas esperanças aos assistentes sociais que pretendiam romper com o tradicionalismo. Nesse período os profissionais investiram intensamente em dois projetos: "[...] na organização da categoria profissional e na formação acadêmica" (ibidem, p. 82). O primeiro ocorreu com o fortalecimento da articulação nacional, que tornou os Congressos Brasileiros de Assistentes Sociais um fórum massivo e representativo da categoria profissional;[21] o segundo projeto instituiu um currículo de âmbito nacional e consolidou a pós-graduação em nível de mestrado[22] e de doutorado. Em 1981 foi criado o primeiro curso para doutoramento na Pontifícia Universidade Católica de São Paulo.

O processo de supervisão no Brasil, nas décadas de 1970 e 1980, foi demarcado pela metodologia e concepção propostas na obra de Balbina Ottoni Vieira, *Supervisão em serviço social* (1979), diferentemente do eixo teórico apresentado por Sheriff et al. (1973) e das ideias apontadas na experiência de Belo Horizonte — o método BH. Balbina realizou estudos aprofundados sobre supervisão constantes em outras obras que produziu sobre a profissão, tais como *História do Serviço Social: contribuição à construção de sua teoria* (1976), *Serviço Social: processos e técnicas* (1977), *Metodologia do Serviço Social: contribuição para sua elaboração* (1978) e *Serviço Social: política e administração* (1980). A autora abordou a supervisão como

---

21. Essa série de encontros nacionais, iniciada em 1974, tem prosseguimento até hoje: em outubro de 2004 realizou-se, em Fortaleza, Ceará, o 11º CBAS, organizado pelo CFESS, pela ABEPSS e Enesso (Netto, 2005).

22. Registra-se como o primeiro curso de mestrado o da Pontifícia Universidade Católica do Rio de Janeiro, seguido pelos da Pontifícia Universidade Católica do Rio Grande do Sul, da Universidade Federal da Paraíba e da Universidade Federal de Pernambuco (Silva, 1995).

"método de ensino do Serviço Social", destacando o estágio prático como complemento e enriquecimento do ensino teórico ministrado em sala de aula. Enfatizou também que "[...] nenhuma profissão deu para a supervisão — ensino prático — a atenção e o cuidado que o Serviço Social lhe dispensou" (Vieira, 1979, p. 11).

Entretanto, apesar da importância dessa autora, os estudos reduziam-se ao uso de instrumentos. Valorizava-se o emprego de técnicas e habilidades, criticando, no entanto, a supervisão rígida, normativa ao extremo e pouco formadora, decorrente da preocupação exclusiva com tais recursos. Associado ao tipo de aprendizagem que a supervisão pode proporcionar, o ato de supervisionar está intrinsecamente ligado à "[...] ideia de ensino prático, de estágio, de aprendizagem por meio de trabalho prático: [...] um processo tutorial de ensino, individualizado, prático, informal e não-diretivo [...]" (Vieira, 1979, p. 38). Essa atividade não se restringia apenas a alunos de Escola de Serviço Social, mas aplicava-se também a profissionais. Desse modo, a concepção sobre supervisão concilia os aspectos sociológico, psicológico e educacional, transcrevendo e adotando um conceito de educação como

> [...] processo que visa a capacitar o indivíduo a agir conscientemente diante das situações novas da vida, com aproveitamento da experiência anterior, tendo em vista a integração, a continuidade e o processo social, segundo a realidade de cada um e as necessidades individuais e coletivas. Cada um desses elementos que constituíram essa conceituação encontra-se também na supervisão. (Vieira, 1979, p. 35)

Esse posicionamento, à luz da educação, é dimensionado por Vieira (1979) em cinco eixos que devem nortear o processo de supervisão: a capacitação do indivíduo, no sentido de agir de forma consciente diante de situações novas; a utilização do conhecimento anterior; a integração no seu grupo de trabalho; a continuidade do processo profissional; o respeito e o enfoque da realidade de cada supervisionado.

O primeiro eixo é explicitado quando a supervisão procura proporcionar ao supervisionado habilidade para agir de forma consciente diante de uma situação original da vida, isto é, resolver os problemas identificados na prática. Vieira (1979) ressalta que isso não significa tratar um caso social, orientar o grupo, assessorar a comissão da vizinhança, mas "[...] capacitar para ajudar os clientes em dificuldades, orientar grupos e comunidades que necessitarem do Serviço Social [...] não é um preparar para repetir, mas formar para perceber situações da sua realidade [...]" (p. 36). Sobre o segundo eixo, a autora aponta o aproveitamento das experiências anteriores, referindo que são todas ligadas à vida do supervisionado, de ordem profissional, familiar, escolar, devendo haver reflexão e analogias entre elas. Quanto ao terceiro eixo, integração no seu grupo de trabalho, existe a preocupação de que os supervisados se identifiquem com as dificuldades e aspirações de seu grupo ou da comunidade na qual trabalham, assumindo responsabilidades.

A continuidade do processo profissional no quarto eixo expressa-se pela possibilidade da transmissão do "patrimônio profissional", ou seja, o aproveitamento das experiências presentes e passadas como ponto de partida às gerações futuras. Vieira registra que não é recebido passivamente esse legado; ao contrário, "[...] depuram-no dos elementos ineficientes e o enriquecem em extensão e em profundidade, a fim de serem atendidas as novas necessidades sociais, decorrentes das modificações que a sociedade sofre no seu processo de evolução [...]" (1979, p. 36). No quinto eixo a autora aborda o enfoque sobre a realidade de cada supervisionado e as necessidades individuais e coletivas. Nesse sentido, defende a ideia de que o supervisor, sendo um educador, deve incentivar o supervisionado a ser autêntico, proporcionando-lhe satisfações pessoais e preparando-o para assumir um papel no seu grupo profissional e na sua comunidade. Vieira alerta que, na supervisão, aos alunos devem produzir não a mesma coisa, mas o melhor e o máximo que suas possibilidades permitem.

Ao apresentar a supervisão como método de ensino do Serviço Social, Vieira atribui especificidades à supervisão com indivíduos, com grupos e com comunidades. É uma abordagem tripartida adotada pela profissão com inspiração no positivismo; dessa forma, é omitido o processo de reciprocidade que existe entre o individual e o coletivo. Trata-se de uma base comum para os processos de ensino e aprendizagem e para o de intervenção do Serviço Social. Nessa mesma linha de raciocínio destacam-se os textos dos Seminários de Araxá (1967) e de Teresópolis (1970), que marcaram o esforço na finalidade de sistematização teórico-metodológica da profissão, apresentando a vertente modernizadora assumida "[...] enquanto instrumento de intervenção inserido no arsenal de técnicas sociais a ser operacionalizado no marco de estratégias de desenvolvimento capitalista, às exigências postas pelos processos sociopolíticos emergentes no pós-64 [...]" (Netto, 1994, p. 154). Nesse contexto, a supervisão também enfatiza a questão da cientificidade e da eficiência técnica na capacitação dos supervisores.

Registro que a maior parte dos trabalhos publicados sobre supervisão tinha como eixo, sobretudo, a instrumentalização e o seu uso. Ao privilegiar o foco no instrumental técnico, ao separá-lo de outras dimensões — apesar do processo de renovação do Serviço Social —, o trabalho do supervisor tendia a não contemplar as novas requisições profissionais. Os instrumentos servem para dar materialidade, mas apenas a sua operacionalização não é suficiente, é fetiche da prática. A aplicação da técnica dissociada da intencionalidade e da fundamentação teórica é muito mais do que uma ilusão; é uma prática equivocada.

Considero que, se na operacionalização da supervisão é privilegiado o foco no instrumental técnico, evidencia-se uma construção arbitrária, tendo em vista que os instrumentos e técnicas se instituem como municiadores da intervenção, como *status* superior àquele atribuído aos demais componentes da prática profissional. Esse escopo se gesta "[...] no processo de constituição da profissão, no confronto [...] com os interesses antagônicos, demandados pelas classes sociais, que tal tendência conforma, cristaliza e reproduz [...]" (Guerra, 1995, p. 169).

O Serviço Social desenvolve ações instrumentais como requisições da sua forma de inserção na divisão social do trabalho e de alocação nos espaços sociointitucionais da ordem capitalista dos monopólios. Por essa razão, tais ações são, ao mesmo tempo, protegidas por uma modalidade de razão e convocadas por ela. O caráter elementar que a instrumentalidade ocupa na constituição da profissão significa "[...] a 'razão de ser' do Serviço

Social, produzida e reproduzida pelo racionalismo formal abstrato das formas de existência e consciência dos homens nas sociedades burguesas maduras [...]" (Guerra, 1995, p. 37).

A instrumentalidade, por sua dimensão política na profissão, abriga uma função de mediação; por isso, não pode ser reduzida ao acervo técnico-instrumental e aos conhecimentos técnicos e habilidades específicas dos sujeitos. Isso porque incorpora "[...] padrões de racionalidade subjacentes às teorias e métodos pelos quais os agentes apreendem os fenômenos postos na realidade [...]" (Guerra, 1995, p. 37). Nessa linha de argumentação, a instrumentalidade estabelece-se não exclusivamente como a dimensão constituinte e constitutiva do Serviço Social, mas desenvolvida e referenciada pela prática social e histórica dos sujeitos que a desempenham, mais especialmente, como campo de mediação no qual os padrões de racionalidade e as ações instrumentais se processam. Há que se discernir, então, entre instrumentalidade, "[...] conduto de passagem das racionalidades; ações instrumentais, enquanto atividades finalísticas, e grau de abrangência das modalidades da razão que iluminam as ações profissionais [...]" (ibidem, p. 38).

Com base nessas premissas e retomando as análises de Vieira (1979), que desde a década de 1970 já questionava a ênfase dada às técnicas, constatamos que a supervisão, ao privilegiá-las e ao focalizar principalmente seus instrumentos e a maneira de utilizá-los, supunha que a correta aplicação desses levaria, *ipso facto*, à compreensão e à interiorização dos valores do Serviço Social. Tal crítica referenda a perspectiva que emergiu na década de 1980, que remete a uma "[...] unidade entre as dimensões ética, política, intelectual e prática na direção da prestação de serviços sociais [...]" (Barroco, 2003, p. 205). No entanto, a supervisão permaneceu consubstanciada pelas dimensões pedagógica e técnica.

Nesse contexto, o Serviço Social afirmou-se como área qualificada de produção de conhecimento, reconhecida pelas agências de fomento à pesquisa. Houve crescimento do acervo acadêmico-profissional, particularmente respaldado nos cursos de mestrado e doutorado. Contudo, apesar do impulso dado pela pós-graduação e pelo crescimento do mercado editorial, havia reduzida produção sobre supervisão em Serviço

Social, fato que compromete o avanço teórico-político e metodológico, pois apenas se reproduz o já produzido.

As décadas de 1980 e 1990 merecem atenção por serem períodos que tiveram um significativo impacto na formação profissional, no desmonte da estrutura tradicional da divisão caso, grupo, comunidade e na defesa de uma visão crítica e comprometida com a transformação social, "[...] buscando estruturar a formação em uma articulação de teoria-história-metodologia-pesquisa [...]" (Faleiros, 2005, p. 32). Essa proposta, na reforma curricular de 1982, bem como na década de 1990, quando da reforma curricular de 1996, expressou a tônica que foi a formação generalista, o Serviço Social como especialização do trabalho e sua prática formulada como "[...] concretização de um *processo de trabalho*, que tem como objeto as múltiplas expressões da questão social [...]" (ABEPSS, 2004a, p. 378).

Verificamos que a última publicação de Vieira (1981) foi seguida apenas por alguns artigos[23] e dois livros de Marta Buriolla — *Supervisão em Serviço Social, o supervisor, sua relação e seus papéis* (1994) e *O estágio supervisionado* (1995).[24] Entre a última publicação de Vieira e a primeira de Buriolla houve um período de marasmo editorial em virtude da escassez de produção. Esse aspecto expressa uma contradição, tendo em vista que as Diretrizes Curriculares (1982) desencadearam alterações significativas no âmbito da formação profissional e, portanto, fazia-se necessária a reflexão e produção sobre o tema. Assim, os eixos que sustentavam o projeto profissional na década de 1980 não abarcavam o processo de supervisão, como fica evidenciado nos estudos de Vieira, em sua publicação intitulada *Modelos de supervisão em Serviço Social* (1981). As reflexões da autora tratam de modelos pedagógicos nos quais confronta a prática da supervisão com

---

23. Destacam-se, na década de 1980, artigos que versam sobre supervisão em Serviço Social na revista *Serviço Social & Sociedade*, de Bruginski (1984), Toledo (1984), Rico, (1984) e Nogueira (1988).

24. Tais obras tiveram repercussão pelo fato de serem publicadas pela editora Cortez, a qual lança grande parte dos livros sobre o Serviço Social, permitindo o acesso a toda categoria profissional e alunos. Após esse período, foram encontrados na revista *Serviço Social & Sociedade* dois artigos: Silva (1994), a ser publicado pela editora Cortez, e Oliveira (2004). Em edição da *Revista de Pós-Graduação da PUCSP*, de âmbito acadêmico e mais restrito, foi publicada parte da tese de Pinto (1997), o que contribuiu para análises deste estudo.

teorias que explicavam os fenômenos encontrados em situação de ensino-aprendizagem orientada à aplicação do próprio processo, ou seja, na adoção de modelos pedagógicos que sustentassem a operacionalização da supervisão. Ela apresenta quatro modelos de teorias de aprendizagem: o psicodinâmico, o não diretivo, o gestaltista e o topológico.

O modelo psicodinâmico decorre da influência das teorias freudianas e das teorias de aprendizagem com ênfase na formação da personalidade e era recomendado para a supervisão individual e nos estágios em que o Serviço Social funcionava com base em teorias psicodinâmicas com indivíduos, porém não era aplicado à supervisão de trabalhos comunitários. Quanto ao modelo não diretivo, introduzido na aprendizagem por Carl R. Rogers, consiste mais em comportamento, mais numa atitude do supervisor, num clima de trabalho, do que numa teoria e em técnicas a serem utilizadas. O terceiro modelo, o gestaltista, poderia ser aplicado a qualquer abordagem do Serviço Social, em qualquer campo, tanto para alunos como para profissionais, e sua importância está em ajudar o supervisado a reavaliar situações e reformular o diagnóstico inicial e, por consequência, o plano de intervenção. O quarto modelo, topológico, leva a uma mudança da estrutura cognitiva, "[...] no modo de pensar, raciocinar, perceber as coisas, o mundo e situar-se dentro dele [...]" (Vieira, 1981, p. 103). Os modelos enfocados subsidiaram a formação de supervisores, cuja atenção tem grande valor por responder aos seus anseios de qualificação, visto que as escolas e os assistentes sociais estavam "[...] convencidos de que a supervisão é condição *sine qua non* para alcançar os objetivos da formação profissional" (p. 121).

Constatamos que Vieira não faz referência às tendências que ocorriam no Movimento de Reconceituação. Nos documentos de Araxá, Teresópolis e Sumaré foram encontrados registros de sua participação nos três encontros; em Sumaré (1978), inclusive, fez parte do grupo dos assistentes sociais que trabalharam o tema da cientificidade do Serviço Social. Portanto, uma das principais autoras sobre supervisão abstinha-se em sua obra da discussão que já se instalara no meio profissional sobre o método dialético, o que permite a conclusão de que a produção relacionada à supervisão manteve-se fiel às origens na década de 1980.

As propostas de Vieira sobre supervisão expressam a formação daquele momento, cuja orientação se alicerçava em base "[...] ainda estrutural-funcionalista, representada pela vertente modernizadora, cuja inquietação maior seria o aprimoramento técnico-metodológico dos profissionais, de modo a capacitá-los a contribuir para o projeto desenvolvimentista em voga [...]" (Silva, 1995, p. 83). Nesse momento da profissão houve polarização e pulverização de tendências, levando "[...] alguns trabalhadores sociais a se situarem e a defenderem o modelo de relações interpessoais, enquanto outros ampliavam sua concepção de ação política [...]" (Faleiros, 1982, p. 119). Exemplifica tal polarização o 3º Congresso Brasileiro de Assistentes Sociais, em cujas sessões de abertura e de encerramento houve substituição da presença de autoridades por líderes sindicais, sendo 1979 denominado como o "ano da virada".

O debate ideológico tomou conta da profissão dividindo o Serviço Social e instaurando o pluralismo político na profissão. Tal fato, para Netto (1999), acabou por redimensionar não só a organização da categoria, mas também entidades como a ABESS; ainda, propiciou sua inserção inédita nos movimentos dos trabalhadores brasileiros, ou seja, pela primeira vez no interior da categoria profissional rebatiam-se projetos societários distintos daqueles que acatavam os interesses das classes e camadas dominantes.

Se, por um lado, essa ação profissional foi confundida com ação político-partidária, definindo a necessidade de abandonar os espaços institucionais, com base no conceito de Estado ampliado concebido por Gramsci, por outro, começou a ser percebida pela categoria profissional a instituição de espaço contraditório e de luta de classe. A prática profissional visava à articulação com os movimentos sociais populares organizados, o que questionava a vinculação histórica da profissão com os interesses dos setores dominantes. Apontavam, assim, a necessidade de desvendar a dimensão da política profissional e a busca de novas bases de legitimação (Silva, 1995).

A dimensão política remetia a novas competências tanto para a formação como para a supervisão. Na década de 1990 inferiu-se que a supervisão em Serviço Social precisava ser configurada como componente integrante da formação e do exercício profissional (Buriolla, 1994). A autora defende que, para fazer essa análise sobre a supervisão, é preciso vê-la numa perspectiva totalizante da profissão, aspecto que envolve a reflexão sobre a teoria, a prática e as relações da categoria profissional com a sociedade em diferentes momentos históricos. As concepções apresentadas por Buriolla partem de informações fornecidas por supervisores pedagógicos, assistentes sociais de campo e estagiários. Como síntese desse estudo, refere a supervisão como processo de formação da identidade profissional e como processo de ensino-aprendizagem para a vivência profissional e, ainda, terapia profissional.

A afirmação de Buriolla (1994) leva a se retomar Vieira (1979; 1981), que também articulou a supervisão à formação profissional. Buriolla explicita que a supervisão se configura historicamente, segundo as determinações estruturais e contextuais; assim, os profissionais estruturam diferentes visões de mundo e propostas de ação. Por sua vez, Vieira entende que, se uma parte (supervisão) andasse bem, o todo (a formação) também andaria. A ênfase estava, pois, nas relações supervisor e supervisionado.

Buriolla (1994) destaca que o exercício da supervisão requer conhecimentos especializados e experiência prática com fundamentos teórico-metodológicos, o que implica preparo profissional e reflexão sobre a prática, desenvolvendo, assim, habilidades técnicas, habilidades conceituais e habilidades sociais. Nas concepções de Vieira (1981) identifica-se a competência priorizada em direção à dimensão teórico-técnica (como fazer) e, em Buriolla, à dimensão teórico-metodológica e técnica (saber fazer). Contudo, ambas têm a mesma posição quanto à competência do profissional que exerce a supervisão, ou seja, a preocupação quanto às estratégias de aprendizagem, que se relacionam ao conjunto de conhecimentos referentes à formação profissional.

Competência e concepção são dimensões que vão sendo evidenciadas ao longo da história da formação profissional e, à medida que são problematizadas, possibilitam maior visibilidade dos desafios postos hoje no contexto da supervisão de estágio. Pela relação de reciprocidade existente, é necessário que se transite da "[...] bagagem teórica acumulada ao enraizamento da profissão na realidade, atribuindo ao mesmo tempo, maior atenção às estratégias táticas e técnicas do trabalho profissional, em função das particularidades dos temas que são objetos de estudo e ação do assistente social [...]" (Iamamoto, 1998, p. 52).

A ênfase na formação especialista e tecnocrática das décadas de 1970 a 1980 direcionou-se, na década seguinte, para aquela que pretendia formar profissional generalista, que se complementasse pela competência técnico-política (Iamamoto, 1998), nutrida por uma teoria social crítica. Os assistentes sociais, que até então privilegiavam a dimensão tecnicista (dimensão interventiva), se apropriaram, num primeiro momento da teoria crítica, de forma teórica e superficial, mantendo, dessa forma, a dicotomia entre teoria e prática. A superação dessa contradição aconteceria pela compreensão de que há unidade entre teoria e realidade. Desvendar isso na supervisão é também elucidar a herança cultural com base na qual se constrói o discurso profissional sobre o seu fazer. Para tanto, é preciso ter clareza sobre a concepção de profissão, de formação e educação que respalda as sistematizações e os saberes construídos em parcela do acervo intelectual e cultural herdado fundamentalmente do pensamento social crítico.

Nessa linha de pensamento, não posso deixar de argumentar que a supervisão de estágio é uma instância na grade curricular que, ao realizar a interlocução entre a universidade e o mundo do trabalho, impõe aos acadêmicos, trabalhadores, professor-supervisor e assistentes sociais a tarefa de captar esse mundo da pseudoconcreticidade em que é envolvida a realidade educacional. As novas tecnologias, o processo de globalização, as novas requisições advindas do mercado, evidenciadas no exercício profissional, são relevantes para a análise e articulação de saberes e para a exequibilidade do processo de supervisão.

A promulgação das novas Diretrizes Curriculares em 1996 influenciou de maneira substantiva a direção do ensino em Serviço Social e, dentre os vários componentes curriculares, o da supervisão de estágio. Com este documento, a visão endógena que acompanhava a supervisão passou a ter a visão de processualidade na formação do assistente social, promovendo modificações que iriam alterar a natureza e o seu escopo. Assim, propôs-se o desenho de uma outra lógica de organização: o que em décadas passadas se constituía em quatro semestres de supervisão de estágio alterou-se para um período que hoje é variável nas grades curriculares, entre seis meses a dois anos. Tornou-se, pois, claro que no projeto político-pedagógico a função terminal representada exclusivamente pelo estágio foi deslocada para uma função processual, com a inclusão de outras disciplinas e atividades que, no decorrer do curso, abordam a inserção do aluno na prática interventiva.

Destacam-se, dentre outros avanços das Diretrizes Curriculares para o ensino em Serviço Social, a clara direção de oposição à educação mercantilista; a direção do desenvolvimento do conteúdo, pela via das matérias desdobradas em disciplinas, seminários temáticos, oficinas e outros componentes curriculares; o reconhecimento do caráter de formação processual e não terminal, inferindo que essa formação deve ser continuada; a apresentação de proposta de formação generalista em detrimento da especialista. Além disso, as diretrizes dão ênfase aos três eixos — ético-político, teórico-metodológico e técnico-operativo —, avançando, em relação ao currículo de 1982. Estabelecem um patamar comum com a Lei de Diretrizes e Bases da Educação Nacional (Lei n. 9.394/96) ao assegurar flexibilidade, descentralização e pluralidade no ensino em Serviço Social, o que ocorre de modo a acompanhar as profundas transformações da ciência e da tecnologia na contemporaneidade.

Deve-se atentar, entretanto, para o risco do esvaziamento das Diretrizes Curriculares pela LDB, como se pode exemplificar citando o que o MEC, com base nos ditames da lei, dispõe sobre a regulamentação de carga horária mínima para os cursos de graduação em Serviço Social. O Conselho Nacional de Educação (CNE) propõe[25] a redução para 2.400 horas, nelas incluídos os 15% de estágio e atividades complementares, o que provoca preocupação quanto à normatização da carga horária mínima para integralização do curso de Serviço Social. O CNE, que regulamenta a carga horária mínima para os cursos de graduação brasileiros, tem

---

25. Conselho Nacional de Educação/Câmara de Educação Superior UF: DF. ASSUNTO: Carga horária mínima dos cursos de graduação e bacharelados, na modalidade presencial. — Relatores: Edson de Oliveira Nunes e Antônio Carlos Caruso Ronca — Processo n.: 3001.000207/2004-10 — Parecer CNE/CES n. 329/2004 — Colegiado: CES aprovado em: 11/11/2004.

como proposta maior flexibilidade quanto ao tempo de duração desses cursos.

A trajetória de revisitar os autores que analisaram a supervisão em Serviço Social remete à obra de Pinto (1997),[26] que a destaca como uma tradição histórica no ensino dessa área. A autora afirma que, apesar de a produção sobre supervisão ser reduzida, apresenta um dado comparativo interessante, que é o fato de ser mais volumosa do que a que se refere ao estágio. Ressalta que, com base numa concepção de estágio vinculada à supervisão, ocorre o reconhecimento da natureza que diferencia o trabalho do professor supervisor do de assistente social supervisor.

A reflexão introduz, portanto, o modo atual de realizar a supervisão como prática docente e como atribuição do assistente social no contexto institucional. Até a década de 1980 a supervisão ficava por conta do profissional do campo de estágio, atribuindo-se a ele o "ensino da prática". Destaca-se também que a supervisão precisa ser um espaço favorável para reflexões da ação do aluno, de modo que ele entenda o seu modo de agir profissional e volte novamente à ação instrumentalizado por entendimentos mais avançados. No entanto, para que a supervisão possa cumprir esse papel, é necessário que o supervisor "[...] seja um educador. Para ser educador, é preciso compromisso político com educação, profissão e competência técnica [...]" (Pinto, 1997, p. 61).

A propósito de competência profissional, a autora ressalta que é a finalidade do processo de ensino-aprendizagem de uma profissão. Referenda, ainda, que o estágio e a supervisão, como atividades curriculares

---

26. Esse estudo, publicado no 3º Caderno de Pesquisa do Núcleo de Estudos e Pesquisas sobre Ensino e Questões Metodológicas em Serviço Social (NEMES), é parte da tese de doutorado que tem por título *Estágio e supervisão: um desafio ao ensino teórico-prático do Serviço Social*. O texto que ora será subsídio para esta investigação se intitula "Estágio e supervisão — Um desafio teórico-prático do Serviço Social". Destaca-se a apresentação desta publicação, em primeiro lugar, pelo significado atribuído ao estágio e à supervisão como componentes prioritários do processo de aprendizagem e de concretização da relação entre teoria e prática profissional. Conforme a autora, esses constituem momentos privilegiados para o ensino e a aprendizagem e não podem estar desvinculados de uma proposta específica de formação, por isso dependem de um projeto político-pedagógico. E, em segundo lugar, pelo registro feito sobre o trabalho, que promove, com certa ousadia, questionamentos sobre a pouca reflexão que estágio e supervisão vêm produzindo no Serviço Social.

específicas, tornam-se pontos de referência na avaliação do processo de construção da competência profissional. Supervisão e estágio são tratados e discutidos conjuntamente. Pinto aborda, ainda, outras interfaces importantes, até então não apresentadas pelos demais estudiosos, referindo em relação ao estágio que, por ser uma atividade curricular obrigatória, tem de ser fundamentalmente reconhecido como "[...] espaço de aprendizagem, mas *concretamente* e não *idealisticamente*. Se é espaço de aprendizagem, expõe sua outra face: o ensino [...]" (p. 123).

Desse modo, ao apresentar a supervisão e o estágio como faces de um mesmo processo, mas com atribuições distintas, a autora sustenta que, para ser realmente ensino e aprendizagem, "[...] estágio e supervisão devem ser reconhecidos como um conjunto articulado, que tem como pilar de sustentação a dimensão pedagógica e que dá ao ensino do Serviço Social o atributo de ser teórico-prático" (Pinto, 1997, p. 123). Apontando a aproximação das Diretrizes Curriculares (1996), considera a supervisão como uma das atividades indispensáveis e integradoras do currículo, que deve ser desenvolvida ao longo de sua estrutura e a partir de desdobramentos das suas matérias e de seus componentes. A esse respeito, o projeto oficial[27] sobre a formação proferido e gestado pela ABEPSS pressupõe supervisão sistemática ligada à atividade de estágio, recomendando que a supervisão seja feita por um

> [...] professor supervisor e pelo profissional de campo, através da reflexão e do acompanhamento e sistematização com base em planos de estágio, elaborados em conjunto entre Unidade de Ensino e Unidade de Campo de Estágio, tendo como referência a Lei n. 8.662/93 (Lei de Regulamentação da Profissão) e o Código de Ética do profissional (1993). (ABEPSS, 1997, p. 71)

É pertinente, aqui, lembrar o pressuposto central das Diretrizes: "[...] a permanente construção de conteúdos (teóricos, éticos, político, culturais) para a intervenção profissional nos processos sociais que estejam

---

27. Oficial no sentido de legitimidade. O projeto divulgado pela ABEPSS é construído junto aos docentes e alunos, através dos debates nas oficinas locais, regionais e nacionais, realizados pela Associação anualmente, como foi referido anteriormente neste texto.

organizados de forma dinâmica, flexível" (ABEPSS, 2004a, p. 371-2). Esse pressuposto está relacionado ao conjunto de conhecimentos indissociáveis que se traduzem pela articulação dos núcleos de fundamentação propostos: "[...] núcleo de fundamentos teórico-metodológicos da vida social; núcleo de fundamentos da particularidade da formação sócio-histórica da sociedade brasileira; núcleo de fundamentos do trabalho profissional" (ABEPSS, 2004a, p. 372). A articulação dos núcleos é permeada pela supervisão de estágio, uma vez que é considerada como parte da totalidade da formação.

Dessa forma, a supervisão demanda que se assegurem, por meio de princípios, objetivos e diretrizes, espaços formativos que ultrapassem os aspectos técnico-pedagógicos, requerendo competências éticas, teóricas e políticas. Igualmente, há a expectativa de que seja superada a fragmentação do processo ensino-aprendizagem, permitindo uma intensa convivência acadêmica entre professores, alunos e sociedade. Trata-se de um "[...] desafio político e de uma exigência ética: construir um espaço por excelência do pensar crítico, da dúvida, da investigação e da busca de soluções [...]" (ABEPSS, 2004a, p. 373). As ideias que foram alimentando o processo que desencadeou as Diretrizes Curriculares gestaram-se desde o currículo de 1982.

Além do percurso nacional, recorro também às observações de Graciela Tonon, que em sua obra *La supervision en trabajo social: una cuestión profesional y académica* apresenta um diagnóstico sobre o tratamento dado ao processo de supervisão no contexto argentino:

> [...] a supervisão, do mesmo modo que as práticas profissionais, deixou de ter um lugar protagônico nos planejamentos de estudo de distintas unidades acadêmicas do país. De fato, hoje em algumas nem sequer existe. Uma observação rápida da realidade da formação acadêmica nos mostra a não-inversão feita pelas instituições de educação superior, universidades e institutos terciários, na capacitação e valorização dos/das colegas dedicados/as a esta tarefa. Parecia ser, então, que a obtenção do título de graduação nos coloca automaticamente no lugar de "saber ser supervisor", ficando desta maneira no esquecimento a premissa básica acerca de que o papel do supervisor requer, mais que nenhum outro, o êxito da integração:

conhecimento teórico — exercício profissional — experiência em investigação. (Tonon; Robles; Meza, 2004, p. 11)[28]

A autora preconiza a articulação orgânica do trinômio prática-teoria-investigação, semelhante à proposta brasileira. Porém, o contexto no qual Tonon descreve a aplicação da supervisão não se insere organicamente no processo de formação profissional. No Brasil, diferentemente do contexto daquele país, na década de 1990 a supervisão era entendida como uma "prática docente intencional e politicamente definida no contexto de um projeto de formação" (Pinto, 1997, p. 55).

A supervisão e o projeto de formação no Brasil mantêm relação de reciprocidade, expressando-se no caráter político-organizativo da profissão, constituído pelo conjunto CFESS (Conselho Federeal de Serviço Social)/CRESS (Conselho Regional de Serviço Social) e ABEPSS, além do movimento estudantil, representado pelo conjunto dos centros e diretórios acadêmicos das escolas de Serviço Social. É por meio dos fóruns consultivos e deliberativos dessas entidades que a formação profissional vem sendo construída, bem como os processos que dela decorrem para a efetivação do exercício profissional na consolidação do projeto ético-político.

Outros elementos importantes a considerar na análise sobre o processo de supervisão de estágio é o tratamento dispensado à categoria trabalho na formação profissional, na década de 1980,[29] e a concepção de profissão como especialização do trabalho coletivo, inscrita na divisão so-

---

28. Tradução livre do texto: "[...] la supervisión, al igual que las prácticas profesionales, dejó de tener un lugar protagónico en los planes de estudio de distintas unidades académicas del país. De hecho, hoy em algunas ni siquiera existe. Una observación rápida de la realidad de la formacion acadêmica nos muestra la no-inversión hecha por las instituciones de educación superior, universidades e institutos terciarios, en la capacitación y valoración de los/las colegas dedicados/as a esta tarea. Pareciera ser, entonces, que la obtención del título de grado nos coloca automáticamente en el lugar de 'saber ser supervisor', quedando de esta manera en el olvido, la premisa básica acerca de que el rol supervisor requiere, más que ningún otro, del logro de la integración: conocimiento teórico — ejercicio profesional — experiencia em investigación" (Tonon; Robles; Meza, 2004, p. 11).

29. Esse tema é introduzido com a publicação do livro de Iamamoto e Raul de Carvalho, *Relações sociais e Serviço Social no Brasil*. Essa produção está hoje na sua 15ª edição em português, além de uma reimpressão.

cial e técnica do trabalho, colocando em relevo "[...] o caráter contraditório do exercício profissional, porquanto realizado no âmbito de interesses e necessidades de classes sociais distintas e antagônicas [...]" (Iamamoto, 1998, p. 10). Isso remete a pensar sobre exercício e formação profissionais coletivamente, a fim de construir respostas acadêmicas, técnicas e ético-políticas calcadas nos processos sociais em curso.

Para tanto, evidencia-se na compreensão do processo de supervisão em Serviço Social que, à medida que a formação é problematizada, a dimensão endógena da supervisão vai sendo superada. Da atribuição de treinamento de habilidades, de unidade entre teoria e prática, a supervisão é pensada, intelectualmente, como atividade indissociável do estágio, que, articulada ao projeto profissional, é configurada como lugar de ultrapassagem dos limites do imediatismo e da superficialidade do real. Essa associação vai sendo ratificada nas produções da década de 1990 por Burriolla (1994; 1995), Maria Dulce Silva (1994), Pinto (1997). Nesse sentido, Batistoni (2003, p. 120) refere a importância "[...] do estágio e da supervisão no processo ensino-aprendizagem, envolvendo as demais disciplinas, sendo de responsabilidade do curso o compromisso com o exercício da prática profissional e não somente do estágio [...]".

Na perspectiva genealógica da supervisão, utiliza-se a dimensão do passado, legado de espaços de ensino do trabalho profissional, como fio condutor para repensar seu processo diante da implementação de um projeto profissional crítico em suas dimensões teórica, metodológica, política e ética. Para isso, elaborou-se o Quadro 1, contendo a evolução da supervisão em Serviço Social, destacando as concepções de supervisão, de formação profissional e as competências requeridas, seguindo o percurso sócio-histórico.

O estudo sobre a gênese da supervisão demonstrou que, no final do milênio, ela invocava uma concepção vinculada à ideia de estágio, revelando, ainda, uma clara intenção de complementaridade, de unidade entre teoria e realidade, mas, contemporaneamente, atrelada à relação trabalho-educação. O trabalho, aqui entendido como princípio educativo, era situado num campo de preocupações com os vínculos entre "[...] vida produtiva e cultura, com o humanismo, com a constituição histórica do ser

Quadro 1
Evolução histórica da supervisão em Serviço Social

Períodos	Acontecimentos significativos	Concepção de supervisão	Concepção de formação profissional	Competências requeridas
1900	Primeira escola de Serviço Social em Nova York (1898) Primeira escola de Serviço Social em Amsterdã (1909)	Treinamento (conforme princípios e métodos das instituições) Natureza administrativa (o supervisor decide o que e como fazer?) Ensinar a fazer	—	—
	Entre o treino e a orientação — influência de Dewey — Aprender a fazer			
	Influência da psicanálise Livro Mary Richmond (1917) — EUA	Orientação Orientador da metodologia (estudo — diagnóstico — tratamento)		
1930	Aplicação do conceito de supervisão de Robison (1936 apud WILLIAMSON, 1967), na formação dos assistentes sociais Criação da primeira escola de Serviço Social no Brasil, em São Paulo (1936)	Treinamento Processo educacional Ensinar a fazer	Doutrinária Generalista	Vocação Fazer bem
1940	Institucionalização do Serviço Social e criação das grandes instituições assistenciais Criação da ABESS e do CBCISS Organizações dos estágios e da supervisão Desenvolvimento de arsenal técnico básico direcionado, prioritariamente para o atendimento individual	Processo pedagógico global Processo de orientação direta como ajuda (educativo-pedagógica)	Generalista Moral, Doutrinária, Científica e Técnica	Eficácia Como fazer
1950	Relatório Hollis Taylor Desenvolvimento de comunidade	Educativa Pedagógica	Generalista	Técnica Como fazer
1960	Movimento de Reconceituação — Encontro de Araxá (1968) Influência da psicanálise na supervisão	Aprender a fazer (enfoque no supervisionado)		

1970	Movimento de Reconceituação — Encontros para sistematização teórico-prática em Teresópolis (1972) e Sumaré (1978)
Influência althusseriana/ação política partidária/negação do espaço institucional, perspectiva messiânica e fatalista
Criação dos cursos de mestrado
Criação da revista Serviço Social & Sociedade (1979)	Caráter administrativo e didático
Prescrição no âmbito da eficácia e da eficiência
Processo — educativo de aprendizagem (individual e grupal)
Processo de capacitação a agir conscientemente diante das situações novas da vida, da realidade de cada um e das necessidades individuais e coletivas	Especialista	Zelo pela técnica
Como fazer
1980	Primeiro curso de doutorado (1981) e reconhecimento da pesquisa em Serviço Social pelo CNPq (1982)
Novo currículo (1982), ordenado a partir dos paradigmas positivismo/fenomenologia e dialético-marxista
Consolidação das produções teóricas do Serviço Social na perspectiva crítica	Método de ensino do Serviço Social	Generalista	Técnico-política
Saber fazer
1990	Lei de Regulamentação da profissão (1993) e Código de Ética (1993)
Novo currículo (1996) — orientação marxiana como fundamento para a formação profissional (Documento ABESS/CEDEPSS)	Processo de formação da identidade profissional, processo de ensino-aprendizagem e terapia profissional (1994)
Indissociabilidade entre estágio e supervisão acadêmica e profissional (Diretrizes Curriculares, 1996)
Supervisão sistemática pelo professor supervisor e pelo profissional do campo (Diretrizes Curriculares, 1996)
Concepção de estágio vinculado à supervisão (1997)	Generalista	Técnico-política
Saber fazer

Fonte: Síntese elaborada pela pesquisadora (2006/2007)

humano, de sua formação intelectual e moral, sua autonomia e liberdade individual e coletiva, sua emancipação [...]" (Arroyo, 2002a, p. 152).

Essa é uma questão concreta presente nos processos sociais atuais e que exige alçar caminhos que, por vezes, se desvendam íngremes, áridos, movediços, mas também elucidativos e férteis, servindo de alicerce para conhecer como isso vem se desvelando no processo de supervisão em Serviço Social. Assim, retoma-se a caracterização apresentada nas Diretrizes Curriculares, como a "supervisão sistemática" realizada pelo professor supervisor e pelo profissional do campo, que, assegurado pelos princípios e diretrizes da formação profissional, busca a "[...] indissociabilidade entre a supervisão acadêmica e profissional na atividade de estágio [...]" (ABEPSS, 2004a). A nomenclatura a ser utilizada neste trabalho será "supervisão acadêmica" e "supervisão de campo". Configuram-se, a seguir, tais instâncias, buscando a visibilidade e o significado atribuído contemporaneamente a esse processo.

Supervisão acadêmica e supervisão de campo: algumas indagações e tentativas de respostas

> Tem de todas as coisas. Vivendo, se aprende; mais o que se aprende, mais é só a fazer outras maiores perguntas.
>
> Guimarães Rosa

As denominações "supervisão acadêmica" e "supervisão de campo", bem como "supervisora acadêmica" e "supervisora de campo", serão utilizadas neste trabalho, referendando os autores que as adotam, como Iamamoto (1998) e Reis (2003). Destacam-se as diversas nomenclaturas utilizadas pelos articulistas assistentes sociais nos anais publicados dos eventos da ABEPSS, do CEFSS e do Enesso entre 1996 e 2004. As terminologias mais usadas para o assistente social supervisor do campo são: "supervisora de campo", "profissional de campo", "assistente social do campo" e "dirigente de formação profissional". E para o assistente social professor supervisor acadêmico: "supervisor acadêmico", "supervisor de ensino", "orientador acadêmico". Nas Diretrizes Curriculares para o curso de Serviço Social, regulamentadas em 2002, as nomenclaturas utilizadas são "professor supervisor e profissional do campo" (ABEPSS, 2004a, p. 387).

Pinto (1997, p. 56-57) conceitua a supervisão:

1) [...] como *prática docente*, é tarefa do professor-supervisor no contexto do curso. Compreende o processo de ensino-aprendizagem que se estabelece na relação do professor-supervisor com o aluno, a partir da atividade cotidiana do estágio, mediante uma dada programação que vise ao reconhecimento do Serviço Social e a realidade da prática profissional na sua relação com a demanda, com a instituição e com a realidade social.

2) [...] como *acompanhamento das atividades práticas do aluno no estágio*, é tarefa do assistente social supervisor no contexto institucional. Compreende o processo de desenvolvimento das habilidades técnico-operacionais desejáveis à prática profissional, mediante uma dada programação que vise ao atendimento das demandas frente à realidade social e às alternativas de enfrentamento às questões sociais que emergem do cotidiano da prática. (sem grifo no original)

Até a década de 1980 a supervisão era ministrada pelos assistentes sociais das instituições nas quais trabalhavam. Sobre a formação de supervisores em Serviço Social, registra-se que a mais antiga referência de treinamento aos supervisores encontra-se nos Estados Unidos, em 1940, através da tese de doutorado de Margaret Boylan. Em 1937 Charlotte Towle indica um relatório de grupo de estudos, patrocinado pela Family Welfare Association of América para estudos sobre os elementos emocionais da supervisão. Na Europa foi iniciada quando as escolas adotaram a concepção norte-americana do Serviço Social em relação à ajuda individual e grupal, portanto, depois da Segunda Guerra Mundial, por meio da "assistência técnica" do governo norte-americano e de utilização de assistentes sociais norte-americanos nos programas da Organização das Nações Unidas (Vieira, 1981).

No Brasil, o primeiro curso foi organizado em 1948, pelo Instituto Social, para dez assistentes sociais, com duração de dez dias, ministrado pela assistente social Josephina R. Albano. Na década de 1950, as unidades de ensino iniciaram a preparação de supervisores em cursos de capacitação. As escolas do Rio de Janeiro e de São Paulo promoveram cursos do mesmo tipo, com programas semelhantes, ampliando o seu conteúdo, e apostilhas foram mimeografadas, as quais durante vários anos serviram de manual aos novos supervisores. Tais cursos eram constituídos de palestras e, às vezes, de debates.

Em 1964 houve a criação da disciplina Supervisão em algumas escolas no último ano do curso superior, com o objetivo de preparar os futuros assistentes sociais para supervisão (Terrassovich, 1977). O currículo mínimo de 1970 pouco se pronunciou sobre o estágio, apenas afirmando a necessidade de ser concomitante ao ensino teórico. Por sua vez, o currículo de 1982 atribuiu às instituições de ensino o compromisso, a tarefa, de se pronunciarem, respaldadas no que fora instituído pelo Decreto-lei n. 87.497,[30] que dispõe sobre o estágio de estudantes de ensino superior em seu art. 2º:

> Considera-se estágio curricular, para os efeitos deste Decreto, as atividades de aprendizagem social, profissional e cultural, proporcionadas ao estudante pela participação em situações reais de vida e trabalho de seu meio, sendo realizada na comunidade em geral ou junto a pessoas jurídicas de direito público ou privado, sob responsabilidade e coordenação da instituição de ensino. (Brasil, 1982, p. 1)

Seguindo a proposta dos cursos de capacitação, na década de 1980 houve modalidades de cursos com cargas horárias de 60 horas, bem

---

30. Trata-se de aspectos legais que normatizam o estágio. Nessa mesma época foi instituído o Decreto-lei n. 87.497, de 18 de agosto de 1982, que regulamenta a Lei n. 6.494, de 7 de dezembro de 1977, dispondo sobre o estágio de estudantes de ensino superior e de 2º grau regular e supletivo. Esse decreto foi modificado pelos Decretos n. 89.467, de 21/3/1984, e n. 2.080, de 26/11/1996. Neste último foi alterado o art. 8º: "A instituição de ensino ou a entidade pública ou privada concedente da oportunidade de estágio curricular, diretamente, ou através da atuação conjunta com agentes de integração, referidos no 'caput' do artigo anterior, providenciará seguro de acidentes pessoais em favor do estudante". A nova redação foi dada pelo Decreto n. 2.080, de 26/11/1996. A Lei n. 6.494, de 7/12/1977, alterada pela Lei n. 8.859, de 23/3/94, indica que os estágios devem ser planejados, executados, acompanhados e avaliados de conformidade com os currículos, programas e calendários escolares (Lei n. 6.494/1977, art.1º, § 3º, e o artigo 182 da Lei de Diretrizes e Bases).

como de especialização em Supervisão em Serviço Social, com 360 horas (Toledo, 1984). Com a implantação das Diretrizes Curriculares (1996), várias unidades de ensino vêm oferecendo capacitação aos supervisores de campo, seja por ocasião do início dessa atribuição, em algumas como um critério de inclusão, seja em forma de capacitação continuada, por meio de módulos, trazendo temáticas relativas ao debate contemporâneo do Serviço Social. Há também aquelas que proporcionam reuniões com o coordenador do departamento de estágio ou/e professor supervisor durante o desenvolvimento do estágio curricular para os supervisores, de maneira a contemplar conteúdos operacionais e teóricos.

Toledo (1984) considera que, na década de 1980, não havia muita clareza sobre o profissional que se queria formar, muito menos uma política de estágio definida, que incluísse o supervisor (assistente social do campo) como um dos agentes da formação profissional.[31] Atribui também a esse profissional o papel de "professor da prática" e tece críticas ao tratamento dispensado pelas unidades de ensino a ele, por não inseri-lo e não informá-lo sobre as Diretrizes Básicas estabelecidas para a formação profissional. Analisa a produtividade dos encontros que ocorriam entre supervisores e academia, tendo em vista a sua grande rotatividade na frequência e participação, em razão de inúmeros fatores, desde o anseio pessoal até a autorização para se ausentar dos locais de trabalho.

Outro fator que permeava a relação entre ambas as organizações era o temor por parte das unidades de ensino de que o supervisor de campo viesse a reclamar vínculo trabalhista. Em relação à questão da remuneração direta aos supervisores, houve controvérsias quanto a ser de responsabilidade da faculdade ou da organização à qual o profissional-supervisor estava vinculado. As faculdades justificavam o não-pagamento dos supervisores, alegando a inexistência de orçamento e a impossibilidade de considerar a supervisão de campo como uma atividade formal de ensino. A consideração de que a responsabilidade de pagamento

---

31. Em algumas faculdades o supervisor é um professor contratualmente vinculado, em relação ao estágio, com a criação dos campos-piloto. Essa alternativa é mais presente na região Nordeste e não se constitui em prática comum na região Sudeste, onde está concentrado o maior número de unidades de ensino de Serviço Social (Toledo, 1984).

era pertinente à instituição à qual o supervisor estava vinculado tinha como pressuposto que

> [...] o supervisor está exercendo função *além das suas atribuições* normais e a mão de obra do estagiário é interessante para o trabalho desenvolvido na Instituição. Esta posição tem sido a mais defendida, pois implica *a conquista de direitos à categoria* no jogo de forças institucionais. Ela não descarta o envolvimento com a Faculdade, na perspectiva do *intercâmbio técnico-pedagógico*, que também pode ser encarado como mais um espaço e direito a ser conquistado. (Toledo, 1984, p. 77-78 — sem grifo no original)

Os convênios[32] passaram a constituir-se num dispositivo normativo, com o indicativo de os campos de estágio terem responsabilidades em prover as condições adequadas ao estágio, bem como a liberação do supervisor para as atividades decorrentes. A responsabilidade por parte das unidades de ensino é acompanhar o estágio prático através de programas elaborados e desenvolvidos conjuntamente com o corpo de supervisores. Essa lógica da relação entre as duas organizações — de ensino e campo de estágio — anunciava a relação entre educação e trabalho e, de forma embrionária, a intenção de uma proposta de política para o estágio.

O contexto e o conceito nos quais se inseriam a supervisão e o supervisor convocam a pensar sobre o que a categoria buscava diante das novas configurações do mundo do trabalho, dos desafios da profissão e das exigências no processo de supervisão quanto às práticas reiterativas expressas na dicotomia entre teoria e prática, uma das quais é a denominação atribuída ao supervisor como "professor da prática". Essa expressão é aqui compreendida como produto histórico e, como tal, adquire sentido e inteligibilidade no processo pedagógico da supervisão.

---

32. O Decreto-lei n. 87.497 regulamenta, no artigo 5°, que "[...] para a caracterização e definição do estágio curricular é necessária, entre a instituição de ensino e pessoas jurídicas de direito público e privado, a existência de instrumento jurídico, e periodicamente reexaminado, onde estarão acordadas todas as condições de realização daquele estágio, inclusive transferência de recursos à instituição de ensino, quando for o caso" (Disponível em: <http://www.eximiarh.com.br/redator/6520.doc>. Acesso em: mar. 2006).

Destacam-se como instrumentos articuladores[33] do processo de supervisão acadêmica e de campo em Serviço Social o Código de Ética Profissional (1993), a Lei de Regulamentação da Profissão (8.662/93) e as Diretrizes Curriculares (1996), os quais norteiam o trabalho de formação e exercício profissionais. Desse ponto de vista, contextualizar contemporaneamente a supervisão requer situar o aparato jurídico-político e institucional que irá subsidiar o deciframento desse processo na totalidade do projeto profissional. Nesse contexto, a supervisão acadêmica e de campo estabelece mediações permeadas pelos princípios e pressupostos das Diretrizes Curriculares, o alicerce na relação entre formação e exercício profissional. O estágio, assim, será "ponte real entre universidade e instituições de trabalho profissional na formação profissional" (Reis, 2003, p. 18), por envolver os sujeitos que compõem a tríade supervisor de campo, acadêmico e aluno, bem como as entidades representativas da profissão.

Tal aparato jurídico-político-organizativo expressa princípios norteadores de uma proposta pedagógica que sobrepuja a fragmentação do processo ensino-aprendizagem, permitindo intensa "[...] convivência acadêmica entre professores, alunos e sociedade. É, ao mesmo tempo, um desafio político e uma exigência ética: construir um espaço por excelência do pensar crítico, da dúvida, da investigação e da busca de soluções [...]" (Brasil, 2004c, p. 373). Essa proposta adensa uma intervenção cujos valores fundamentais são liberdade, equidade e justiça social, articulando-os à democracia e à cidadania no acesso à garantia dos direitos sociais.

Assim, a qualidade do trabalho profissional constitui parte integrante do projeto ético-político, o que implica "[...] uma antecipação ideal da *finalidade* que se quer alcançar com a invocação dos valores que

---

33. Agrega-se também como instrumentalidade da supervisão o conjunto de outras leis e resoluções, como a Constituição Federal (1988), Lei Orgânica de Saúde (LOS) (1990) e a Lei n. 8.142/90 do Serviço Único de Saúde (SUS), Lei Orgânica da Assistência Social (LOAS) (1993), Estatuto da Criança e do Adolescente (ECA) (1990), Lei e o Decreto da Pessoa Portadora de Deficiência (1989 e 1999), a Política Nacional do Idoso (1994), Sistema Único de Assistência Social (SUAS) (2003) e outros que respaldem a vértebra da relação ensino-aprendizagem vinculados à dimensão ético-político e teórico-metodológica profissional.

a legitimam e a escolha dos *meios* para atingi-la [...]" (Netto, 1999, p. 93), elementos esses que conferem materialidade à dimensão jurídico-política da profissão. Desse modo, pensar sobre a processualidade da supervisão de estágio não implica somente uma mudança na organização curricular, mas da concepção que subjaz a tal processo; não significa mais entendê-la na predominância da razão técnica, mas histórica e criticamente. Desse modo, um desafio é a dimensão teórico-metodológica e pedagógica que orienta o diálogo entre os sujeitos envolvidos diretamente no processo de supervisão de estágio, os supervisores assistentes sociais dos campos de estágio e os supervisores professores, para avançar e amadurecer em propostas substantivas ao projeto de qualificação teórico e técnico-político profissional.

Encontra-se na Lei de Regulamentação da Profissão (1993), art. 5°, a especificação de que a *supervisão direta*[34] de estagiários é uma atribuição privativa do assistente social. Do mesmo modo, no art. 4°, alínea "e", do Código de Ética (1993) há o registro de que é vedado ao profissional o exercício da supervisão de aluno em instituições públicas ou privadas que não tenham em seu quadro assistente social que realize acompanhamento direto ao aluno estagiário. Identificamos também que um dos princípios

---

34. Considerando a necessidade de regulamentar a supervisão direta de estágio, no âmbito do Serviço Social, em consonância com os princípios do Código de Ética dos Assistentes Sociais, com as bases legais da Lei de Regulamentação da Profissão e com as exigências teórico-metodológicas das Diretrizes Curriculares do Curso de Serviço Social aprovadas pela ABEPSS, bem como o disposto na Resolução CNE/CES 15/2002 e na Lei n. 11.788, de 25 de setembro de 2008, o CFESS através da Resolução n. 533, de 29 de setembro de 2008, regulamenta a SUPERVISÃO DIRETA DE ESTÁGIO no Serviço Social. **Art. 2°.** A supervisão direta de estágio em Serviço Social é atividade privativa do assistente social, em pleno gozo dos seus direitos profissionais, devidamente inscrito no CRESS de sua área de ação, sendo denominado supervisor de campo o assistente social da instituição campo de estágio e supervisor acadêmico o assistente social professor da instituição de ensino. **Art. 4°.** A supervisão direta de estágio em Serviço Social estabelece-se na relação entre unidade acadêmica e instituição pública ou privada que recebe o estudante, sendo que caberá: I) ao supervisor de campo apresentar projeto de trabalho à unidade de ensino incluindo sua proposta de supervisão, no momento de abertura do campo de estágio; II) aos supervisores acadêmicos e de campo e pelo estagiário construir plano de estágio onde constem os papéis, funções, atribuições e dinâmica processual da supervisão, no início de cada semestre/ano letivo. § 1°. A conjugação entre a atividade de aprendizado desenvolvida pelo aluno no campo de estágio, sob o acompanhamento direto do supervisor de campo e a orientação e avaliação a serem efetivadas pelo supervisor vinculado a instituição de ensino, resulta **na supervisão direta.**

das Diretrizes Curriculares para a formação em Serviço Social é a indissociabilidade entre estágio e supervisão, acadêmica e profissional.

Portanto, a supervisão configura-se, no processo de trabalho do assistente social nos campos de estágio e na docência, como uma *atribuição privativa*, correspondendo a um dos princípios. Tal perspectiva abre potencialmente, nos distintos espaços, a necessidade de explicitar a dimensão *pedagógica* que permeia essa relação, por articular a relação entre ensino e serviço na efetivação da competência profissional. Como assinala Iamamoto (1994b, p. 203), as estratégias pedagógicas para análise e efetivação da prática profissional não são consideradas uma "tarefa nem de mera informação teórica nem de treinamento executivo".

Impõe-se, ainda, a identificação das particularidades pedagógicas presentes no processo de supervisão de estágio, bem como a apreensão das categorias do método dialético crítico na compreensão entre história, teoria e realidade. Além disso, há necessidade de compreender a atribuição do supervisor professor e do supervisor assistente social, os quais foram historicamente conceituados: o primeiro, como aquele que ensina (teórico), e o segundo, como aquele que faz (prático). A superação dessa lógica não é simples e inicia pela tomada de consciência dessa dissociação, pois não é construída com base teórica ou prática, mas, sim, com ambas.

Da forma como isso vem sendo compreendido, o movimento — relação entre teoria e realidade — aparece, de forma equivocada, "[...] coagulado na dualidade de dois elementos estanques, que só eventualmente podem se encontrar [...]" (Iamamoto, 1994b, p. 204). Outra questão salientada pela autora é a redução que se opera quando se identifica prática social e histórica com prática profissional, confundindo-se a relação teoria-prática com a relação entre dois tipos de instituição: a de ensino (universidade) e aquelas que conformam os campos de estágio.

As dimensões histórica, ética, técnico-política e teórico-metodológica vão sendo gradativamente apropriadas pelos alunos durante o desenvolvimento das disciplinas, dentre elas, a supervisão das oficinas e das demais atividades complementares. Nesse sentido, o entendimento dos alunos e supervisores quanto às demandas e às situações particulares e singulares vinculadas aos processos sociais vigentes necessita ser contextualizado, desenvolvendo-se propostas de trabalho nos campos de estágio. Para esse propósito, a parceria do supervisor de campo é imprescindível, não só pelo requisito legal, mas pela exigência ético-política no alcance de tal objetivo. Portanto, o supervisor de campo não tem como atribuição apenas orientar e acompanhar ações dos estagiários numa dimensão técnica, como vinha sendo realizado, mas deve, também, refletir e sistematizar as atividades realizadas pelos alunos, articulando as dimensões técnicas, políticas e teóricas, em consonância com o que a profissão hoje se propõe.

Tais questões, associadas às exigências e às mudanças da supervisão no contexto das Diretrizes Curriculares, implicam também uma visão diferente da já produzida, ou seja, da tendência de desqualificação de quem supervisiona o exercício profissional, da prática direta. Opera-se, assim, a valorização de tarefas consideradas mais nobres, aquelas ligadas à produção teórica, que buscam compreender e explicar a profissão, instrumentalizando-a. Assim, a particularidade pedagógica do processo de supervisão envolve o esforço de realizar o movimento da relação entre teoria e realidade, articulando os elementos ético-políticos e teórico-metodológicos como requisitos essenciais para o exercício de atividades técnico-operativas no processo de trabalho do estagiário. O desafio é responder como se dá essa mediação, aliando a necessidade de "[...] aprofundar a relação entre o individual e o coletivo, para poder apreender nos fenômenos individuais as determinações sociais que neles se condensam [...]" (Iamamoto, 1994b, p. 204). Essa mediação processa-se na dialética da singularidade, mediatizada pela particularidade-universalidade e vice-versa (Pontes, 1989).

Ao considerar as abordagens expostas, visualizo a indefinição quanto aos papéis do supervisor, do supervisionado e de suas responsabilidades. Iamamoto (1994b) destaca a distinção entre o papel do profissional, o do aluno estagiário, o do supervisor, o do professor e o do assessor[35]

---

35. As funções de supervisão, em alguns momentos, se não são bem definidas, também podem receber outras atribuições, como *assessoria e consultoria*. Entretanto, essas são distintas: a consultoria é ocasional, ao passo que a assessoria é permanente. Assessoria e consultoria apenas apresentam recomendações, não interferindo diretamente na ação. O supervisor não precisa ser necessariamente

dos profissionais das organizações dos campos de estágio. A ausência dessa diferenciação causa equívocos no processo de ensino, identificados na relação entre o aluno e o assistente social do campo. A tendência é a identificação do discente como um profissional a mais, não em processo de formação, uma vez que é utilizado para prestar serviços institucionais, ampliando o quadro técnico das organizações, com a justificativa de que é remunerado, servindo de mão de obra especializada barata. Esses elementos favorecem o processo de identificação distorcido, pois a responsabilidade do estagiário é deslocada de um processo formativo para o compromisso de responder à política institucional como um funcionário contratado.

Assim, a formação aparece como um "[...] subproduto do sistema educacional ou como um componente das estratégias empresariais no que concerne à adequação dos recursos humanos, às necessidades pontuais e específicas [...]" (Cattani, 2002, p. 132). Tal debate é relevante tendo em vista a relação educação-trabalho. Está latente a questão da falta de clareza quanto ao papel do aluno como um sujeito em processo de formação profissional. A indefinição do processo de construção da identidade faz lembrar o que Martinelli (2003) denomina de "identidade atribuída", que ocorre na medida em que o campo de estágio, ao atribuir ao aluno responsabilidades que são pertinentes ao profissional, confere-lhe um *status* que ele ainda não possui, ao mesmo tempo que desvaloriza o processo formativo e a profissão em si.

Sobre identidade, Buriolla (1994) afirma que sua matriz profissional está na relação com o seu supervisor de campo, não com o professor

---

um especialista, preparado em um campo específico e restrito. No caso da assessoria e consultoria, a situação é diferente, pois essas dependem do "técnico" ou "perito". Entende-se por técnico aquele indivíduo que, por sua formação acadêmica, é conhecedor de um campo específico, ao passo que perito é aquele que, além disso, possui experiências adquiridas posteriormente à sua formação acadêmica (Lafin, 1976). É importante salientar que os processos de assessoria e consultoria são demandas atuais em várias áreas profissionais. Nos processos de consultoria, na percepção de Vasconcelos, um assistente social ou uma equipe geralmente procura um *expert*, para que dê o parecer sobre os caminhos que a equipe escolheu e/ou encaminhamentos que está realizando. Na assessoria, a solicitação tanto pode ser por uma equipe como por uma indicação externa; objetiva possibilitar a articulação e a preparação de uma equipe para a construção de seu projeto de prática, por meio de *expert* que venha assisti-la teórica e tecnicamente (Vasconcelos, 1998).

supervisor. Com essa ideia, a autora restringe o processo de construção de identidade profissional a uma dimensão operacional, de preparação para o trabalho do assistente social. A identidade profissional, todavia, não tem uma localização pessoal, espacial ou temporal delimitada; ela vai se construindo durante o processo de formação e continua no exercício profissional. A arquitetura da identidade profissional fundamenta-se na constituição de diversos personagens, que ora se conservam, ora se sucedem, ora coexistem, ora se alternam, mas com a aparência unívoca e estável (Ciampa, 1987).

Esse processo exige superação de dicotomias, pois sua compreensão envolve, ao mesmo tempo, o igual e o diferente, o permanente e o mutante, o individual e o coletivo (Jacques, 2002). Além disso, a articulação entre identidade e trabalho confere ao papel social expressividade na constituição da identidade ao afirmar que o exercício de atividades coletivas e de trabalho conjunto é responsável pelo aparecimento das especificidades próprias do *homo sapiens*, como pensamento, consciência e linguagem (Leontiev, 1978).

Na concepção de Nogueira (2001, p. 9), o estágio pode ser compreendido em dois momentos. O primeiro seria o "[...] de exercício profissional supervisionado, devendo, nesse caso, a identidade profissional e o aprendizado serem apreendidos anteriormente, com a adoção de outros mecanismos didático-pedagógicos, como oficinas, disciplinas práticas e estágios de observação [...]", ou seja, ela vai sendo construída ao longo do processo. O segundo momento, o de síntese, é o espaço de consolidação do perfil profissional, no qual etapas não podem ser suprimidas. O Serviço Social é uma profissão de caráter educativo; assim, o trabalho dos supervisores de campo tem uma dimensão pedagógica e constitui o fio condutor desse processo, pela supervisão e pelo trabalho exercitado na organização numa dimensão técnico-política. A esse respeito, os estudos de Manacorda (2000, p. 20) levam a se pensar sobre a relação entre ensino e trabalho:

> [...] quem ainda quiser considerar óbvia e não nova essa sua hipótese de unir ensino e trabalho, [...] o trabalho transcende, exata e necessariamente,

toda a caracterização pedagógico-didática para identificar-se como a prática essência do homem. É uma concepção que exclui toda possível identificação ou redução da tese marxiana da união ensino e trabalho produtivo no âmbito da costumeira hipótese de um trabalho, seja com objetivos meramente profissionais, seja com função didática como instrumento de aquisição e verificação das noções teóricas, seja com fins morais de educação do caráter e da formação de uma atitude de respeito em relação ao trabalho e ao trabalhador. Compreende, acima de tudo, todos esses momentos, mas, também os transcende.

O trabalho docente na formação profissional vai além do ensinar-a-fazer e do aprender-a-fazer. O supervisor-assistente social do campo "[...] colabora diretamente no processo de formação acadêmica do aluno, desempenhando uma função pedagógica ao constituir o [...] elo privilegiado da relação entre instituição/campo de estágio e o processo de ensino [...]" (Iamamoto, 1994b, p. 206). Como processo pedagógico, deverá estar preocupado com a aprendizagem, tendo em vista que se requisita reciprocidade de ambas as organizações e dos supervisores, acadêmico e de campo. Nessa perspectiva, uma pedagogia dissociada de uma proposta de caráter emancipatório perde todo o seu sentido e importância.

A supervisão de estágio, na conjuntura acadêmica, busca legitimar a interação entre os sujeitos assistentes sociais de campo, alunos estagiários e supervisor acadêmico, intrinsecamente envolvidos num projeto coletivo e interdisciplinar e que compõem, assim, uma tríade representativa do universo da instituição à qual pertencem. A necessidade de integração entre as agências de formação e as de serviço é enfatizada por Iamamoto (1998) ao sinalizar a existência de alguns nós górdios na formação profissional. Esses nós estão situados, sobretudo, nas políticas de estágio/pesquisa, no ensino do exercício profissional, no precário desenvolvimento de relações acadêmicas entre os centros de formação e as organizações do mercado de trabalho que oferecem campos de aprendizagem profissional. Nessa ótica, a supervisão caracteriza-se como espaço, por excelência, de intermediação entre os centros de formação e as organizações que oferecem campos de aprendizagem, intrinsecamente envolvida como elemento constitutivo e constituinte desse processo. Contudo, é importante salientar que não lhe cabe responsabilidade exclusiva de desfazer tais nós, o que exige pensar sobre o caráter interdisciplinar nas várias dimensões do projeto de formação profissional (ABEPSS, 2004a), possibilitando, dessa forma, elos comuns no intercâmbio entre os conhecimentos e a realidade, pois "[...] conservar e superar as diferenças na identidade do conhecimento são a própria vida do saber [...]" (Paviani, 2003, p. 71).

As exigências e os desafios da supervisão acadêmica e de campo na atividade de estágio são apontados por Konno (2004, p. 6), que aborda a necessidade de haver um trabalho conjunto entre as supervisões. Para isso é preciso

> [...] avançar conceitualmente na concepção de estágio, precisamos também reconstruir no âmbito da operacionalização do estágio a concepção de supervisão, tanto do ponto de vista do acompanhamento da unidade de ensino como na supervisão ministrada pelo assistente social da instituição/campo de estágio [...].

As condições objetivas de trabalho dos supervisores acadêmicos e de campo são aspectos que merecem atenção. Quanto ao que dificulta o trabalho docente, destaque é dado às condições pedagógicas adversas, revelando certo grau de reconhecimento da precariedade dessas condições. Observa-se também que as respostas para as dificuldades do processo de supervisão de campo incluem aquelas que dizem respeito à supervisão acadêmica, na tentativa de não as dissociar. Por essa razão, para superar um tratamento apenas ideológico é necessário compreendê-las em sua situação histórica concreta e, portanto, na constituição da supervisão na sua reconstrução histórica como aspecto fundamental dessa reflexão, ou seja, o avanço dá-se na superação e na sua contextualização. A supervisão de estágio em Serviço Social faz parte do trabalho profissional; logo, faz parte das condições objetivas dos assistentes sociais e do professor.[36] A

---

36. Em artigos publicados nos grandes eventos promovidos pela ABEPSS, CFESS e Enesso verifica-se como vem se constituindo esse processo nas diferentes escolas e faculdades de Serviço Social no país. Exemplifica-se pela experiência da UERJ, que revela a preocupação de facilitar o aprofundamento do debate sobre as diferentes expressões da questão social; por isso, as disciplinas

concepção de trabalho é aqui entendida como práxis humana, material e não material, que constitui o trabalho como princípio educativo e que, portanto, não se encerra na produção de mercadorias; por isso, exige-se que a educação seja compreendida em suas múltiplas determinações, conforme o estágio do desenvolvimento das forças produtivas e das relações de produção.

Silva (2004) parte do pressuposto de que as Diretrizes Curriculares representam um avanço significativo em relação às propostas anteriormente construídas e implementadas, cuja importância é histórica para o processo de formação profissional. Sustenta sua argumentação em cinco pontos. O primeiro é a supervisão acadêmica, a qual

> [...] não pode ser compreendida e explicada em si e por si mesma. Embora [...] ela apareça como uma atividade isolada ou, no máximo, mais diretamente relacionada com o estágio supervisionado e a supervisão de campo, ela é, na verdade, o espaço privilegiado, ainda que não seja o único, que propicia as condições objetivas acadêmicas para que os estagiários repensem, coletivamente, o estágio curricular, as atividades nele desenvolvidas e o significado disto para a sua formação profissional, tendo como base o capital cultural também acumulado nos quatro anos de estudo no curso [...]. (Silva, 2004, p. 2)

A análise do trabalho de supervisão pressupõe, portanto, o exame das relações das condições objetivas, que englobam desde a organização da prática, participação no planejamento acadêmico, preparação das supervisões, das visitas a campos, das reuniões com os supervisores, leituras de documentação, até a remuneração do professor. A supervisão deve,

---

de estágio supervisionado estão divididas em grupos, por área temática, o que não significa tomar uma das expressões da questão social de forma isolada ou fragmentada. Elas se caracterizam por ser interdepartamentais e determinam, a cada semestre, a participação proporcional de professores de cada departamento a partir das demandas dos alunos e do mercado. Trata-se de uma estratégia político-administrativa adotada pela unidade de ensino para efetivação da articulação e transversalidade pedagógica. Demarca-se, assim, a concepção de supervisão, como uma "[...] orientação e acompanhamento, realizados por assistentes sociais vinculados à instituição campo de estágio, das atividades exercidas por aluno(s) integrante(s) do projeto/programa que o supervisor desenvolve na instituição [...]" (Vasconcelos; Caldeira, 2004, p. 7).

também, desenvolver a busca do significado da formação profissional, o que vai ao encontro do posicionamento de Vygotsky (1993) ao referir que as condições subjetivas são próprias do trabalho humano, o qual se constitui numa atividade consciente. Isso também fundamenta a supervisão como o exercício de desmistificação da imediaticidade, que diz respeito ao segundo eixo proposto por Silva (2004, p. 2), no qual

> [...] se insere o estágio curricular (a esfera singular normalmente composta por tarefas e funções desempenhadas pelo estagiário), e tem, no professor que exerce o papel do supervisor acadêmico, um agente privilegiado que deve facilitar o afloramento gradativo da dimensão mediata do estágio. Trata-se de um momento em que o docente, [...] recupera conteúdos teóricos didaticamente divididos em matérias e só utiliza para ler, criticamente, com o estagiário, a realidade por ele relatada.

Para compreender de modo efetivo o significado do trabalho docente é necessário destacar a ação mediadora realizada no processo de apropriação dos resultados da prática social. O aluno forma-se apropriando-se dos resultados da história social e objetivando-se no interior dessa história, ou seja, sua formação realiza-se pela relação entre objetivação e apropriação. Essa relação se efetiva sempre no interior de relações concretas com outros sujeitos, que atuam como mediadores entre ele e o mundo humano, o mundo da atividade humana objetivada (Duarte, 1999). É, portanto, sempre um processo educativo, que está se efetivando no interior de uma determinada prática social. Essa posição vai ao encontro dos demais aspectos apresentados por Silva (2004, p. 3):

> [...] em terceiro lugar [...] a terminologia "ensino da prática" fartamente utilizada por profissionais da área, precisa ser analisada com cuidado. Ora trata-se de um processo único cujo ensino é teórico-prático. [...] Em quarto lugar [...] não há como propor uma supervisão acadêmica consistente e produtiva sem discutir em seu conjunto, a articulação da grade curricular do curso, ou seja, a interlocução dos conteúdos ministrados. Estes últimos não são edificados a partir das vontades individuais e isoladas dos docentes [...] mas com base nos eixos programáticos previstos no projeto pedagó-

gico coletivamente construídos e nacionalmente previstos nas Diretrizes Curriculares.

A expressão "ensino da prática" vem carregada de um pensamento que desassocia aquilo que se faz daquilo que se pensa. Nesse mesmo sentido está a expressão "professor da prática", utilizada equivocadamente pelos docentes para designar os assistentes sociais de campo. A superação dessa dissociação teoria-prática está no contexto da implementação das Diretrizes Curriculares, o que contribuirá também para a ruptura com a tradicional crítica de desarticulação entre teoria e prática, conceituada como "falsos dilemas" (Iamamoto, 1994b) ou "pseudoproblemas" (Guerra, 1998).

No quinto ponto Silva (2004, p. 4) refere que

[...] não há como legitimar a supervisão acadêmica sem que ela desencadeie respostas concretas na melhoria da qualidade do curso de Serviço Social e do estágio curricular. Supõe não relegar a um plano subalterno as questões relativas ao estágio, seja através do privilégio das questões teóricas sobre a prática ou, ao contrário, através da diluição da supervisão acadêmica em relatos meramente isolados e voltados para encaminhamentos pontuais, burocráticos e desconectados com os da proposta curricular [...]

É importante, então, valorizar o espaço acadêmico e a figura do professor, que remetem à própria existência da universidade, à formalização do ensino. Busca-se referência em Saviani (1992, p. 23), em seu registro de que a escola está voltada "[...] a propiciar a aquisição dos instrumentos que possibilitam o acesso ao saber elaborado (ciência), bem como o próprio acesso aos rudimentos desse saber [...]". Ao possibilitar acesso às objetivações das esferas não cotidianas, a supervisão pedagógica e as demais disciplinas do curso estão contribuindo para a apropriação de sistemas de referência que permitem ampliar as potencialidades do aluno, não só satisfazendo as necessidades já identificadas e postas pelo seu efetivo desenvolvimento, mas também produzindo novas necessidades.

Um indicador importante no processo de supervisão de estágio é a apreensão e o aprofundamento do paradigma orientador das Diretrizes Curriculares por parte de docentes e assistentes sociais supervisores.

Além disso, não só a supervisão, mas também as disciplinas que compõem a grade curricular não podem ser vistas de forma isolada, porque estão localizadas na totalidade do processo de formação. Persiste, ainda, o senso comum de que na faculdade se pensa e na instituição se trabalha. Considera-se isso um equívoco porque, assim, desqualificam-se esses polos interventivos em vez de superá-los, pois "[...] pensamento e ação são partes constitutivas do mesmo movimento. Quem erra na análise erra na ação [...]" (Abramides, 2003, p. 45). Quase sempre passa-se a ideia de que com uma boa análise da realidade se acerta na intervenção, o que é questionável, pois a análise da realidade não é garantia de boa intervenção. Todavia, há uma complementaridade em ambas as dimensões, as quais devem ser perseguidas tanto pelos profissionais de campos de estágio como pelos professores.

Nessa trilha chamada "supervisão" encontra-se, contudo, a dimensão pedagógica permeando tanto a supervisão acadêmica como a de campo, uma proposta que está ancorada nas Diretrizes Curriculares (1996) e que vem se legitimando no ensino de graduação, apesar do surgimento dos cursos de graduação em Serviço Social na modalidade do ensino a distância (EAD), respaldados pela LDB (1996). Diante desse cenário e dessa construção sócio-histórica da supervisão de estágio no processo de formação profissional, apresentada anteriormente, é relevante contextualizar a configuração do processo de implantação da EAD como realidade que se confirma em várias áreas, surgindo de forma acelerada e reafirmando a tendência neoliberal de mercantilização da educação, bem como os rebatimentos nos processos de supervisão de estágio. Diante desse contexto, tem se materializado como preocupação da categoria profissional, através do conjunto CEFESS/CRESS, ABEPSS e ENESSO, a supervisão direta de estágio nos cursos de graduação a distância em Serviço Social.

A genealogia da supervisão demonstrou que, historicamente, o modo atual de realizá-la está relacionado ao processo de formação profissional e, como tal, está vinculado ao Projeto Ético-Político Profissional, que vem sendo balizado e materializado pelas dimensões da produção de conhecimento; político-organizativa e jurídico-política da profissão.

Assim, busca-se problematizar o que mais inquieta os assistentes sociais, a supervisão direta, tendo em vista, portanto, o modo atual de realizar a supervisão como prática docente e como atribuição do assistente social no contexto institucional.

No Brasil, a modalidade de EAD obteve respaldo legal para sua realização com a LDB (Lei n. 9.394/96), que estabelece, em seu artigo 80, a possibilidade de uso orgânico da modalidade de educação a distância em todos os níveis e modalidades de ensino. Esse artigo foi regulamentado posteriormente pelos Decretos ns. 2.494 e 2.561, de 1998, ambos revogados pelo Decreto n. 5.622, em vigência desde sua publicação em 20 de dezembro de 2005. No Decreto n. 5.622 ficou estabelecida a política de garantia de qualidade no tocante aos variados aspectos ligados à modalidade de educação a distância, notadamente ao credenciamento institucional, supervisão, acompanhamento e avaliação, onde se encontram os principais balizadores da atual regulamentação do EAD no país.

> Art.1° — Para fins deste decreto, caracteriza-se a educação a distância como modalidade educacional na qual a mediação didático-pedagógica nos processos de ensino-aprendizagem ocorre com a utilização de meios e tecnologias de informação e comunicação, com estudantes e professores desenvolvendo atividades educativas em lugares e tempos diversos. (Brasil, Decreto n. 5.622/2005)

Nesse sentido, é fundamental identificar os Referenciais de Qualidade para educação superior a distância no país que a Secretaria de Educação a Distância (SEED/MEC) propõe para as instituições que ofereçam cursos nessa modalidade. Esses Referenciais de Qualidade circunscrevem-se no ordenamento legal vigente em complemento às determinações específicas da Lei de Diretrizes e Bases da Educação, do Decreto n. 5.622, de 20 de dezembro de 2005, do Decreto n. 5.773, de junho de 2006, e das Portarias Normativas ns. 1 e 2, de 11 de janeiro de 2007 (Brasil, 2007). Embora seja um documento que não tem força de lei, será um referencial norteador para fazer o contraponto de nossas reflexões acerca da supervisão de estágio, tendo como documentos jurídico-políticos profissionais balizadores o Código de Ética Profissional (1993), a Lei de Regulamentação da Profissão (n. 8.662/93) e as Diretrizes Curriculares (1996).

Constata-se que não há um modelo único de educação a distância. Os programas podem oferecer distintos desenhos e múltiplas combinações de linguagens e recursos educacionais e tecnológicos. A natureza do curso a distância e as reais condições do cotidiano e necessidades dos estudantes são os elementos que irão determinar a melhor tecnologia e metodologia a serem utilizados, bem como a definição dos momentos presenciais necessários e obrigatórios, previstos em lei, tais como estágios supervisionados, práticas em laboratórios de ensino, trabalhos de conclusão de curso, quando for o caso, tutorias presenciais nos polos descentralizados de apoio presencial e outras estratégias. Para dar conta dessas dimensões, devem estar integralmente expressos no projeto político pedagógico de um curso na modalidade a distância os seguintes tópicos principais, que não são entidades isoladas, se interpenetram e se desdobram em outros subtópicos: a) concepção de educação e currículo no processo de ensino e aprendizagem; b) sistemas de comunicação; c) material didático; d) avaliação; e) equipe multidisciplinar; f) infraestrutura de apoio; g) gestão acadêmico-administrativa; h) sustentabilidade financeira (Brasil, 2007).

Desse modo, destacam-se como referenciais importantes para problematizar o processo de supervisão de estágio em Serviço Social a distância a supervisão direta, que se constitui na presença do professor supervisor e do profissional de campo junto ao estagiário. Assim, dos encontros presenciais sistemáticos emergirá o processo de reflexão, acompanhamento e sistematização, com base em planos de estágio, elaborados em conjunto entre a unidade de ensino e a unidade de campo de estágio. Nessa perspectiva analítica, atenta-se para questões que ainda necessitam de questionamentos, discussões, aprofundamentos e pesquisas, que perpassam:

a) pelo *perfil dos sujeitos* envolvidos com essa formação na modalidade a distância, na medida em que se questiona: Toda pessoa está apta a esse tipo de formação? Todo docente possui formação e habilidades para conduzir o processo pedagógico de uma formação dessa natureza? Toda instituição de ensino possui estrutura acadêmica para formar com qualidade?;

b) pela operacionalização dos *projetos pedagógicos da modalidade de ensino a distância*, que não está, necessariamente, orientada pelo projeto hegemônico de formação em Serviço Social no país. Uma breve análise das matrizes curriculares de alguns deles já sinaliza para perspectivas equivocadas ou neoconservadoras acerca da formação, o que pode gerar um retrocesso na formação e a constituição de uma identidade profissional heterogênea que dificultará no futuro a própria capacidade organizativa da categoria profissional. A heterogeneidade e a dificuldade de direção social na organização dos profissionais são condições favoráveis para se pensar num reforço à identidade atribuída (Martinelli, 2003), bem como na massificação da formação e na constituição de um exército de reserva de assistentes sociais, que poderá colocar em risco os avanços da profissão nas últimas décadas (Iamamoto, 2007). A própria dinâmica do mundo do trabalho tenderá a reduzir salários, alterar funções sócio-ocupacionais, entre outros;

c) pela *qualidade acadêmica*, que é inerente a um processo de formação dessa natureza, pois, apesar de a noção de ensino universitário estar fortemente vinculada a projetos de formação mediados pela indissociabilidade entre ensino, pesquisa e extensão, o que se verifica na oferta nessa modalidade é uma centralidade, apenas, no ensino, o que justifica, inclusive, que a maior parte das IES sejam compostas por faculdades ou centros universitários, os quais, pela legislação vigente, não possuem a exigência dessa indissociabilidade. Nessa lógica, a tendência é de arrefecimento da qualidade acadêmica, expressa pela ausência da indissociabilidade entre ensino, pesquisa e extensão e pelas mudanças no perfil docente, pelos papéis e funções exercidas na vida universitária, bem como no perfil discente, que tendem a fortalecer, apenas, uma das dimensões da competência profissional: a técnico-operativa;

d) pelo *compromisso ético-político* dos profissionais que se encontram vinculados a essa modalidade de ensino, seja na gestão dos cursos, seja na coordenação ou na supervisão, como é o caso dos professores, tutores e supervisores de campo de estágio. Os assistentes sociais vinculados à modalidade de ensino a distância precisam analisar e avaliar se a sua inserção está associada à própria dinâmica do mundo do trabalho (em que as IES, praticamente coagem o professor a assumir essa tarefa, ou, ainda, por ser um mercado de trabalho promissor), ou se, de fato, há uma compreensão de que o EAD pode ser ofertado na formação de assistentes sociais. Se esta última compreensão for o motor para essa formação, impõe-se que seja socializada no debate coletivo da categoria profissional.

Guimarães Rosa (1988), na voz de Riobaldo, diz que "contar é muito dificultoso. Não pelos anos que se já passaram, mas pela astúcia que têm certas coisas passadas — de fazer balancê, de se remexerem dos lugares". O percurso que se realizou na elaboração deste estudo é um exercício de balancê e de possibilidade de remexer nos lugares que já estão postos. Esse é o prazer de seguir caminhos e constatar que não se apresentam da mesma maneira, que há sempre um detalhe ainda não visto, ainda não percebido, a quebrar a rotina do trajeto e a certeza de já se ter visto tudo. Nessa trilha chamada "supervisão" encontra-se, todavia, a dimensão pedagógica permeando tanto a supervisão acadêmica como a de campo. Dessa forma, no próximo capítulo essas questões serão analisadas à luz do material empírico coletado junto aos sujeitos envolvidos no processo de supervisão de estágio em Serviço Social.

3
Elementos constitutivos da concepção de supervisão de estágio

> *Minha casa não é minha, e nem é meu este lugar*
> *Estou só e não resisto, muito tenho pra falar*
> *Solto a voz nas estradas, já não quero parar*
> *Meu caminho é de pedras, como posso sonhar*
> *Sonho feito de brisa, vento vem terminar...*
>
> Milton Nascimento

A análise e interpretação das informações e os recortes necessários na pesquisa tipo qualitativa foram um processo prazeroso, mas não menos difícil pela pretensa familiaridade com o tema, em razão da densidade e da riqueza do material coletado. Num caminho de "claro-escuro", recomeço a andar no cruzamento do rigor e da criação, esquadrinhando o significado e o sentido atribuídos à concepção de supervisão de estágio em Serviço Social — espaço de mediações entre formação e exercício profissional e espaço afirmativo de formação — abalizada pelas informações fornecidas pelos sujeitos sociais desta pesquisa, conforme referido na introdução e detalhado no Anexo 1. Analiso aqui os dados empíricos oriundos da análise de artigos científicos, questionários e grupo focal.

A concepção que alicerçou esta pesquisa tem como perspectiva a processualidade da supervisão de estágio na formação para o exercício profissional, processo que não é linear, mas complexo e tipicamente histórico. É terreno germinador das demandas e das possibilidades do conhecimento e das práticas na apreensão das determinações e mediações que incidem na realidade social. A supervisão de estágio está consubstanciada pela direção social da profissão, que a compromete com a universalização dos valores democráticos e igualitários, exigindo, para tanto, o conhecimento das respostas instrumentais perante o cotidiano.

A supervisão, estando vinculada ao projeto político profissional, também se conecta à perspectiva legal, evidenciada pelos ditames do Código de Ética Profissional e da Lei de Regulamentação da Profissão. O compromisso com a profissão é elemento que, no âmbito da competência profissional, prima pela qualidade dos serviços prestados à população. O processo de mediação constante possibilita romper com uma visão focalista do fazer profissional, o que acontece na medida em que liga a supervisão à apreensão da profissão na história da sociedade da qual ela é parte e expressão, capturando novas mediações no movimento dialético da tríade singularidade-universalidade-particularidade.

Compreendida como espaço afirmativo de formação, a supervisão de estágio tem como matéria-prima, para o supervisor, o processo de aprendizagem, que vai se afirmando diante da intencionalidade, da orientação, do acompanhamento sistemático e do ensino, na perspectiva de garantir ao aluno o desenvolvimento da capacidade de produzir conhecimentos sobre a realidade com a qual se defronta no estágio e de intervir nessa realidade, operando políticas sociais e outros serviços.

A afirmação é consubstanciada por eixos que abalizam a supervisão, espaço de ensino-aprendizagem, como relação de reciprocidade e de indissociabilidade entre ensinar e aprender, espaço de enfrentamento do cotidiano profissional que implica diálogo com outras disciplinas e profissionais, cujas respostas sociais aos desafios desse novo cenário não precisam ser homogêneas, mas hegemônicas, criativas e competentes. Espaço efetivo de apoio, de fruição, de não-tutela, de autonomia, de criatividade, é entendido como âncora para a apropriação de saberes e de conhecimentos nas relações sociais estabelecidas no processo de supervisão, e os significados atribuídos à supervisão, caracterizados pelos sujeitos, revelam em que bases ético-políticas, teórico-metodológicas e técnico-operativas está alicerçada a supervisão no projeto profissional.

Espaço de mediações entre formação e exercício profissional

> *A captura pela razão dos sistemas de mediações (ocultos sob os fatos sociais) permite por aproximações sucessivas ir-se negando à facticidade/imediaticidade, e desvelar as forças e processos que determinam a gênese (nascimento) e o modo de ser (funcionamento) dos complexos e fenômenos que existem em uma determinada sociedade.*
>
> Pontes

Projeto político-profissional

A supervisão de estágio está vinculada ao projeto político-profissional, conforme é ratificada pelos articulistas, docentes e assistentes sociais supervisores, ao pressuporem que o debate sobre a questão da supervisão na supervisão profissional implica romper com a visão endógena de percebê-la tão somente do ângulo metodológico, ou seja, como método de ensino. O Processo de Supervisão é elemento integrante do Projeto de Formação Profissional, que deverá ser expressão deste, comportar suas orientações teóricas e direção social, pois faz parte dele de modo intrínseco.

A ideia apontada reafirma o significado atribuído contemporaneamente ao processo de supervisão de estágio, na medida em que pressupõe o projeto político-pedagógico na realidade profissional. Assim, a supervisão acadêmica está imbricada diretamente com a finalidade social da profissão, na prestação de serviços sociais. Nesse sentido, suas finalidades são conhecer e refletir com os alunos a realidade profissional nos campos de estágio, reconhecer os limites e possibilidades das respostas profissionais nas diferentes organizações no enfrentamento das expressões da "questão social", reconhecer e debater os elementos constitutivos do projeto profissional em curso nos espaços sócio-ocupacionais e sua relação com o projeto hegemônico da profissão.

A expressão "projeto hegemônico da profissão" insere a supervisão no projeto ético-político,[1] fruto de uma projeção ampliada que envolveu e envolve sujeitos individuais e coletivos em torno de uma determinada valoração ética densamente atrelada a determinados projetos societários (Reis, 2004). A hegemonia implica a formação de um conjunto orgânico de princípios, necessidades e diretrizes. A referência da supervisão ao projeto hegemônico salientada pelos docentes remete a uma outra direção, esta não mais vinculada a modelos pedagógicos (psicodinâmico, não diretivo, gestaltista, topológico) (Vieira, 1981) que sustentavam a operacionalização da supervisão. Abreu (2004) refere que a não-consideração do nexo orgânico que consubstancia a questão pedagógica nas relações sociais — isto é, a sua inscrição nos processos que mediatizam a racionalização da produção, do trabalho e a organização da cultura — poderá conduzir a uma visão esvaziada dessas relações diante das determinações histórico-políticas.

Esse entendimento amplia a visão do processo de supervisão, visto que supõe uma "[...] unidade intelectual e uma ética adequadas a uma concepção do real que superou o senso comum e tornou-se crítica, mesmo que dentro de limites ainda restritos [...]" (Gramsci, 1995, p. 21). A extensão desse debate remete à compreensão dos desafios pedagógicos no âmbito do Serviço Social no processo de trabalho do professor e do supervisor, tendo em vista as reformas neoliberais, que assinalam a tendência de reatualização de práticas meramente assistencialistas no contraponto da garantia e ampliação dos direitos (Abreu, 2004). O projeto neoliberal encontra nas práticas assistencialistas a estratégia para dar conta da pobreza, ao passo que o projeto ético-político propõe o combate à desigualdade

---

1. Projeto ético-político no Serviço Social tem uma definição muito recente, que, mais precisamente, foi introduzida a partir do 9º CBAS, em 1998, cujo temário trazia o termo "projeto ético-político". Porém o objeto desse debate, bem como a sua construção, tem uma história menos recente, visto que se iniciou durante as décadas de 1970 e 1980. A produção sobre o tema é recente. A respeito ver: Conselho Federal de Serviço Social (1996), Netto, (1999), Sant'Ana (2000), Reis (2004).

pela via do direito. Portanto, um dos desafios no processo de supervisão é a problematização e a superação das contradições dessa realidade.

Partindo da premissa gramsciana de que toda relação de hegemonia é eminentemente pedagógica (Gramsci, 1995) por estar inscrita em processos contraditórios de organização e reorganização da cultura, verifica-se que a vinculação da supervisão de estágio ao projeto político-profissional também requer ser operacionalizada no trabalho cotidiano do supervisor assistente social junto aos alunos. Dessa forma, a supervisão requer, fundamentalmente, reflexão sobre o projeto técnico-político, o que se dá pela oportunidade que tem o aluno de, juntamente com o seu supervisor, acadêmico ou pedagógico, pensar sobre a sua prática profissional.

São convergentes os argumentos que justificam a possibilidade da reflexão como elemento essencial na busca de competência profissional — reflexão, como diz Saviani (1992), radical, rigorosa e de conjunto. Dessa forma, o assistente social supervisor vai ao encontro na busca da raiz desse projeto, que remonta à transição da década de 1970 à de 1980, período em que se instalaram as condições para a construção do projeto ético-político de recusa e crítica do conservadorismo profissional (Netto, 1999). É, por sua vez, rigorosa porque faz uso de um método e, nesse sentido, esse projeto, ao ser vinculado às Diretrizes Curriculares, tem como um de seus princípios a "[...] adoção de uma teoria social crítica que possibilita a apreensão da totalidade social em suas dimensões de universalidade, particularidade e singularidade [...]" (ABESS, 1996). E, ao propiciar uma reflexão de conjunto, estabelece visão da totalidade desse projeto e da ação pedagógica do supervisor.

A análise do material produzido pelos docentes sujeitos do nosso estudo aponta para a relação da supervisão com a perspectiva legal, que é referida pelos instrumentos que ratificam a função educativa e de afirmação da identidade profissional pelos princípios e exigências profissionais constantes na lei que regulamenta a profissão, no Código de Ética e nas Diretrizes Curriculares. Em todos esses documentos destaca-se o perfil do profissional como referência fundamental para o processo de supervisão.

O projeto ético-político-profissional do assistente social vem sendo consolidado historicamente, buscando responder às necessidades de posicionamento da categoria diante das transformações econômicas, sociais, culturais e políticas em curso na sociedade. Nesse sentido, os instrumentos legais são parte constitutivas do processo de supervisão por serem portadores de requisições históricas, como, a par da supervisão do estágio curricular, a de haver a supervisão da prática profissional, atribuição privativa do assistente social (Lei n. 8.662, art. 5°). Essa dupla supervisão envolve o acompanhamento e a orientação de "estudos, pesquisas, planos, programas e projetos na área de Serviço Social", conforme a lei normativa citada.

Os elementos do aparato jurídico-político-profissional precisam ser compreendidos não só do ponto de vista prescritivo, legal, mas da sua dimensão teórico-ético-política. Essa dimensão oferece pressupostos para as atividades operativas dos estagiários nas instituições, direcionando, assim, as competências e habilidades à compreensão de que o técnico e o político são dimensões tratadas de forma unívoca. Nesses documentos são apontadas a sistemática da supervisão e a presença dos supervisores, acadêmico e de campo, principalmente deste último, cuja ausência constitui falta ética. Reitero, portanto, a responsabilidade quanto à supervisão por parte das unidades de ensino no processo de formação do assistente social, cuja falta implica até mesmo denúncia ao Ministério Público, conforme um sujeito entrevistado referiu.

A legislação sobre o tema expressa o produto das reivindicações feitas pela categoria profissional quanto à presença de diretrizes e parâmetros mínimos na condução do ensino. Retomando a genealogia da supervisão, em busca da configuração atribuída a essa atividade, Toledo (1984) aponta como graves a ausência de clareza de profissional que se quer formar e a não-definição de uma política de estágio que inclua o supervisor (assistente social do campo) como um dos agentes da formação profissional.

Processo de trabalho

A análise crítica do trabalho desenvolvido pelo assistente social, particularmente no estágio supervisionado, permite-nos perceber as contradições nele presentes, fundamentalmente no que se refere à supervisão como algo alheio ao trabalho profissional. Assim, pode ocorrer um processo de alienação, pois a lógica imperante nos espaços de campo de estágio é a da prestação de serviços, ignorando todo processo considerado alheio a suas finalidades. Nessa concepção, supervisão e investigação não teriam relação com as práticas institucionais. Contudo, o processo de supervisão deve estar organizado de modo a propiciar ao estagiário experienciar e analisar criticamente o exercício dos processos de trabalho do assistente social, em todas as suas fases e dimensões, investigativa, propositiva e interventiva.

Entendo, portanto, que, sendo a supervisão alheia ou exterior à prática institucional, há um processo de alienação desse trabalho. Alienar-se é não se reconhecer no que se faz, o que ocorre com os indivíduos, os grupos, as instituições. Para Leontiev (1978), na sociedade capitalista o processo de alienação ocorre pela dissociação entre significado e sentido das ações humanas e pela ausência de possibilidades, para a maioria das pessoas, de se apropriarem das riquezas materiais e não materiais existentes socialmente. Essa análise da relação entre significado e sentido das ações humanas contribui para pensarmos sobre o não-reconhecimento da investigação no processo de supervisão de estágio.

O desafio seria justamente trabalhar para que o caráter investigativo adquira sentido para os sujeitos envolvidos no processo, realizando, assim, uma intervenção mais qualificada. Diante disso, uma das possíveis armadilhas contidas nas proposições de boa parte das instituições que oferecem campos de estágio é a de demandarem uma relação imediatista e pragmática do significado e do sentido da aprendizagem, atrelando essa aprendizagem a um utilitarismo alienante no cotidiano da sociedade capitalista contemporânea.

Leontiev (1978) nos ensina que o sentido da ação é dado por aquilo que liga, na consciência do sujeito, o objeto de sua ação (seu conteúdo) ao motivo desta ação. A unidade entre teoria e realidade exige dos acadêmicos uma postura crítica frente ao mundo, conforme é proposto no excerto anterior. Tal exigência representa um desafio a ser enfrentado e superado por meio de uma série de mediações, que não dependem apenas do espaço pedagógico. No processo da supervisão de estágio, a articulação entre formação e exercício profissional realiza-se entre a universidade e as organizações que oferecem campos de estágio e entre aluno e sua realidade. A reprodução mecânica da atividade do supervisor limita a ampliação das possibilidades de crescimento profissional e humano e também se torna alienante, evidenciando uma ruptura entre o significado e o sentido do trabalho do supervisor.

A formação da atitude crítica do aluno depende tanto da apropriação do conhecimento já produzido como do processo de produção desse conhecimento; sua participação ativa significa, ao longo do processo de formação, tornar-se sujeito de sua relação com o conhecimento e com o processo de apropriação deste. A criticidade é um modo de relação com a informação que supera o modo espontâneo e irrefletido de conhecer. Entretanto, a direção orientada pela lógica dos serviços dificulta a intervenção dos estagiários e do supervisor, num processo que se apresenta adverso ao projeto profissional.

Na relação entre as agências de formação e as organizações que oferecem campos de estágio aparece uma contradição: a inclusão do processo investigativo na formação profissional e sua não-inclusão por parte dos campos de estágio. Essa contradição precisa ser desvelada e superada, visto que a falta de intercâmbio entre as unidades de ensino compromete a qualidade do ensino e da supervisão acadêmica. Tal situação é agravada pelo exíguo espaço de tempo dado destinado às supervisões, em sua dimensão formativa, pela falta de apoio das instituições que delegam aos assistentes sociais uma quantidade de serviços dos quais também participam os estagiários, e que nem sempre reflete a matriz da questão social como direção da profissão. Os alunos são subutilizados tecnicamente e percebidos como mão de obra de baixo custo e como alternativa para evitar ampliação do quadro técnico; o estagiário se vê, portanto, como um funcionário responsável pela prestação de serviços institucionais.

O tempo no processo de formação é um componente destacado por Chaui (2003) pela sua representatividade na vida dos sujeitos em questões que o passado engendra para o presente, estimulando a passagem do instituído ao instituinte. Reforça Sennett (2004) que é fator decisivo no mundo do trabalho, pela relação que se estabelece entre o homem e o trabalho, amarrado por prazos, oportunidades, horários, datas e vencimentos. O tempo destinado ao trabalho é tratado por Rosso (2002) como tempo de trabalho, o qual comporta três dimensões: a duração expressa em horas, dias, meses, anos ou em vida ativa; a distribuição, conceitualmente distinta da duração, que designa os momentos durante os quais o trabalho é executado num intervalo considerado; e a intensidade, o esforço físico, intelectual ou emocional empregado para executar uma quantidade de trabalho numa unidade de tempo.

No processo de trabalho da supervisão, o tempo de trabalho é constituinte do processo de formação do aluno e do trabalho dos supervisores. A duração e a distribuição designada pela universidade são expressas pelas horas-aula de trabalho, além de que também administrativamente a supervisão acadêmica assume *status* de disciplina. No campo de estágio essa relação é expressa pelo contrato de trabalho do assistente social com a instituição, e a supervisão de campo, atribuição privativa do profissional, precisa ser distribuída na carga horária constante nesse contrato. A ela é agregado o esforço físico e intelectual atribuído pelo assistente social na organização, no planejamento, na reflexão e no contato com a universidade no acompanhamento do estagiário, o que muitas vezes não ocorre pela exiguidade do tempo dispensado à supervisão, tornando-a assistemática. O esforço físico e intelectual do professor e do assistente social para a realização dessa atividade ocorre no e fora do período contratado, ocasionando trabalho além do tempo pelo qual recebe remuneração. Para o aluno o tempo de trabalho configura-se pela intensidade, parte constituinte da sua formação, materialmente expresso pelo período em que está sendo realizado seu estágio. Nesse aspecto, depoimentos dos nossos sujeitos destacaram que a exiguidade do tempo separa o aluno da centralidade e da finalidade do trabalho que executa, em decorrência da dificuldade de entender o que está realizando.

Além desses fatores, também compromete o processo de trabalho a visualização da figura do estagiário como funcionário com autonomia administrativa e profissional, o que revela a presença de um caráter voluntarista no processo da supervisão de estágio do campo. Desse modo, a supervisão realizada sem um vínculo orgânico com os processos de trabalho do assistente social do campo, embora cumpra as formalidades legais e institucionais, pode não ser identificada como uma de suas atribuições. Isso requer, principalmente por parte dos supervisores, uma visão de totalidade quanto aos riscos da inexistência de uma política de estágio efetiva, "[...] tornando o aluno um trabalhador explorado. Por outro lado, há que não se confundir política de estágio com procedimentos de organização do ensino da prática [...]" (Nogueira, 2001, p. 9).

Ainda que a supervisão se reduza ao caráter circunstancial, como algo exterior ao trabalho do assistente social, isso pode ser entendido como um indicativo de preocupação daqueles que trabalham e pesquisam sobre o tema. O processo de supervisão figura como elemento integrante do processo de trabalho do Serviço Social, portanto não é "sobretrabalho". Deverá se inscrever na sua organização enquanto trabalho estruturar-se de forma a garantir que esta atividade esteja presente como uma das atividades de seu fazer profissional. O exercício da supervisão, em relação à participação na formação profissional, tem sido identificado por traços voluntaristas, a partir do desejo do profissional em contribuir para a formação profissional, não sendo identificada como inerente às atividades profissionais e constituindo-se em uma atividade a mais nas suas atribuições profissionais, comumente descritas como sobretrabalho e tendo como característica sua realização de forma assistemática. Entendemos o processo de supervisão como inerente ao trabalho do assistente social, que figura como uma de suas competências e atribuições, que irá requisitar os mesmos investimentos e dedicação das demais frentes de trabalho e comportar as mesmas diretrizes e lógicas, ou seja, não possui características voluntaristas e assistemáticas.

A busca de contribuir para a formação sem ter o espaço reconhecido para tal atividade acarreta aos assistentes sociais um trabalho a mais. Desse modo, a supervisão, enquanto estranha, alheia ao trabalho do profissional, é também designada como "sobretrabalho", o qual tem repercussões abrangentes:

> [...] sobretrabalho como produtor de mais-valia, ou de capital, em que assumem clara determinação econômica as suas hipóteses antropológi-

cas juvenis sobre o trabalho que cria o poder alheio a si e que o domina, institui-se uma relação entre tempo de trabalho "necessário" (à vida e à reprodução do trabalhador) e aquele que aparece em princípio como um tempo disponível, que o capitalista tende a destinar, como sobretrabalho, à produção de mais-valia, negando-lhe configurar-se como tempo livre para o próprio trabalhador. (Manacorda, 2000, p. 25)

No processo de supervisão acadêmica, o sobretrabalho é aquele que na jornada de trabalho do professor não é computado como hora-aula, por ultrapassar o período que excede a carga horária do docente. Cito como tempo extensivo à atividade do supervisor a disponibilização de horários para leitura e análise da documentação dos estagiários, deslocamentos para visitas às instituições (campos de estágio), planejamento de reuniões com os assistentes sociais, atividades que demandam um tempo que não é contabilizado. Como exemplo, se a carga horária determinada para a supervisão é de oito horas-aula e o trabalho executado exige 16 horas-aula, as horas a mais não são consideradas como carga horária, o que caracteriza a mais-valia, que se "origina de um excedente quantitativo de trabalho, da duração prolongada do mesmo processo de trabalho [...]" (Marx, 1998, p. 231).

Quanto ao assistente social supervisor do campo, percebo que a carga horária também pode avançar na medida em que responder às demandas do processo de supervisão (reuniões acadêmicas na faculdade, horário para supervisão, leituras e organização de documentação). De fato, a orientação de um estagiário é tarefa de responsabilidade muitas vezes não reconhecida institucionalmente, tanto que não se destinam carga horária para isso nem remuneração extra. Contudo, para muitos desses supervisores, o aluno é entendido como "um oxigênio para a prática", "um olhar crítico", alguém que faz toda a diferença no seu dia a dia, pois exige que organizem melhor a sua intervenção. Há, assim, maior preocupação com a postura que assumem, o que poderá servir de referência para o futuro profissional.

Como vemos, a valorização extremada pelo supervisor de campo da presença do aluno na instituição pode remeter a um não-reconhecimento dessa atribuição como um trabalho. Por outro lado, os professores referendam as prescrições legais de ser a supervisão um processo de trabalho do supervisor ao expressarem que o trabalho do assistente social é a matéria-prima do estágio, razão por que exige mediação entre a formação e o exercício profissional.

Uma concepção de supervisão ampliada por meio da relação orgânica e política com a totalidade do projeto de formação e com os cursos de Serviço Social abrange pensamento e ação como unidades do mesmo processo e envolve investimento técnico-político do conjunto dos profissionais — trabalhadores, professores, assistentes sociais e supervisores — na participação efetiva para concretizar o projeto ético-político. Nessa perspectiva, todo processo de trabalho implica "uma matéria-prima ou objeto sobre o qual incide a ação, meios e instrumentos de trabalho que potenciam a ação do sujeito sobre o objeto; e a própria atividade, ou seja, um trabalho direcionado a um fim, que resulta um produto" (Iamamoto, 1998, p. 61-62). Portanto, entendo que fazer supervisão é uma responsabilidade que envolve escolha de meios e formas, considerando as especificidades da supervisão do trabalho de assistente social e seus objetivos, sobretudo o exercício profissional, que abrange teoria, conhecimentos, metodologia, prática, usuários, a instituição, as relações sociais e institucionais etc.

O direcionamento desse processo compreende os meios e os fins na efetivação do projeto profissional, pois não se pode perder de vista que se trata de um único processo, no qual a supervisão representa um momento particular e diferenciado, porém em sintonia com a formação e o plano de ensino da entidade formadora. Essa articulação é compreendida ao considerarmos que deve haver acompanhamento e orientação do aluno em sua atividade prática no campo de estágio, num processo de análise e reflexão que o conduza a estabelecer a mediação entre o contexto mais amplo da questão social e as particularidades de um dado setor do campo de estágio; estabelecer a conexão ou contraposição entre os conhecimentos teóricos recebidos na agência de formação e a prática vivenciada; ampliar sua visão crítica sobre a realidade e a profissão, suas limitações e possibilidades, e, por fim, obter novos conhecimentos teóricos e técnico-instrumentais de acordo com a dinâmica do campo de atividade de estágio.

A relação entre as singularidades das demandas institucionais resultantes dos processos sociais que vêm alterando o ordenamento das relações sociais na apreensão da prática como totalidade resulta na particularidade do desvendamento dos fenômenos reais na intervenção profissional. Faz-se necessária, portanto, a interlocução entre as duas supervisoras e o aluno estagiário para a elaboração do projeto de intervenção. A orientação deve contemplar reflexão e criticidade para que o aluno possa, dialeticamente, fazer a mediação entre o contexto mais amplo da questão social (matéria-prima do trabalho do assistente social) e as singularidades expressas pelos sujeitos usuários dos espaços socioinstitucionais.

Nesse processo, informação, reflexão e ação devem ser processadas e incorporadas de forma a possibilitar tecer críticas sobre o que está sendo lido, escutado, registrado e realizado, o que ocorre na medida em que o processo de supervisão potencializa a dimensão teórico-técnico-política. Concebê-la desse ponto de vista é entendê-la como expressão da relação entre os aspectos universais que compõem o processo de ensino-aprendizagem e as singularidades dos alunos e dos campos de estágio no trabalho do supervisor pedagógico. Esse movimento do supervisor na busca de uma formação de caráter emancipatório, engajada, acolhendo e explicando o real para penetrar no tecido mais profundo que constitui a realidade a ser trabalhada, é o que se preconiza como ideal, na medida em que a supervisão de estágio consiste numa atividade didático-pedagógica de acompanhamento e orientação do aluno na prática profissional. Para isso, é importante considerar os determinantes sócio-históricos, a perspectiva teórico-metodológica, os instrumentos e processos pedagógicos e a dimensão ético-política.

Como foi salientado por um aluno do nosso estudo, o estágio é oportunidade de mediação entre a teoria e a prática, no qual ocorre a reflexão crítica sobre os pressupostos teóricos recebidos na formação e o caso concreto vivenciado. Nesse processo, o supervisor tem papel decisivo ao conduzir essa mediação e reflexão, possibilitando ao aluno sair do senso comum e encontrar alternativas para a situação. A experiência profissional do supervisor é, pois, fator que ajuda o aluno a buscar os nexos entre o saber adquirido em sala de aula e a situação/saber constatada na prática.

Na supervisão de estágio o processo de reflexão referendado pelos sujeitos da nossa pesquisa permeia o processo de trabalho dos supervisores e a relação ensino-aprendizagem vai se estabelecendo à medida que o discente vai percebendo que o conhecimento tem um valor de uso na prestação de serviço ao usuário. E esse processo será altamente produtivo à medida que o aluno compreender que o estágio é uma disciplina diferente das demais que teve no curso de formação, porque consolida a apreensão teórica e prática da intervenção com qualidade na perspectiva da garantia dos direitos dos usuários. Interessa, sim, assumir publicamente o trabalho de assistente social, ter postura de assistente social, comprometer-se com o usuário, criar vínculos. Em suma, o momento do estágio representa para o aluno um comprometimento muito grande, que vai além das tarefas de fazer diário, preencher relatórios, e outros.

Portanto, a reflexão ética permite que o aluno identifique o compromisso no seu saber-fazer profissional e revela, também, a supervisão como espaço potencializador de reflexão na formação profissional, em virtude da relação que o estagiário estabelece de forma sistemática com os usuários nesse período. Tal relação transcende a feitura de diários, de relatórios, o "fazer em si", envolvendo valorizar os sujeitos sociais como um imperativo ético.

Espaço afirmativo de formação

> [...] viver a humildade, condição sine qua non do pensar certo, que nos faz proclamar o nosso próprio equívoco, que nos faz reconhecer e anunciar a superação que sofremos. O clima do pensar certo não tem nada que ver com o das fórmulas preestabelecidas, mas seria a negação do pensar certo se pretendêssemos forjá-lo na atmosfera da licenciosidade ou do espontaneísmo.
>
> Paulo Freire (2005, p. 49)

Espaço de ensino-aprendizagem

A supervisão de estágio é um processo complexo, que supõe apreensão da realidade concreta da sociedade, da formação, da universidade, do campo, do acadêmico e do processo de ensino-aprendizagem. Desse ponto de vista, é um espaço de ensino-aprendizagem, momento de vivenciar a reflexão, o questionamento e de incorporar a teoria numa dimensão pedagógica; é um espaço do qual supervisor e supervisionado se beneficiam por experienciarem um ambiente educacional por excelência. O supervisor tem oportunidade de adquirir novos conhecimentos e inteirar-se com competência e atualidade e o supervisionado tem a oportunidade de refletir a prática e se beneficiar pela experiência do supervisor. Ambos estão comprometidos com o processo de ensino-aprendizagem.

Aqui percebo a relação que precisa estabelecer a supervisão com o conjunto das outras disciplinas, bem como a ênfase dada nas Diretrizes Curriculares à indissociabilidade entre a academia e o campo na atividade de estágio como um dos princípios da formação do assistente social. O propósito de visualizar o processo ensino-aprendizagem remete às distintas formas concebidas e trilhadas historicamente na supervisão de estágio em Serviço Social, como o ensinar-a-fazer (1940), o aprender-a-fazer (1960-80) e o ensino-aprendizagem (1990). Assim, entendo ser importante pensar sobre o significado de ensinar e de aprender atribuído pelos sujeitos e as perspectivas que daí se delineiam.

O ensino caracteriza-se como uma ação diretamente relacionada à aprendizagem, e, em virtude da relação de reciprocidade, o ato de aprender implica escolha, decisão e responsabilidade de todos os envolvidos. Não é, portanto, algo natural, espontâneo, pois exige intencionalidade, planejamento e rigorosidade metodológica (Freire, 1996). Ensinar não se esgota no tratamento do objeto ou do conteúdo, mas se estende à produção das condições em que aprender criticamente é possível, as quais requerem supervisão sistemática, supervisores e alunos instigadores, criadores, curiosos, humildes e persistentes.

O ensinar é uma "[...] prática social específica, que se dá no interior de um processo de educação e que ocorre informalmente, de maneira espontânea, ou formalmente, de maneira sistemática, intencional e organizada [...]" (Rios, 2005, p. 52). Nesta última forma situam-se a supervisão acadêmica e a de campo, resguardadas as diferenças das atribuições, mas ressaltando a igualdade de posição quanto ao processo educativo. A atribuição e a qualificação do supervisor acadêmico, cujo ensino se desenvolve na universidade/escola, efetivado segundo objetivos, organização de conteúdos, de atividades a serem exploradas e da proposição de uma avaliação do processo, voltam-se para o ensino como objeto da didática (Rios, 2005), constituinte da formação profissional do professor.

Entretanto, o elo que envolve supervisão e estágio, referenciado pelos sujeitos do nosso estudo, revela a preocupação quanto a como ensinar aos alunos competências, habilidades e as atribuições requeridas aos assistentes sociais. Tal processo exige do profissional do campo não o que é solicitado ao professor, mas o conhecimento para trabalhar com o estagiário de modo diferente de como trabalha com seus usuários. Portanto, a supervisão de campo precisa estar em sintonia com o projeto pedagógico, com a unidade de ensino; deve ter preocupação com a aprendizagem, direcionando a orientação e atividades de modo a confluir para os objetivos da formação profissional. Necessita, pois, de uma permanente interlocução com o projeto pedagógico e a instituição formativa do estagiário.

O supervisor do campo é um assistente social que tem intimidade com o tema abordado em supervisão e com o trabalho profissional. Essa relação com o aluno também exige dele, além de sua bagagem específica de Serviço Social, uma pedagogia que lhe dê suporte não apenas na orientação, mas na introdução e acompanhamento do estagiário na cultura institucional.

Saviani (1992), ao referir que a pedagogia é o processo por meio do qual o homem se torna humano de modo pleno, também enfatiza que o papel da universidade é possibilitar o acesso de novas gerações ao mundo do saber sistematizado, metódico, científico; por isso, precisa organizar processos e criar formas adequadas a essa finalidade. O autor, ao distinguir a pedagogia escolar, "[...] ligada para o saber sistematizado, elaborado e metódico, [...] da pedagogia geral, que envolve a noção de cultura como tudo o que o homem produz e constrói [...]" (ibidem, p. 80), concebe o que se atribui como pedagógico na relação do supervisor de campo junto ao aluno. A supervisão é um processo de ensino-aprendizagem, uma práxis, como expressaram nossos entrevistados; constitui-se numa atividade didático-pedagógica que possibilita a apreensão e assimilação do ensino teórico na prática.

Tanto os alunos do nosso estudo quanto os assistentes sociais expressaram essa concepção sobre o campo de estágio, entendendo que lhes permite problematizar, discutir e retomar aspectos da sua formação; logo é um espaço privilegiado para problematizar não só o fazer próprio, mas o fazer do supervisor de campo. Ainda, permite refletir sobre formação profissional, ética, conceito de universidade, conhecer novas realidades e relacionar-se com diferentes pessoas.

Assim, a base da supervisão constitui-se em espaço de ensino-aprendizagem. A ideia abarca a aprendizagem por assimilação e problematização dos elementos que compõem o trabalho profissional. Problematizar significa "[...] questionar determinadas situações, fatos, fenômenos e ideias, a partir de alternativas que levem à compreensão do problema em si, de suas implicações e de caminhos para sua solução [...]" (Lopes, 1999, p. 43). Para isso, a visão pedagógica precisa recuperar a situação original de conhecimento e, também, tanto quanto possível, haver uma disposição integral do aluno, numa combinação de "afeto e razão", para conhecer, buscar, procurar, investigar, decifrar o objeto em estudo. Ainda, são requeridos empenho, dedicação, atenção, abertura, levando ao prazer, à alegria, por compreender a realidade. O desafio da problematização é fundamental para desencadear a ação de constituição do conhecimento no aluno, sendo uma forma de "acelerar" tal processo (Vasconcelos, 1999).

O sentido atribuído na fala do aluno anteriormente transcrita, de problematizar não só o seu fazer, mas o fazer do seu supervisor, traduz-se como uma situação pedagógica que convida à formulação de problemas norteadores e à busca de respostas sobre a questão a ser trabalhada. Quando o supervisor problematiza com o aluno, está estimulando a atividade criativa deste, já que deve elaborar hipóteses, isto é, buscar explicações e construir pressupostos. O processo de supervisão é terreno fértil para essa metodologia. Ao iniciar pela problematização, as informações posteriores a que os alunos terão acesso já se organizarão num quadro de significação. Por meio da problematização, solicita-se ao aluno o "[...] resgate das representações que tem a respeito do objeto, ou se provoca que elabore, ainda que precariamente, com os elementos que dispõe [...]" (Vasconcelos, 1999, p. 86), dando sentido e significado a esse conhecimento numa perspectiva de totalidade.

Não há aprendizagem passiva. Toda aprendizagem é ativa; é o resultado da ação de determinado sujeito sobre determinado objeto, ou seja, é produto de interação do sujeito com o objeto, porque os conceitos não são aprendidos mecanicamente, mas evoluem com o auxílio de uma potente atividade mental por parte do próprio aluno. Segundo Vygotsky, "[...] os dois processos — o desenvolvimento dos conceitos espontâneos e dos conceitos não espontâneos — se relacionam e se influenciam constantemente [...]" (1993, p. 74).

Desse modo, a construção do conhecimento depende, fundamentalmente, do sujeito, pois ninguém pode conhecer algo por outrem, porque "[...] conhecemos o mundo, as coisas, os processos somente na medida em que os 'criamos', isto é, na medida em que os reproduzimos espiritualmente e intelectualmente [...]" (Kosik, 2002, p. 226). A apreensão das coisas e do seu ser, do mundo nos fenômenos particulares e na totalidade, completa o autor, é possível para o homem por meio da abertura que eclode na práxis. Assim, para compreender a totalidade da vida social permeada pelas relações sociais é preciso romper com a visão fetichizada dessas e, assim, reconhecer que a supervisão é um espaço pedagógico que possibilita o conhecimento e a reflexão aos alunos, mas também ao supervisor, na medida em que considera as particularidades dos alunos numa totalidade e interagindo nas relações sociais que estabelece no campo de estágio.

Tais relações marcam uma maneira muito específica de viver e pensar as coisas, orientada, predominantemente, pela necessidade de romper com a visão imediatista e de naturalização das desigualdades, que mascara as relações de troca estabelecidas entre os desiguais com seu viés conservador. Por exemplo, no estágio, quando os alunos se referem, com frequência, à dicotomia entre teoria e prática, constato uma concepção de prática conduzida e alimentada por um conhecimento "intuitivo". Por uma série de limitações e determinações, os alunos, geralmente, não conseguem ultrapassar a intuição e o espontaneísmo, principalmente por não perceberem as contradições do real e da sua processualidade. Intuição e espontaneidade também são elementos importantes no poder criativo dos alunos, porém quando alimentados por uma capacidade crítica de análise do movimento do real, o que lhes possibilita dar um salto de qualidade no processo de trabalho.

Enfrentamento do cotidiano profissional

O processo de supervisão de estágio, ao se vincular às requisições que desafiam o processo de formação, sedimenta o solo pedagógico da supervisão no enfrentamento do cotidiano profissional. É no cotidiano que o processo se alicerça, permeado pela inquietação, pelo enfrentamento. Nesse processo de enfrentamento o aluno vai se capacitar, vai buscar múltiplas respostas, que muitas vezes não encontra, pois a realidade tem muitas nuanças. Desse modo, amadurecem tanto o aluno quando o supervisor, visto que a realidade lhes coloca sempre inusitados desafios, está sempre mudando, em processo. Como conclui um dos assistentes sociais do nosso estudo, "capacitar este aluno é sério, é complicado...".

Complementando essa ideia, entendo que a capacitação se efetiva pelo conhecimento para o enfrentamento da realidade social, cujo alicerce dá significado ao processo de trabalho da supervisão. Esta, fundamentada na formação profissional, é compreendida criticamente em seu movimento contraditório, considerando "[...] a realidade do mercado de trabalho, as condições objetivas do exercício profissional e o jogo de forças presentes numa dada sociedade, tendo em vista as demandas e exigências sociais [...]" (ABEPSS, 1996). Nesse sentido, o desafio é superar o alheamento da profissão da dinâmica da sociedade civil por meio do Estado e das políticas sociais. A compreensão é no sentido de que os processos sociais vividos contemporaneamente são frutos de "[...] determinações históricas muito precisas, são por vezes pensados como 'novas questões' ou 'novas demandas' que não encontram suporte profissional para o seu enfrentamento [...]" (ABEPSS, 1996).

Desse modo, afirmo que a ação profissional não se faz "sobre a realidade", mas, sim, "na realidade", que, ligada à atividade concreta de estágio, vai desenvolvendo no aluno competências resultantes do enfrentamento das demandas postas ao Serviço Social, as quais, ao serem decifradas, envolvem conhecimento, atitudes e habilidades do acadêmico. Estas necessitam ser transformadas em produtos, serviços ou informações aos usuários para o atendimento qualificado nas instituições, possibilitando o justo acesso aos direitos sociais e a garantia dos direitos humanos.

Ressalvo, no entanto, que as atribuições requeridas aos alunos nesse espaço, de maneira especial, norteadas para a análise dos espaços sócio-ocupacionais e do trabalho do assistente social em suas atribuições privativas e competências (Iamamoto, 2002), são um desafio à supervisão de estágio, tendo em vista a necessidade de preservar o direito do aluno de ser estagiário. Nesse aspecto é fundamental ter em conta que o aluno deve ser capacitado para o enfrentamento dos desafios do exercício profissional na condição de estagiário, nunca como substituto do profissional no campo de estágio.

Portanto, o estágio não é um lugar onde o aluno exerce o papel de substituto do profissional, mas um espaço em que reafirma sua formação, não numa condição de empregado, mas de estudante estagiário. A capacitação do aluno para o enfrentamento dos desafios do exercício profissional vai sendo articulada na concretude do estágio, à medida que ocorre a compreensão da unidade entre teoria e realidade e pelo entendimento de que, nele, a condição do aluno não é a mesma de muitas instituições, que confundem "estágio" com "emprego" e "estagiários" com "empregados". Instala-se aí uma ideia distorcida dessa função, pelo abuso na utilização de estagiários em situações em que o aprendizado nem sempre está em primeiro plano.

Outro elemento de capacitação é o reconhecimento da legislação que abriga e protege o estagiário quanto às atividades no campo de estágio. A Lei n. 8.662/93, que dispõe sobre a profissão do assistente social, e o Código de Ética Profissional (1993) são imprescindíveis instrumentos a serem vivenciados diariamente nos espaços de trabalho. A Lei n. 11.788, de 25 de setembro de 2008, dispõe sobre o estágio de estudantes; altera a redação do art. 428 da Consolidação das Leis do Trabalho — CLT, aprovada pelo Decreto-Lei n. 5.452, de 1º de maio de 1943, e a Lei n. 9.394, de

20 de dezembro de 1996; revoga as Leis ns. 6.494, de 7 de dezembro de 1977, e 8.859, de 23 de março de 1994, o parágrafo único do art. 82 da Lei n. 9.394, de 20 de dezembro de 1996, e o art. 6º da Medida Provisória n. 2.164-41, de 24 de agosto de 2001; e dá outras providências. Define no capitulo IV — Do estagiário, art. 10, que:

> [...] A jornada de atividade em estágio será definida de comum acordo entre a instituição de ensino, a parte concedente e o aluno estagiário ou seu representante legal, devendo constar do termo de compromisso ser compatível com as atividades escolares e não ultrapassar:
> [...] II — 6 (seis) horas diárias e 30 (trinta) horas semanais, no caso de estudantes do ensino superior, da educação profissional de nível médio e do ensino médio regular.
> § 1º O estágio relativo a cursos que alternam teoria e prática, nos períodos em que não estão programadas aulas presenciais, poderá ter jornada de até 40 (quarenta) horas semanais, desde que isso esteja previsto no projeto pedagógico do curso e da instituição de ensino.
> § 2º Se a instituição de ensino adotar verificações de aprendizagem periódicas ou finais, nos períodos de avaliação, a carga horária do estágio será reduzida pelo menos à metade, segundo estipulado no termo de compromisso, para garantir o bom desempenho do estudante.

Essa problemática não é característica apenas dos acadêmicos de Serviço Social, mas estende-se a todos os alunos em situação de estágio. Para os assistentes sociais supervisores do campo, professores supervisores e alunos, a apropriação desse conhecimento e dessa dinâmica não inibe distorções nos programas desenvolvidos entre as agências de formação e os campos de estágio. Além disso, cabe às instituições de ensino também exercerem um papel mais ativo, afinal, o estágio, como procedimento didático-pedagógico, é atividade de sua competência; logo, devem decidir sobre carga horária e atividades do estagiário, de modo que experiências vivenciadas colaborem efetivamente no seu processo educativo.

A capacitação do estagiário para o enfrentamento dos desafios apontados no processo de supervisão está relacionada, de forma indissociável, à compreensão de que esse espaço serve de conduto para o enfrentamento do cotidiano profissional como processo educativo, para não reduzir a formação profissional à instrução e ao adestramento de mão de obra (Cattani, 2002). Igualmente importante é o direcionamento dos supervisores acadêmicos e de campo no processo de avaliação do discente, pautado menos nos resultados imediatos em termos de abrangência e produtividade do trabalho e mais na riqueza reflexiva da ação profissional, capacitando o aluno "[...] teórica e praticamente a prever sua execução em novos parâmetros de qualidade, capaz de responder a questões como: A que venho? Para quê? Com que função? A serviço de quem?" (Iamamoto, 1994b, p. 203).

Espaço efetivo de não-tutela, de autonomia, de apoio, de fruição, de criatividade

A supervisão de estágio como espaço efetivo de não-tutela, de autonomia, de apoio, de fruição, de criatividade, conforme expressado pelos articulistas, docentes, alunos e assistentes sociais, assegura no processo de supervisão uma vivência na formação em Serviço Social como suporte no enfrentamento do cotidiano profissional ao aluno. A intenção é que ele se torne capaz de intervir na realidade, tarefa que é complexa, porém gera novos saberes, os quais exigem mais do que simplesmente se adaptar a ela. É por isso que não parece possível nem aceitável, como diz Freire (1996), a posição ingênua ou neutra de quem estuda, seja físico, biólogo, sociólogo, matemático, pensador de educação ou assistente social, pois ninguém pode estar no mundo, com o mundo e com os outros de forma neutra. O aluno, ao se inserir na realidade, não está no mundo de "luvas na mão" (Freire, 1996), apenas constatando realidades; ao contrário, precisa tomar decisões, fazer escolhas e intervir na realidade.

A relação entre supervisor e aluno no processo de ensino-aprendizagem na supervisão não é diferente. Nesse sentido, a supervisão não estabelece uma relação de tutela em relação ao aluno, nem assume uma posição de aceitação da postura de vitimização do aluno quando apenas levanta dificuldades e se coloca alheio às situações da realidade com as quais se confronta. Como declarou uma professora, a supervisão também não é "o mero esclarecimento de dúvidas, tais como aquelas relativas aos procedimentos burocráticos institucionais". Sua tarefa é, então, ensinar, não transferir conhecimento. A adoção dessa posição é necessária ao supervisor-professor não apenas porque precisa ser aprendida por ele e pelos alunos, mas em razão de ser "[...] ontológica, política, ética, epistemológica, pedagógica, mas também precisa ser constantemente testemunhado, vivido [...]" (Freire, 1996, p. 47).

Uma atitude dessa natureza de parte do supervisor revela uma conduta na qual ele enseja a autonomia dos alunos. Para isso, o respeito à autonomia e à dignidade é um imperativo ético, não um favor que se pode ou não conceder aos outros. Nessa perspectiva, a responsabilidade do supervisor pela natureza mesma do processo de supervisão eminentemente formador repercute na maneira como é realizado. É exatamente nesse sentido que os alunos se referem a esse processo, como um pilar, uma base, de estar vinculando a teoria à prática. Para se ter autonomia, fortalece-se enquanto sujeito... não só isso, a questão socioafetiva, também se trabalha nas duas supervisões, na acadêmica e campo.

A autonomia é percebida pela compreensão de que o conhecimento, ao ser assimilado, transforma o aluno. As relações socioafetivas estabelecidas também são pontos de destaque nas supervisões de campo e pedagógica. Uma das tarefas importantes da supervisão é propiciar as condições para que os estagiários, em suas relações uns com os outros e de todos com o supervisor, ensaiem a experiência profunda de se assumirem como seres sociais e históricos, como seres pensantes, comunicantes, transformadores, criadores (Freire, 1996). A experiência histórica, política, cultural e social não se dá isenta de conflito; exige, sim, compromisso e reconhecimento de direitos.

No depoimento dos alunos do grupo focal transparece essa necessidade do aluno de ter o supervisor como suporte, contudo o estudante também tem o direito de exigir, de cobrar uma atuação mais eficiente deste, na medida em que há um compromisso assumido por ambos, no caso do supervisor com o curso. Logo, nos momentos de insegurança demanda-se do supervisor a percepção de que precisa assessorar o estagiário, tranquilizando-o, esclarecendo suas dúvidas, porém sempre lhe dando autonomia e liberdade para tomar as suas iniciativas.

A relação pedagógica estabelecida entre supervisor e aluno é percebida como uma relação de apoio, um suporte que é sustentado pelo compromisso, pelas responsabilidades de ambos, pelo desvelamento de inseguranças, na compreensão de direitos e numa relação de autonomia e de liberdade significativa para quem busca. Como diz Freire (1996), não é a reprodução automática do gesto, este ou aquele, mas a apreensão do valor dos sentimentos, das emoções, do desejo, da insegurança a ser superada pela segurança, do medo, que, ao ser "educado", vai-se gerando a coragem.

A tomada de decisão, seja em qualquer situação nova, seja em processo de conclusão, requer acompanhamento sistemático do supervisor, o que é expresso na fala do aluno como autonomia e liberdade. Essa necessidade geralmente surge numa situação nova, para a qual os alunos não se sentem seguros o bastante, quando, então, costumam consultar o profissional do campo responsável por sua supervisão. Igualmente, recorrem a outros profissionais, docentes, a bibliografias, textos, anotações pessoais de aula e contatos com colegas de classe, fato que evidencia a aprendizagem da habilidade para tomada de decisão como processo complexo de reflexão e interação.

Nesse sentido, a ideia de a supervisão ser um espaço afirmativo de formação passa pela adesão e pela constituição de bases para a relação didático-pedagógica, entendendo-se que a intervenção do estagiário se concretiza não só pelo uso do instrumental, mas também pelo referencial que o orienta. Os sujeitos que participaram do grupo focal afirmaram que a supervisão de estágio é um espaço que se constitui em: "alicerce", "suporte", "termômetro para dizer como é que se está preparado como profissional", "um encontro legal", "segurança".

Sem dúvida, a supervisão de estágio é alicerce que fundamenta e sustenta a formação e indicador para mensurar competências e habilidades. Sendo solo para desenvolvimento de competências do aluno, essa relação vai sendo construída pelo processo de ensino-aprendizagem, pelo embate e pelo confronto entre o real e o ideal, base de sustentação e de capacitação para responder às demandas sócio-ocupacionais e socioinstitucionais. Como essa é a referência atribuída à supervisão, ao supervisor é conferida a figura positiva ou negativa, isto é, apresenta-se ao aluno como elemento que irá compor ou não a sua identidade profissional. A relação que daí advém foi mote para a manifestação de uma participante do grupo focal ao relacionar a sua condição de supervisora hoje com a sua experiência de estagiária no passado. A respeito, ela explicitou que o supervisor de campo pode ser uma referência tanto positiva como negativa, dizendo que uma experiência a marcou negativamente, tanto que hoje ela procura colocar-se no lugar das estagiárias para passar-lhes o que julga ideal.

Essa ideia precisa ser problematizada porque é expresso na fala da assistente social que o supervisor é um balizador na formação da identidade profissional, ficando implícito o pensamento de "[...] que a identidade pressuposta é resposta, ela é vista como dada — e não somente como se dando num contínuo processo de identificação. É como se uma vez identificada a pessoa, a produção de sua identidade se esgotasse com o produto [...]" (Ciampa, 1994, p. 66). Na linguagem corrente se diz "Eu sou assistente social"; dificilmente alguém pronunciará "estou sendo assistente social". Daí a expectativa generalizada, segundo o autor, de que se deve agir de acordo com o que é, reatualizando, de certa forma, uma identidade pressuposta e retirando, em consequência, o seu caráter de historicidade, aproximando-a "[...] mais da noção de um mito que prescreve as condutas corretas, reproduzindo o social [...]" (Ciampa, 1994, p. 66).

Percebo, ainda, que no espaço da supervisão de estágio a relação entre supervisor e aluno é balizadora da formação da identidade profissional, na dimensão "[...] política e sócio-histórica que se constrói na trama das relações sociais, no espaço social mais amplo da luta de classes e das contradições que a engendram e são por ela engendradas [...]" (Martinelli, 2003, p. 17). A identidade do assistente social a ser construída no processo de formação profissional, para o enfrentamento dos desafios históricos lançados na atualidade, apoia-se no tripé formado pelo domínio do saber teórico, pela apropriação da habilidade técnica e pela compreensão do caráter político das relações sociais, articulados pela dimensão ética, na medida em que seu compromisso com o conhecimento se vincula a igual compromisso com a construção da cidadania. Isso significa dizer que ao comprometer seu trabalho com essa construção o assistente social se insere no projeto ético-político profissional, cabendo-lhe atuar concretamente. E a instituição acadêmica é o lugar por excelência desse projeto no que concerne à sua dimensão educacional, apresentando-se como

> [...] instância social que sirva de base mediadora e articuladora de outros dois tipos de projetos que tem a ver com o ser humano: de um lado, o projeto político da sociedade e, de outro, os projetos pessoais dos sujeitos envolvidos na educação. A instituição escolar se dá como lugar do entrecruzamento do projeto coletivo de sociedade com os projetos pessoais e existenciais de educandos e educadores. É ela que viabiliza que as ações pedagógicas dos educadores se tornem educacionais, na medida em que os impregna das finalidades políticas da cidadania que interessa aos educandos. Se de um lado, a sociedade precisa da ação dos educadores para a concretização de seus fins, de outro, os educadores precisam do dimensionamento político do projeto social para que sua ação tenha real significação como mediação do processo humanizador dos educandos [...]. (Severino, 1998, p. 21)

Desse modo, o supervisor é referência para o aluno no processo de formação da identidade profissional, na medida em que atua, age, como assistente social, cuja função, no momento da relação ensino-aprendizagem, é do professor supervisor e supervisor do campo. As competências e atribuições do assistente social são o conteúdo da formação profissional que se quer galgar. Assim, na condição de supervisor, seja na função de assistente social, seja na de supervisor de campo ou de professor supervisor acadêmico, cada posição "[...] minha me determina, fazendo com que minha existência concreta seja a unidade da multiplicidade, que se realiza pelo desenvolvimento dessas determinações [...]" (Ciampa, 1994, p. 67), cuja finalidade é formar profissionais comprometidos teórico, técnico e politicamente.

A criatividade, como capacidade de criação e invenção, está associada ao perfil do bacharel em Serviço Social, que, dotado de formação intelectual e cultural generalista crítica, precisa ser competente em sua área de desempenho para inserir-se, de forma criativa e propositiva, no conjunto das relações sociais e no mercado de trabalho (ABEPSS, 1996). Desse modo, no período de formação deve ser estimulado o desenvolvimento de habilidades, por meio de práticas que promovam a expressão do potencial criador, ou seja, toda a formação deve se dar permeada por um caráter dinâmico, criativo e de forma integrada ao conteúdo programático do curso. Se assim for, o futuro assistente social estará preparado não apenas para repetir conhecimentos, mas para assimilar e elaborar sempre novos conhecimentos, resultantes da vivência cumulativa e refletida do "fazer profissional", procurando atender às demandas da sociedade no momento atual.

O curso de formação constitui-se em espaço pedagógico em que devem ser trabalhadas diferentes dimensões do fazer profissional com atitude crítica e criativa. Criar é inovar, é pensar diferente daquilo que é comum. Para tanto, tais ideias precisam ser suscitadas pelo conhecimento, pela curiosidade, não somente do que diz respeito à área de Serviço Social, mas a temas ligados às artes, à ciência, à política, à música, ao teatro, à literatura. Vislumbrar alternativas, repensar ao encontrar uma dificuldade ou um obstáculo intransponível e ver as demandas de outro ângulo são desafios postos no cotidiano de intervenção profissional. É uma construção arquitetada cotidianamente na relação de supervisores e aluno, o que requer de todos os envolvidos sensibilidade para as demandas sociais.

Lacunas e carências no conhecimento exigem investigação e vinculação às informações disponíveis sobre o objeto em estudo. É necessário definir dificuldades ou identificar elementos em falta; buscar soluções; estabelecer hipóteses, modificá-las e voltar a testá-las; compor com outros profissionais da área ou de áreas afins e elaborar projetos de ação. Na organização de projetos, planejar o trabalho é lançar-se para diante; projetar é relacionar-se com o futuro, é começar a fazê-lo. E só há um momento de fazer o futuro: o presente (Rios, 2005).

As propostas criativas estão ancoradas na apropriação das possibilidades e contradições presentes na própria dinâmica da vida social. O aluno, ao lidar com a atividade burocrática e rotineira, com os limites institucionais e com a ausência de recursos, também precisa realizar ações não ritualistas, visualizando possibilidades e garantindo, pela dimensão teórico-política, uma ação que o instrumentalize e altere o quadro instituído. A riqueza oculta sob a aparente pobreza do cotidiano possibilita "[...] descobrir a profundeza sob a trivialidade, atingir o extraordinário do ordinário [...]" (Lefèbvre, 1991, p. 42).

Ao conhecimento forjado numa séria disciplina intelectual, no sentido de vivência, Freire (1996) chamou de "rigor criativo", o qual é impulsionado a partir do que é feito, além da observação. Nesse contexto, considero fundamental problematizar o risco da banalização da vida humana, que pode ser provocada pela rotina, pelo trato cotidiano de situações de injustiça, pelo risco da perda da capacidade da paixão e da indignação — motor necessário para uma ação comprometida (Baptista, 1998).

Significados atribuídos à supervisão

Os significados atribuídos à supervisão evidenciam interfaces que, diante das mudanças ocorridas no ensino superior, expressam-se pela redução de carga horária, pela busca de sustentabilidade da universidade, o que contribuiu para a diminuição de horas também para o curso de Serviço Social. Essas mudanças afetam a supervisão, alterando seu caráter na grade curricular.

Na pesquisa que realizamos junto aos professores supervisores, constatamos que o entendimento é de que a supervisão é parte constitutiva do projeto de formação profissional, porém não é uma disciplina como outra qualquer; é um espaço pedagógico curricular previsto no currículo, mas com previsão de grupos pequenos para melhor aproveitamento dos alunos. Como disciplina, à supervisão são atribuídos determinados conhecimentos e a execução pela supervisora pressupõe uma certa metodologia, porém não é uma disciplina teórica no sentido de ter conteúdo predeterminado em forma de programa. Como esclareceu uma professora entrevistada, "a supervisão é uma atividade pedagógica que deve possuir uma metodologia própria, flexível, para viabilizar as atividades [...] Talvez, por isto, a denominação melhor seja mesmo 'oficina'".

A questão central, portanto, é o lugar da supervisão no processo de formação do assistente social. As diferentes expressões mencionadas revelam uma não-clareza do lugar ocupado pela supervisão na formação profissional, fato que tem relação com a forma como a supervisão se constituiu ao longo do processo histórico. Nos currículos que antecederam as Diretrizes Curriculares de 1996, a supervisão era realizada pelas assistentes sociais do campo, não sendo computada como atividade hora/aula, como ocorreu nos currículos de 1953 e 1970. No currículo de 1982, embora o estágio fosse considerado matéria complementar e obrigatória, também não foi incluída como carga horária (Pinto, 1986).

Nas Diretrizes Curriculares (1996) o estágio supervisionado insere-se na grade curricular como atividade obrigatória, tendo como exigência uma carga horária de duração mínima de 15% sobre a carga horária mínima do curso de 2.700 horas, o que possibilitou à supervisão um *status* de disciplina. A supervisão acadêmica institucionaliza-se no currículo de Serviço Social como constitutiva do Núcleo de Fundamentação do Trabalho Profissional. As disciplinas, via de regra, são arranjos lógicos e político-administrativos, segundo padrões de racionalidade de uma dada situação histórica (Paviani, 2003). Nas Diretrizes Curriculares (1996) disciplinas constituem-se em particularidades das áreas de conhecimento que enfatizam determinados conteúdos, priorizando um conjunto de estudos e atividades correspondentes a determinada temática, desenvolvida num período e com uma carga horária prefixada (ABEPSS, 2004a).

Há a preocupação de que a supervisão acadêmica seja reconhecida como horas-aula, não como hora-laboratório, e com a capacitação contínua dos supervisores de estágio, quer seja de campo, quer seja com os acadêmicos. Na busca de garantir o que é explicitado nas Diretrizes Curriculares, de que o estágio supervisionado seja momento privilegiado de aprendizado teórico-prático do trabalho profissional (ABEPSS, 1996), constatei que a supervisão é vista como espaço por excelência de formação. Há clareza de que a supervisão não é momento de improvisação, de imediaticidade, de ausência de conteúdos, de empirismo, de ausência de política de estágio e de política pedagógica. Assim, revela-se a preocupação com a excelência do processo de supervisão no sentido de assegurar sua efetivação no projeto político profissional. Essa dimensão precisa ser garantida pela relação ensino-aprendizagem, teoria-realidade, investigação-intervenção, bem como pelo estabelecimento de uma política de estágio e pedagógica atrelada à política do curso, abrangendo, na medida do possível, todos os sujeitos envolvidos na formação do aluno. Na direção apontada, a supervisão supõe um sólido suporte teórico-metodológico, necessário ao estabelecimento de estratégias de ação no campo da investigação como eixo privilegiado para a qualificação profissional, e produção teórica sobre questões pertinentes a seu campo de atuação e à realidade social mais ampla.

Seguindo as evidências de que a supervisão é espaço afirmativo de formação e traduzindo como se configura a partir das Diretrizes Curriculares, expressa-se uma multiplicidade de significados da supervisão como disciplina, metodologia, processo, espaço educativo de formação, espaço de mediação entre a formação do aluno e o exercício profissional. É também espaço de crítica e autocrítica permanente de professores e assistentes sociais em seu exercício profissional cotidiano, tendo como mediação o estágio, o aluno, a formação e o exercício profissional. No espectro da formação profissional o que diferencia é a natureza do conteúdo com centralidade no efetivo acompanhamento do ensino do exercício profissional, embora incidam sobre ela todos os demais conteúdos da grade curricular. Outro diferencial é a ampliação em parte de suas atividades, do lócus de realização para além da sala de aula, com sistemática e periodicidade maior no decorrer do curso, especialmente naqueles campos de permanência onde ocorre compartilhamento de decisões, ação e avaliação entre o aluno, o professor e o assistente social.

A supervisão concebida pela docente apresenta distintas formas de ser e de fazer esse processo, expressando-se na evolução do curso da história de sua formação, bem como no esforço coletivo de atribuir-lhe institucionalidade. Justamente por ser processo, não tendo a tendência de ser uma camisa de força, é que acontece. A relação de reciprocidade que busca estabelecer entre formação e exercício profissional vai lhe atribuindo concretude, compartilhamento de projetos e decisões, construindo-se através da direção do projeto profissional.

4

Competência profissional: dimensões do processo de supervisão de estágio

> *Qualidade, competência, ética... Palavras tão rapidamente difundidas, que perderam seu significado. Utilizadas em contextos tão diferentes e por atores políticos com direção de sentido muitas vezes opostos, volatilizaram-se. A ponto de não sabermos mais qual o seu significado, que caminhos iluminam e a que finalidades nos conduzem.*
>
> Selma Garrido Pimenta

Como elemento transversal e constitutivo da formação e do exercício profissional, a competência é constructo formado pelas dimensões ético-política, teórico-metodológica e técnico-operativa e sua indissociabilidade. A dimensão ético-política, atenta à finalidade da ação e do compromisso profissional, é elemento mediador constituído por postura crítico-investigativa sobre os fundamentos e o sentido atribuído aos conteúdos, ao método, aos objetivos, tendo como referência a afirmação dos direitos. Vincula-se à dimensão teórico-metodológica, que articula teoria-método e metodologia e privilegia a história social como terreno germinador das demandas e das possibilidades do conhecimento e das práticas. Ambas as dimensões se atrelam à técnico-operativa, que, caracterizada pelo domínio dos conteúdos de sua área específica de conhecimento, é uma instância de passagem que permite a realização da trajetória da concepção da ação à sua operacionalização.

Assim, refletir sobre a competência profissional na supervisão de estágio envolve pensar em todos os âmbitos de intervenção, pois é um processo que está vinculado à formação junto aos estagiários e ao exercício profissional no trabalho cotidiano dos supervisores acadêmicos e de campo. Assim implica considerar as competências e habilidades previstas nas três dimensões da profissão (teórico-metodológica, ético-política e técnico-operativa), nas particularidades dos espaços sócio-ocupacionais em que o aluno está inserido em termos de meios, estratégias, instrumentos referenciais técnicos, projetos de atuação, usuários, lutas e direitos sociais, entre outros.

Para a análise das dimensões da competência da supervisão em Serviço Social neste capítulo também utilizo dados empíricos colhidos com a aplicação de questionários, análise de artigos científicos e realização de grupos focais (Anexo 1).

Dimensão ético-política: desafios e reafirmação de compromissos

> *Não se faz política sem competência e não existe técnica sem compromisso; além disso, a política é também uma questão técnica e o compromisso sem competência é descompromisso.*
>
> Saviani

Na supervisão de estágio, a dimensão ético-política está alicerçada na ação e no pensamento crítico assumido continuamente. É uma atitude reflexiva de produzir, de criar novas estratégias, de definir finalidades para sua ação e compromisso para alcançá-las, orientada pelas questões: Para quê? Para quem? Por quê? Como?

A direção dada ao trabalho tem como parâmetros os princípios e os fundamentos ético-políticos do projeto profissional, a referência legal do Código de Ética, da Lei de Regulamentação da Profissão e das Diretrizes

Curriculares na afirmação dos direitos e do comprometimento com a qualidade da formação e dos serviços prestados aos usuários. Essa dimensão baliza a práxis em oposição à visão utilitarista. Nesse sentido, também estão delineados os aspectos que trazem para a supervisão a pluralidade e a necessidade de reflexão ética sobre a prática profissional.

Desafios e reafirmação de compromissos

Desafios e reafirmação de compromissos expressam a dimensão ético-política anunciada para o processo de supervisão de estágio, cuja pauta, apresentada por articulistas, docentes, assistentes sociais e alunos, é cotejada pelas exigências do contexto social, político, econômico e educacional e por desafios de respostas profissionais. As requisições e desafios mencionados pelos sujeitos da pesquisa envolvem as transformações apontadas na conjuntura social, demandando um novo perfil de profissional, com competência crítica e criativa. Nesse sentido, as mudanças ocorridas no mundo do trabalho, na esfera da regulação e proteção social, a crescente privatização do espaço público, que implica um esvaziamento das funções do Estado, a globalização da economia, a flexibilização das relações de trabalho, entre outros, são novos desafios colocados à profissão e que exigem dos profissionais permanente capacitação. Modificam-se, portanto, suas condições de trabalho, surgem novas requisições para a atuação profissional, outras demandas são colocadas e emergem outras frentes de trabalho no cenário profissional.

O processo de supervisão, na execução da competência profissional diante desses desafios, atrela-se ao projeto de formação profissional, que está associado ao projeto de transformação da sociedade, pela própria exigência que a dimensão política da intervenção profissional impõe. A indagação, portanto, é: Até que ponto a supervisão de estágio, ao realizar, juntamente com as demais disciplinas, a articulação entre formação e exercício profissional, efetiva a tarefa de decifrar reciprocamente o significado sócio-histórico das transformações da sociedade contemporânea na formação do assistente social e no enfrentamento das questões concretas relativas "[...] aos processos pedagógicos capitalistas a que são submetidos os trabalhadores, na escola e nas relações sociais e produtivas [...]"? (Kunzer, 1998, p. 57).

A explicação para isso passa por uma análise do Serviço Social que busca estabelecer a relação entre profissão e realidade para entendimento dos fenômenos nos quais intervém. O conhecimento dos processos contemporâneos, um dos objetivos do processo da supervisão, terá caráter práxico, que confere concretude ao processo de ensino-aprendizagem pela relação entre pensamento e realidade. Nesse sentido, o espaço da supervisão é significativo por não permanecer no plano discursivo, incompatível com a dimensão interventiva da profissão.

Compreender os novos desafios requer análise da produção da questão social na cena contemporânea; envolve decifrar, no cotidiano, as contradições, as singularidades e as dimensões universais e particulares projetadas pela visão macroscópica sobre a questão social, pois esse reconhecimento permite "[...] ampliar as possibilidades de atuação e atribuir dignidade ao trabalho do assistente social, porque ele não trabalha com fragmentos da vida social, mas com indivíduos sociais que condensam a vida social [...]" (Iamamoto, 2002, p. 31). Há a necessidade de que as universidades estejam preocupadas em dar respostas aos desafios e impasses dessa nova ordem, formando um novo perfil de profissional, com posicionamento político, prontidão participativa e capacidade de relacionar-se com o mercado de forma competente, crítica e criativa. Isso se faz reformulando currículos, criando novos cursos e qualificando os estágios, como um dos instrumentos de relação universidade-sociedade.

Um dos desafios da pauta da formação profissional é o perfil da universidade brasileira, compreendida na sua transição de instituição social para uma organização prestadora de serviços, o que ocorreu a partir da década de 1990. Nessa nova realidade a gestão universitária passa a ser regulada por padrões de qualidade e eficiência, pautados pela ótica empresarial, na qual a produtividade é adotada como indicador de competência (Chaui, 2003).

Essa relação expressiva entre universidade e sociedade explica, aliás, o posicionamento político almejado pela profissão diante do perfil proposto ao aluno de Serviço Social, que é o de ser competente em sua área de desempenho, com capacidade de inserção criativa (inventiva, inovadora e não de produtividade) e propositiva (não só executiva, mas que pense, analise e decifre a realidade); que faça frente ao conjunto das relações sociais e no mercado de trabalho. O perfil arquitetado é o de um profissional identificado com o tempo presente, os homens presentes, a vida presente, para nela atuar e contribuir também para moldar os rumos de sua história (Iamamoto, 1998). Deve, ainda, buscar o protagonismo no acesso à garantia de direitos que permitam aos professores, supervisores e acadêmicos o exercício de problematizar e posicionar-se perante as exigências postas pela universidade, atendendo a um dos princípios do Código de Ética Profissional (1993), qual seja, o compromisso com a qualidade dos serviços prestados à população e com o aprimoramento intelectual, na perspectiva da competência profissional.

Portanto, entendo o processo de formação do assistente social como único, de modo que a supervisão de estágio precisa ser orientada pelo eixo recomendado pela ABEPSS. Segundo esse eixo, a articulação entre o exercício da profissão e as questões sociais deve ser permanente, conjugando os três núcleos do conhecimento, a fim de permitir ao aluno a compreensão de como se construiu a história da sociedade em que ele está inserido. Apontar perspectivas exige o esforço de decifrar o movimento societário e, nele, o significado e o sentido da noção de competência e qualificação como ordenadora de formação e do trabalho. Não há competência total se os conhecimentos teóricos não forem acompanhados das qualidades e da capacidade que permitem executar as decisões sugeridas. Qualificação é parte da competência, cuja tensão, permanentemente, manifesta união e afastamento dialético. A formação profissional não pode simplesmente conformar-se às demandas do mercado de trabalho, que sob a retórica da especialidade, da competência, do rigor técnico, na realidade exigem determinadas ações profissionais que são atividades socialmente condicionadas. Por outro lado, não podemos simplesmente desconsiderar tais demandas, pois a universidade tem a responsabilidade de formar profissionais qualificados para a inserção no mercado de trabalho.

O conceito de qualificação, no que oferece de mais objetivo, ordenou historicamente as relações sociais de trabalho e educativas perante a materialidade do mundo produtivo. Essa centralidade tende a ser ocupada, contemporaneamente, não mais pelo conceito de qualificação, mas pela noção de competência, que aos poucos se estabelece como um conceito socialmente concreto. No entanto, "[...] a noção de competência não substitui ou supera o conceito de qualificação. Antes ela o nega e o afirma simultaneamente, por negar algumas de suas dimensões e afirmar outras [...]" (Ramos, 2001, p. 41). Assim, como é referendado no material da pesquisa, faz-se necessário um profissional capaz de atuar frente a essas novas configurações, no entanto, ultrapassando as demandas do mercado, tendo como diretrizes os compromissos profissionais e ético-políticos assumidos pela categoria, sendo preciso cada vez mais uma formação que habilite esses sujeitos profissionais para o exercício de seu Processo de Trabalho, que acompanhe as mudanças societárias e configure-se como um profissional habilitado não só para a intervenção, mas que esteja capacitado para refletir sobre a realidade e fazer proposições.

Desse modo, o movimento contraditório que ocorre entre a universidade e o mercado de trabalho, na relação entre trabalho e educação e, consequentemente, na supervisão introduz novas noções de competência nos espaços educativos, formando uma nova cultura quanto à forma e à razão de conhecer, em face das exigências do mundo do trabalho. A noção, nesse contexto, é, sobretudo, a competência crítica, que supõe "[...] competência teórica e fidelidade ao movimento da realidade; competência técnica e ético-política que subordine o 'como-fazer' ao 'o que fazer' e, este, ao 'dever ser', sem perder de vista seu enraizamento no processo social [...]" (Iamamoto, 1998, p. 80).

Apropriação dos fundamentos teóricos, metodológicos, históricos, éticos e políticos

A apropriação dos fundamentos teóricos, metodológicos, históricos, éticos e políticos, atrelados à aquisição de novos saberes, tem como parâmetros os princípios e os fundamentos ético-políticos do projeto profissional na articulação entre as três dimensões (ético-política, teórico-metodológica, técnico-operativa), as quais, imbricadas, materializam a atividade profissional. Esse processo exige que se rompa com a atividade burocrática e rotineira, a fim de assumir a ação de um exercício profissional que exige competência para propor e negociar projetos e qualificar o exercício profissional, isto é, apreender o movimento da realidade para detectar tendências e possibilidades passíveis de serem impulsionadas pelo profissional. Assim, o conteúdo remete à compreensão de que também no processo de supervisão o grande desafio que se vive hoje é desenvolver a capacidade de decifrar a realidade e construir propostas de trabalho criativas e efetivar direitos, a partir de demandas emergentes no cotidiano. Isso exige a apropriação rigorosa dos fundamentos teóricos, metodológicos, históricos, éticos e políticos. É preciso ter uma dimensão interventiva e operativa da profissão, sempre resguardando os seus componentes ético-políticos.

O rigor teórico-metodológico e o acompanhamento da dinâmica societária permitem atribuir um novo estatuto à dimensão interventiva e operativa da profissão. É a capacitação crítico-analítica que possibilita a definição de objetos de ação em suas particularidades socioinstitucionais, para a elaboração de estratégias de intervenção comprometidas com propósitos ético-políticos do projeto profissional. Dessa forma, as possibilidades localizam-se na reconstrução das críticas historicamente acumuladas a esse tipo de serviço e no engajamento pela criação de serviços substitutivos, que não firam os direitos civis e o direito a uma imagem pública positiva. Ainda no espaço assistencial implica o asseguramento de um mínimo de qualidade nos serviços prestados e a perspectiva de reflexão, sobretudo o grupo familiar.

O desafio de decifrar a realidade exige sintonia do Serviço Social para captar novas mediações e requalificar o fazer profissional. Tal demanda, conforme Vasconcelos (1997), remete a uma luta mais específica pelo reconhecimento de direitos particulares dos usuários dos serviços. A proposta do articulista busca se contrapor às formas de trabalho e produção convencionais, que reforçam metodologias e identidades profissionais tradicionais, como um caminho de estratégia política utilizado na busca de direitos e cidadania. Nesse sentido, o conteúdo das falas das assistentes sociais expressa que a dimensão técnico-política pode também ser observada na supervisão, quando da intervenção dos alunos no atendimento aos usuários. Nesse momento a formação do aluno, a sua visão de mundo e de homem convergem, manifestando-se no modo como atendem os usuários — um familiar de um adolescente, um adolescente. Aí podemos observar a supervisão no sentido de orientar quanto à escuta dos usuários.

Transitar pela bagagem teórica da profissão é dar atenção às estratégias. O instrumento básico de trabalho do assistente social, a linguagem, envolve atividades que dependem de habilidades como o escutar, mas também decodificar e traduzir conteúdos estabelecidos nas relações e vínculos sociais com os sujeitos junto aos quais atua. A escuta é suporte que reforça o caráter político do trabalho do assistente social a partir de sua associação às dimensões teórico-metodológica e técnico-operacional. Não é, pois, sem razão que durante todo o curso de formação é preciso ter sempre presentes os princípios da profissão e os princípios éticos, para que estejam bem claros — "impregnados" como refere uma aluna do grupo focal — para a supervisão e para o aluno a fim de que possa realizar o seu trabalho.

A expressão utilizada pela discente exprime a intensidade com que tais presssupostos, conteúdos e atitudes precisam estar incorporados a fim de que o aluno exerça com eficiência o trabalho profissional. Desse modo, para que haja apropriação dos fundamentos teóricos, metodológicos, históricos, éticos e políticos, pressupõe-se que as dimensões de competência precisam ser articuladas desde o início da formação em Serviço Social. Apropriação significa também compreender sua importância no projeto de efetivação da competência profissional. Uma das características da apropriação é que se trata de um processo sempre ativo, isto é, o sujeito precisa realizar uma atividade que "[...] reproduza os traços essenciais da atividade acumulada no objeto [...]" (Leontiev, 1978, p. 268). A atividade a ser reproduzida, em seus traços essenciais, pelo sujeito que se apropria de um produto da história humana é, no mais das vezes, a atividade de utilização desse objeto, mas, em certos casos, pode ser necessária também a reprodução da atividade de produção do objeto.

Outra característica do processo de apropriação é que, por meio dele, são reproduzidas no indivíduo "[...] as aptidões e funções humanas historicamente formadas [...]" (Leontiev, 1978, p. 169), isto é, a apropriação da cultura é o processo mediador entre o processo histórico de formação do gênero humano e o processo de formação de cada indivíduo como ser humano. Nesse sentido, acrescento que o processo de objetivação faz essa mediação, pois não há apropriação da cultura se não ocorre a objetivação do ser humano nos produtos culturais de sua atividade social. O processo de apropriação é sempre mediatizado pelas relações entre os seres humanos, sendo, portanto, um processo de transmissão de experiência social, isto é, um processo educativo no sentido lato do termo. O sujeito forma-se por meio da apropriação dos resultados da história social e da objetivação no interior dessa história. Toda objetivação produz uma nova situação.

Agenda comum: alunos, assistente social e professor

A construção do conhecimento implica ação partilhada, já que é por meio dos outros que as relações entre os sujeitos e o objeto de conhecimento são estabelecidas. Nesse sentido, apresenta-se como instância de dimensão política do processo de supervisão a articulação entre aluno, supervisor de campo e acadêmico. Assim, com base na crítica das práticas institucionais e da capacidade de propiciar autonomia, pode-se decidir qualitativamente uma agenda comum: alunos, assistente social e professor. Afirmamos que os protagonistas deste processo de ensino-aprendizagem, quer seja o professor, o aluno ou o assistente social supervisor, todos são beneficiados, pois a observação direta da faculdade no cotidiano de estágio pode significar avanços na formação profissional do aluno e oxigenação profissional do assistente social supervisor. Com essa aproximação, o profissional mantém-se atualizado para modificar a sua prática, favorecendo assim a população usuária com a qual atua. Já o aluno, através da supervisão, sente-se respaldado e seguro nas suas ações, o que nos aponta a necessidade premente do professor do ensino superior e, em especial, o da disciplina de estágio. Ocasionalmente alguns acadêmicos/bolsistas assumem a condição de estagiário, após o término da bolsa. Informam que com a mudança de lugar/condição passam a vivenciar a instituição com outros olhos, haja vista que "antes, achava que tudo o que acontecia aqui era normal". Assim, desenvolvem um olhar mais crítico sobre o cotidiano das práticas institucionais e, consequentemente, passam a construir com os supervisores de campo intervenções que elevem a qualidade assistencial na perspectiva dos direitos.

Sustentada por um dos princípios das Diretrizes Curriculares (1996), o de indissociabilidade entre supervisão acadêmica e profissional na atividade de estágio, delineia-se uma pauta pela construção de propostas que qualifiquem o processo de trabalho do aluno, protagonista no processo de formação, e do assistente social, pela atualização e pela aproximação com a universidade. As intervenções mais consequentes dos alunos e dos assistentes sociais estão relacionadas, nos excertos referidos, com a qualidade dos serviços prestados à população usuária e com o aprimoramento intelectual, o que vem ao encontro do que é proposto no Código de Ética Profissional. Ressalto que agendar propostas comuns e criativas revigora o processo e potencializa o trabalho do assistente social do campo e do supervisor docente diante das demandas que emergem nos espaços socioinstitucionais.

Desse modo, a reafirmação do compromisso ético-político apresenta-se como fio condutor na estreita relação entre formação e exercício profissional e na interlocução entre o estágio e as supervisões acadêmicas e de campo, que tem como eixo norteador o projeto ético-político e pedagógico da formação profissional. É esse projeto que garante a "dimensão formativa — a reflexão sobre valores, posturas e atitudes que devem ser assumidas pelo assistente social em função de um posicionamento político e ético diante da questão social e suas particularidades no âmbito de seu espaço sócio-ocupacional, ao lado da competência teórico-metodológica e técnico-operativa em relação aos processos de trabalho do assistente social.

A reflexão encaminhada pela docente está vinculada a valores, posturas e atitudes, o que pressupõe uma reflexão ética. Busca-se, com base na razão dialética, apreender, na totalidade sócio-histórica, as categorias ético-morais, desvelando suas particularidades e legalidades. O significado atribuído à dimensão ético-política como âncora do processo de trabalho do assistente social assegura ao profissional, diante das expressões da questão social no cotidiano de trabalho, reflexão ética, o que supõe "suspensão da cotidianidade" (Barroco, 2003, p. 55).

Lembra a autora que essa suspensão não tem por objetivo responder às suas necessidades imediatas, mas sistematizar a crítica da vida cotidiana como pressuposto para a organização, indo além das necessidades voltadas exclusivamente ao "eu" e expandindo as possibilidades de os indivíduos se realizarem como individualidades livres e conscientes. Tal atitude implica reflexão ontológica, ultrapassando o conformismo, característico da aceitação espontânea da cotidianidade, aspectos presentes no contexto do estágio que irão se refletir no processo de supervisão. Desvelar a objetividade de tais conflitos permite que não sejam tratados como problemas subjetivos, cuja resolução depende da vontade singular. Para que a ética se realize como saber ontológico é necessário que conserve sua perspectiva totalizante e crítica, capaz de desmistificar as formas reificadas de ser e de pensar.

Desse ponto de vista, a postura do assistente social deve caracterizar-se pelo repensar a sua prática ininterruptamente, bem como a prática do Serviço Social da instituição em que está inserido. No caso do supervisor, há um compromisso ético-político para com o aluno como espelho de prática profissional, pois este é modelado nos diferentes espaços das práticas.

Nesse sentido, a competência ético-política, produto da formação e do exercício profissional, situada na sociedade real em que se vive como profissional, implica diálogo crítico e rigoroso entre teoria e realidade. O compromisso de reflexão, na busca de atualização e de desenvolvimento de projetos que reafirmem os direitos sociais, é competência dos sujeitos que abrange o processo de formação, incluindo envolvimento prático-político na história do seu ambiente econômico-social particular, que não pode ser compreendido sem sua inserção no âmbito universal (Markert, 2002).

O pensamento da assistente social, quando se refere a "gerar pertencimento" ao trabalho profissional, está vinculado à própria história do aluno e do profissional do campo, como também está atrelado à história da instituição, do coletivo de uma comunidade e da profissão. Nesse confronto de reflexão crítica dá-se a afirmação do perfil profissional propositivo comprometido com sua atualização permanente, capaz de sintonizar-se com o ritmo das mudanças que caracterizam o cenário social contemporâneo.

Assim, ao estabelecer relação entre os significados atribuídos à dimensão ético-política, evidencia-se uma agenda cuja direção social favorece o trânsito entre instituições e o cotejo entre requisições e desafios que acenam para a realização de direitos sociais. Desse modo, é parte do processo de supervisão o que é recomendado pelas Diretrizes Curriculares, ou seja, contemplar a ética como princípio que perpassa o processo, estabelecer interlocução com princípios do Código de Ética quanto à inclusão do compromisso da qualidade dos serviços prestados e do aprimoramento intelectual, como requisitos para a criação de novas e coletivas estratégias no processo de supervisão.

Dimensão teórico-metodológica: alicerce em construção

> *Assim, creio, poderia ser possível impulsionar concomitante tanto uma história das formulações teórico-práticas da profissão — de seu modo de pensar e de agir — como uma análise teórico-metodológica de sua história — de seu modo de ser e de fazer-se, conectadas aos limites e possibilidades estabelecidos pelos quadros macroscópicos da(s) sociedade(s) nacional(is).*
>
> Marilda Iamamoto

A dimensão teórico-metodológica consubstancia-se na interlocução entre história, teoria e método, requerendo, para tanto, conhecimento que apreenda a realidade em seu movimento dialético, no qual e por meio do qual se engendram como totalidade as relações sociais que configuram a sociedade. O saber-fazer, por sua raiz técnico-operativa, alicerça-se na investigação e na pesquisa rigorosas das condições e relações sociais particulares e no acompanhamento da dinâmica dos processos societários. Para interpretar a história necessita-se de uma teoria e de um método; por isso a indissociabilidade dos três quando o propósito é a busca da cientificidade ou a ausência do empirismo no processo de supervisão.

Teoria crítica como alicerce

A questão teórico-metodológica no contexto da supervisão, com base nas Diretrizes Curriculares, está orientada pelo mesmo referencial que embasa o projeto profissional, ou seja, a teoria crítica. Entende-se teoria como o conjunto de conhecimentos que proporcionam um quadro global de leis, de conexões e de relações substanciais num determinado domínio da realidade; é processo permanente de crítica e busca de fundamentos, de superação de conceitos e de formas de pensar e agir. O método é meio de ligação entre a teoria e o objeto, relação necessária entre o sujeito que investiga e o objeto investigado. Contudo, só tem sentido como parte de um corpo teórico, não como conjunto de regras preestabelecidas para conhecer alguma coisa, porque a verdade dos fenômenos não está dada; é uma verdade que se constrói na história dos fenômenos.

A legitimidade dessas construções não é dada apenas teoricamente, mas historicamente. Nesse processo de análise e de ação política, os procedimentos não são neutros, compreendendo a metodologia como o conjunto de estratégias e táticas que incidem sobre o real, transformando-o. Tais bases possibilitam as construções metodológicas, cuja aprendizagem implica investigação e confronto com a realidade para entender a agudização no campo das relações sociais e suas contradições na sociedade capitalista. A questão social, objeto de intervenção do assistente social, é expressada pelo fosso das desigualdades sociais e pelas resistências dos sujeitos que as vivenciam e a elas resistem e se opõem.

Do ponto de vista da dimensão teórico-metodológica, o processo de supervisão tem a teoria crítica como alicerce; logo, não pode ser considerada uma categoria teórica independente do processo de formação profissional, pois tem a mesma base teórica do curso. Portanto, é imprescindível que os supervisores conheçam o projeto político-pedagógico do curso do qual provém o aluno em estágio, bem como os planos de ensino das disciplinas de estágio. E mais, devem ter acesso às bibliografias básicas para o entendimento da questão social, das políticas sociais, do processo de trabalho, entre outros. Considerando que o processo de formação é único, a supervisão deve se orientar por todos os documentos que o embasam e normatizam para que atue segundo o eixo teórico-metodológico do curso, complementando a formação do aluno nos aspectos pertinentes à prática. Sendo o estágio o momento em que se dá a construção da identidade profissional do aluno, tanto este como o supervisor devem estar envolvidos num processo de reflexão e crítica alicerçado nos conhecimentos teórico-metodológicos do Serviço Social, o que implica uma ação planejada e sistematizada em conjunto por instituição de formação e campo de estágio.

A relação de reciprocidade entre formação e supervisão afirma-se pela consolidação das Diretrizes Curriculares. O projeto político-pedagógico referendado pelos cursos, os planos de ensino das disciplinas e a capacitação aos supervisores, bem como o planejamento conjunto entre universidade e campo de estágio, são alguns instrumentos e estratégias que podem viabilizar tal pensamento, o qual ganha visibilidade pela operacionalização do trabalho coletivo. Nesse sentido, a supervisão está consubstanciada em algumas categorias, que necessitam de constante explicitação. Do ponto de vista teórico-metodológico, são nomeadas no material empírico como fundamentais à supervisão e ao ensino do fazer profissional a ontologia social, teoria social crítica, educação, formação profissional, universidade, diretrizes curriculares, trabalho profissional, questão social, sistema protetivo, redes sociais, projeto ético-político-profissional, competências, habilidades.

A vinculação entre eixos e categorias revela a direção da supervisão de estágio, situada no núcleo de fundamentos do trabalho profissional, em conexão com o núcleo de fundamentos históricos e teórico-metodológicos; amplia o processo na medida em que diz respeito ao modo de ler, de interpretar, de elucidar a sociedade e os fenômenos particulares que a constituem. Primeiramente, supõe uma competência teórica, tendo em vista que, quanto mais ampla for a leitura da realidade, melhores serão as condições de responder às demandas, tanto as imediatas quanto as futuras. Para atingir tal competência, todas as disciplinas da grade curricular devem estar impulsionadas pela mesma base, tendo no supervisor acadêmico o articulador dos conhecimentos. A dimensão teórico-metodológica não é dada, mas construída, e, como tal, precisa ser alimentada, atribuição que compete aos supervisores e alunos.

No processo de estágio, é necessário que, primeiro, o aluno conheça a instituição onde vai trabalhar, a realidade com a qual vai lidar, o usuário, a forma como se dá o funcionamento do lócus de trabalho. Assim instrumentado, ele pode colocar em prática as competências previstas para sua atuação, norteado pelo saber teórico adquirido no curso, que também lhe permitirá entender a instituição, a que ela se propõe, como se movimenta, quais as teias de relações que tece. Em suma, reforça-se a importância de que todos os agentes do processo de formação profissional — estagiário, supervisor de campo e supervisor de ensino — mantenham uma permanente postura investigativa, tendo por base o conhecimento teórico e técnico.

A teoria crítica proposta pelas Diretrizes Curriculares precisa ser âncora na operacionalização dos conhecimentos específicos advindos dos campos de estágio. Se o aluno vai trabalhar, por exemplo, com famílias, que suporte teórico deverá ter para fazer tal intervenção, assim como para o exercício da postura investigativa e da pesquisa? Sobre isso, o grupo de assistente sociais e o articulista mencionaram que o método e as teorias que darão conta das demandas específicas vividas pelos usuários e pela instituição precisam estar articulados. Portanto, as informações convergem na atribuição do supervisor (aqui, o acadêmico) de articular método, teorias e temáticas específicas trabalhadas nos campos de estágio. No saber-fazer-bem o conhecimento está entrelaçado com o ético, o teórico e o metodológico. A reafirmação da teoria crítica como alicerce também se expressa pelas referências teóricas que consubstanciam a supervisão na articulação entre as dimensões ético-política, teórico-metodológica e técnico-operativa.

Para isso, é importante a apropriação de fundamentos contidos em diferentes fontes, como o Código de Ética, bibliografia e documentos relativos ao campo de intervenção, como política social do setor, área temática, pesquisas, programas e projetos desenvolvidos ou em desenvolvimento, material bibliográfico e textos sobre o instrumental técnico-operativo. As referências constituem um inventário de documentos e ações que subsidiam o processo de supervisão, com conteúdos que articulam a supervisão às demais disciplinas e estabelecem interlocução com outras áreas e saberes profissionais.

É preciso, entretanto, considerar que muitas vezes há dificuldade para localizar bibliografias atualizadas no que se refere ao instrumental técnico. Sobre essa observação, verificamos a importância da reflexão para a profissão, como bem retrata Guerra (1995), *a ausência de sistematização do instrumental técnico não se localiza nele*. Para além das definições operacionais (o que faz, como faz), é necessário compreender "para que" (para quem, onde e quando fazer) e analisar as consequências que, em nível mediato, as ações profissionais produzem. A escassez de publicações que trabalhem a dimensão técnico-operativa tem pertinência, contudo, se separada das demais dimensões da competência profissional, não dará sustentabilidade à intervenção profissional.

Vulnerabilidade teórico-metodológica

A pesquisa aponta que à base teórica, resultante do conhecimento desenvolvido no processo de formação, na busca de conjugar rigor teórico-metodológico e acompanhamento da dinâmica societária no fortalecimento da dimensão interventiva da profissão, atribui-se significativa vulnerabilidade teórico-metodológica. Isso é ilustrado pela especificidade de um dos campos, aqui, o da assistência psiquiátrica, pois ainda há muita imprecisão analítica sobre o processo de trabalho do assistente social no campo da assistência psiquiátrica. Alguns profissionais chegam a adotar no dia a dia um linguajar orientado para a psicopatologia, sobretudo centrado nos sintomas. Como há uma carência conceitual no processo formativo e poucos alunos optam pelo estágio na assistência psiquiátrica, observa-se o desejo de alguns assistentes sociais de serem reconhecidos na arena pela identificação com a terminologia médica. Obviamente, no campo da psiquiatria o assistente social terá de dominar elementos básicos de psicopatologia e psicofarmacologia, mas tem de construir uma leitura e uma linguagem mais próxima às suas particularidades interventivas, até porque a discussão da clínica ampliada ou clínica do cotidiano abarca atuação intersetorial, as condições de reprodução social dos portadores de transtorno mental; alarga a intervenção para o grupo familiar e para a comunidade, enfim, envolve a atenção integral.

A vulnerabilidade da matriz teórico-metodológica tem efeito cascata, porque a interdisciplinaridade fragiliza-se na medida em que as diferentes disciplinas dão lugar à co-disciplina, ou seja, não há interseção nos conhecimentos, os quais correm em paralelo, com o que a intervenção fragmenta-se. Essa vulnerabilidade é observada pela dificuldade de atualização de estudos, de participação em eventos de parte dos assistentes sociais de campo; assim, sem essa reciclagem teórico-prática, de modo geral, eles demonstram limites no conhecimento sobre o que subjaz ao modo de funcionamento das instituições onde atuam e à própria dinâmica social.

Entretanto, apesar de a vulnerabilidade teórico-metodológica apontada estar direcionada aos assistentes sociais de campo, é importante destacar que também os professores necessitam de constante qualificação. Nesse sentido, reforço a importância de as unidades de ensino oferecerem uma formação permanente aos supervisores assistentes sociais de campo e professores. Um dos aspectos que alimentam as questões aqui apontadas diz respeito ao trabalho do assistente social, o qual não privilegia espaços para capacitação, bem como não prevê remuneração e compensação dos custos das atividades de formação permanente, reforçando um dos aspectos do debate acadêmico e profissional sobre o distanciamento entre as matrizes teórico-metodológicas e a cotidianidade da prática profissional. Assim as discussões sobre o estágio supervisionado centram-se nas questões relacionadas à sua organização e funcionamento, às condições dos campos de estágio ou às condições institucionais de sua efetivação. Porém, a garantia de melhores condições na organização, funcionamento e desenvolvimento do estágio não refletem diretamente na discussão/problematização das questões teórico-metodológicas inerentes a essa atividade.

A vulnerabilidade teórico-metodológica aparece como distanciamento dessa matriz. Daí emerge a histórica discussão sobre a relação entre teoria e prática, o paralelismo entre o "saber e o fazer" como contrapontos de um mesmo processo empreendido no meio acadêmico. Em prejuízo à formação do aluno, a dicotomia entre a teoria e a prática é claramente percebível na estruturação e organização dos cursos de graduação, em que se percebe uma divisão em elementos considerados teóricos, a serem ministrados durante o curso, e o momento da prática, que seria o estágio. Contudo, esses elementos — saber e fazer — caminham paralelamente, não são polos independentes, sobretudo considerando-se a necessidade de o saber sedimentar o fazer.

A divisão apontada é uma pseudodivisão entre teoria e prática, uma aparente dissociação. A prática distanciada da teoria é uma prática reiterativa e, como o processo de supervisão reafirma, é importante para a capacitação teórica dos sujeitos envolvidos — professores, assistentes sociais e alunos. A teoria e a prática são inseparáveis do processo de conhecimento, constituindo-se em unidade indissolúvel. A prática precisa ser entendida com base em categorias mais globais, colocando à prova os conceitos e as teorias que estabelecem veracidade ou falsidade. A teoria é o ponto de partida, mas não é determinante nem prevalece sobre a prática; ela se apropria do concreto para transformá-lo em concreto pensado, efetivando a abstração.

O concreto pensado não se confunde com o próprio concreto. A realidade mantém sua autonomia diante da teoria, que não se gesta, não brota da prática. A teoria "é um outro nível de conhecimento, que se testa na prática, mas que não emerge da prática. Que tem vinculações com a prática, mas que são vinculações extremamente mediatizadas [...]" (Netto, 1993, p. 72). O distanciamento entre as matrizes teórico-metodológicas e a cotidianidade do trabalho profissional evidencia-se também no enfrentamento do cotidiano profissional, cabendo ao supervisor retomar os fundamentos teórico-metodológicos já abordados nas disciplinas.

Como observei junto aos sujeitos do estudo, é importante que o supervisor estabeleça a vinculação dos conhecimentos adquiridos na escola de formação para que o aluno consiga colocá-los em prática, sobretudo que revise os fundamentos da ação do assistente social. Talvez, inclusive, seja esse o momento em que o aluno, mais amadurecido em relação a quando teve tais conhecimentos na grade curricular do curso, realmente consiga perceber o quanto têm implicações na sua prática.

Certamente, impasses e dificuldades surgirão no momento de implementação de uma outra lógica curricular, isto é, na inter-relação da supervisão com as demais disciplinas, na articulação dos núcleos de fundamentação constitutivos da formação profissional. Daí a importância dessa retomada dos fundamentos no momento do estágio pela supervisão. Como exemplo, a indicação da matéria Fundamentos Históricos e Teórico-Metodológicos do Serviço Social nas Diretrizes Curriculares (1996) vai além do ensino das disciplinas História e Teoria e Método, presentes na grade curricular anterior, ministradas separadamente.

Nas observações de Simionatto (2004), essa perspectiva é própria da matriz crítico-dialética, por possibilitar a reconstrução de distintas realidades e do fazer profissional em diferentes espaços sócio-ocupacionais a partir das mediações realizadas. Isso remete à compreensão de que o processo de supervisão, assim como as demais disciplinas, não é um processo externo à dimensão teórico-metodológica. A supervisão de estágio é canal de ligação entre as disciplinas e os campos de estágio, na medida em que privilegia a análise conjuntural de processos sociais em curso na sociedade geradora das múltiplas expressões da questão social; ela possibilita a elaboração e a reelaboração do objeto de intervenção e a criação de estratégias comprometidas com a dimensão ético-política do projeto profissional em suas particularidades socioinstitucionais.

A passagem da prática fetichizada, cíclica, do acadêmico em sua experiência de estágio para uma prática competente e ampla envolve o papel da supervisão, que articula as três dimensões da competência profissional, devendo responder, assim, à expectativa que pressupõem as recomendações às Diretrizes Curriculares. O enfoque apresentado evidencia-se pelos resultados da implementação da lógica curricular por meio de experiências de ensino-aprendizagem que apontam, no material da pesquisa, para a necessidade de articulação da grade curricular às novas exigências do projeto profissional.

Nas observações feitas pelas assistentes sociais do nosso estudo houve a referência ao fato de que os alunos chegam ao estágio sem uma compreensão técnica e sem um método, que lhes permitiriam ter uma visão de homem e de mundo para, assim, nortearam o seu trabalho. Logo, sem uma metodologia clara, haverá dificuldade também para elaborar objetivos e instrumentos que vão ao encontro da realidade do usuário, da demanda que se lhe apresenta. Nesse aspecto também assume relevância o papel do supervisor, na medida em que necessita clarear essas questões por meio de diálogo e reflexão com o aluno.

Considero importante salientar que a dimensão teórico-metodológica permite articular as competências profissionais, arquitetar pautas interventivas com base numa leitura da realidade quando da intervenção direta junto aos usuários no dia a dia, pois é a bagagem teórica que "[...] permite ultrapassar a perspectiva funcionalista de que cada 'caso é um caso', ou de que 'na prática, a teoria é outra', possibilitando compreender as inúmeras determinações que tais situações engendram [...]" (Simionatto, 2004, p. 40). Para tanto, são necessárias competências e habilidades que possibilitem sistematizar o real que se apresenta, formas de avaliação, expressões específicas da questão social, a relação entre requisições institucionais e respostas técnico-políticas, a análise das políticas sociais relativas ao caso etc., como bem mencionou uma das professoras entrevistadas.

Por esse motivo, reafirmo que a dimensão teórico-metodológica, no modo como se operacionaliza a supervisão, não articulada às dimensões ético-política e técnico-operativa, apresenta-se ainda como alicerce em construção. A identificação da teoria crítica como fundamento no processo de supervisão e a vulnerabilidade da matriz teórico-metodológica exigem capacitação de todos os sujeitos envolvidos — alunos, professores e assistentes sociais — apontando caminhos a serem percorridos na efetivação da competência profissional.

Dimensão técnico-operativa: espaço de operacionalização do conhecimento e da ética

> [...] a instrumentalidade no exercício profissional refere-se, não ao conjunto de instrumentos e técnicas (neste caso, a instrumentação técnica), mas a uma determinada capacidade ou propriedade constitutiva da profissão, construída e reconstruída no processo sócio-histórico.
>
> Yolanda Guerra

A dimensão técnico-operativa no processo de supervisão de estágio é demarcada pela instrumentalidade, que é a capacidade que o Serviço Social tem adquirido na sua trajetória histórica de responder às demandas da sociedade, às requisições socioinstitucionais e às finalidades profissionais. Nessa perspectiva, a instrumentalidade encaminha o pensamento à indagação do como fazer e do para que fazer, conectando meios às finalidades, entendendo-as impregnadas de valores e de implicações sociopolíticas. A instrumentalidade não trata apenas do conjunto de instrumentos necessários para o fazer, mas para o saber-fazer; abrange o instrumental, que é, por excelência, uma instância de passagem expressa pelo eixo operacional das profissões, o qual abarca o campo das técnicas, dos conhecimentos e habilidades.

Esse eixo, articulado organicamente ao referencial teórico-metodológico e ético-político, é competência que vai sendo construída a cada momento, a partir das finalidades da ação a ser desenvolvida e dos determinantes políticos, sociais e institucionais a ele referidos. Isso implica permitir o acesso dos referenciais técnicos, teóricos, valorativos e políticos e sua concretização, de modo que se traduzam em estratégias políticas, em instrumentos técnico-operativos (Guerra, 2000).

Dimensão técnico-operativa dissociada das dimensões ético-política e teórico-metodológica

Os artigos analisados, os depoimentos e as falas revelaram-me a apreensão quanto à dissociação da dimensão técnico-operativa das dimensões ético-política e teórico-metodológica. A necessidade de articulação entre essas dimensões no processo de formação exige alicerçamento do projeto educacional do curso; do contrário, corre-se o risco de meramente atender às exigências do mercado em termos de desenvolvimento técnico e industrial. É preciso, sim, na formação do assistente social, assim como em todas as demais áreas, valorizar a dimensão técnica, contudo não a sobrepondo à dimensão política da prática e ao papel social do cidadão profissional.

Tal inquietação se constata pela ausência de articulação entre o crítico social e o técnico, que devem ser indissociáveis na atuação do estagiário. Assim, o que embasa o processo de supervisão na construção de competências e habilidades é uma visão voltada aos sujeitos e aos processos sociais, identificando suas particularidades e construindo estratégias técnico-operativas para o exercício da profissão, isto é, "[...] preencher o campo de mediações entre as bases teóricas já acumuladas e a operatividade do trabalho profissional [...]" (Iamamoto, 1998, p. 20).

Nesse âmbito, o material empírico evidencia os limites pedagógicos do processo de supervisão e aponta que nem sempre a dimensão técnico-instrumental é trabalhada de forma articulada com a teórico-metodológica e a ético-política, em virtude do pressuposto de que a apropriação de conhecimentos teóricos por parte dos alunos e sua habilidade em transitar entre teoria e prática são incumbências da universidade. A fragilidade dos conhecimentos teóricos expressa-se na operacionalização do trabalho profissional, visto que o aluno centra-se na busca por técnicas, do como-fazer, porém alheia-se dos fundamentos teórico-metodológicos da realidade social e do Serviço Social. Essa dificuldade, muitas vezes, decorre do modo como lhe foi apresentada a dimensão técnico-instrumental no curso de formação, sem uma imbricação mais explícita com as dimensões ético-política, investigativa e formativa. Por consequência, o aluno não consegue realizar uma leitura do campo de estágio como uma totalidade, na qual a ação não seja meramente pragmática, mas norteada por fundamentos que vão além desta.

Da mesma forma, os professores não estão isentos desses limites, uma vez que revelam dificuldades no que se refere ao exercício técnico-operativo próprio do processo de supervisão, ou seja, não podem efetivamente realizar propostas altamente inovadoras de trabalho, que enriqueçam a formação do aluno, uma vez que o estudo mostra que sofrem limitações impostas pelas direções das instituições onde atuam.

Um dos indicadores para essa análise é o descompasso entre o acúmulo, o debate e a reflexão sobre o conhecimento produzido sobre a matéria que abrange os núcleos de fundamentos teórico-metodológicos da vida social e formação sócio-histórica da sociedade brasileira em relação aos de fundamentos do trabalho profissional. Consequência disso as escassas produção e publicização de conteúdos que abarquem a questão da instrumentalidade, de forma a permitir a passagem das ações meramente instrumentais para o exercício profissional crítico e competente (Guerra, 2000).

Outro indicador é o tratamento dispensado na grade curricular pelas unidades de ensino à articulação da dimensão técnico-operativa com as demais dimensões na interlocução com os núcleos de fundamentação. Uma das possibilidades evidenciadas no conteúdo dos textos analisados relaciona-se ao espaço de vivência, onde oficinas e laboratórios permitem o tratamento operativo de temáticas, instrumentos e técnicas. Ocorre, no entanto, que tais espaços não são otimizados para o fim a que se propõem, pois se exige capacitação dos professores no manejo dessa abordagem. A ausência de articulação acaba, pois, transferindo para o estágio a aprendizagem dessas vivências.

Além disso, o aluno, preocupado tão somente com o como fazer, revela a ausência de domínio de técnicas, o que dificulta a leitura dos espaços sócio-ocupacionais nos campos de estágio nos quais atua. A técnica é inseparável das ideias de estratagemas e de saber-fazer. Esse saber opera no devir e, por isso, tem como referência a oposição entre necessidade e acaso (Chaui, 2002). A conexão entre saber e fazer, em face da intencionalidade do estagiário e do projeto de competência profissional, permite que se invista na criação e na articulação dos meios e instrumentos necessários à consecução de finalidades profissionais. O diálogo estabelecido nessa pesquisa indica que o papel do supervisor frente ao projeto de formação profissional seria o de responsável pelo ensino da prática, do fazer, de reproduzir junto ao estagiário o acúmulo profissional adquirido a partir de sua inserção no enfrentamento da questão social, do ponto de vista técnico-instrumental, associada aos pressupostos teóricos que informam a construção de um dado projeto de formação profissional. Este entendimento também perpassa o universo acadêmico que se reconhece como espaço de produção e reprodução do saber, relegando ao estágio o ensino da prática. Não há relação entre esses dois espaços, que se apresentam como esferas independentes, logo ao supervisor cabe o ensino da prática, sem maior participação na esfera do saber, da teoria, no espaço acadêmico. Restringir o processo de supervisão à mera reprodução da operacionalização dos instrumentos e técnicas é subtrair do processo de aprendizagem a apropriação dos processos de trabalho do Serviço Social em sua amplitude.

A proposta da lógica curricular é de superação da fragmentação do processo de ensino e aprendizagem, de forma a permitir intensa convivência acadêmica entre professores, alunos e sociedade. Esse é, ao mesmo tempo, um desafio político e uma exigência ética: construir um espaço por excelência do pensar crítico, da dúvida, da investigação e da busca de soluções. Para esse ponto precisa convergir a análise da indissociabilidade entre supervisão e estágio, um dos princípios que norteiam as Diretrizes Curriculares. Nosso estudo revela que, no escopo da dimensão técnico-operativa, a divisão entre saber e fazer se explicita. Assim, no âmbito técnico-instrumental os pressupostos teóricos que informam a construção de um dado projeto de formação profissional estão dissociados.

Desse modo, reafirmo ser necessário que o supervisor pedagógico articule universo acadêmico e áreas que envolvem os campos de estágios, fontes que circundam novas demandas e saberes, cuja proposta converge ao que é proposto pelas Diretrizes Curriculares. O planejamento, na medida em que é arquitetado como um meio para facilitar e viabilizar a democratização da supervisão entre supervisores e aluno, precisa ser concebido, assumido e vivenciado no cotidiano da supervisão como processo de reflexão. A elaboração de planos em conjunto, recomendada pelas Diretrizes Curriculares, entre as instituições e supervisões acadêmicas e de campo merece atenção. Se assim for, atingiremos o proposto pela lógica dialética do pensar e do fazer.

Instrumentos e técnicas

Os modos de operacionalização da supervisão de estágio apresentados pelos sujeitos desta pesquisa abrangem os recursos pedagógicos, os instrumentos e técnicas, as estratégias de intervenção, tendo como norte o processo de ensino-aprendizagem. Como recurso pedagógico, o planejamento coloca-se no campo da ação, do fazer, embasado em definições prévias que precisam ser explicitadas. Os planos de aula e os projetos apontados fazem parte dos instrumentos de trabalho no processo de supervisão, bem como estratégias didático-metodológicas que conduzam a debates sobre a prática.

O plano de supervisão aparece como estratégia de articulação junto às demais disciplinas, e os planos e projetos são apresentados como instrumentos orientadores do processo de trabalho do supervisor e do aluno. O plano de supervisão, articulado ao projeto ético-político-profissional, é uma instância de passagem que permite a realização da trajetória entre as concepções de formação e de operacionalização da prática profissional. Para isso, é necessário relacionar o fluxo de planejamento com as referências teóricas que embasam o plano. O planejamento é processo e, portanto, contínuo e dinâmico, visando a suscitar a reflexão, tomada de decisões, sua aplicação e acompanhamento. Como processo, o planejamento é permanente, e o plano é o produto dessa reflexão e tomada de decisão; logo, sendo produto, é provisório (Vasconcelos, 1999). Um plano requer certo momento de amadurecimento e de clareza do processo quanto à reciprocidade dos meios e dos fins apoiados sobre um saber em questão. Essa é a sua força e o seu limite, pois se, dessa forma, está direcionado para ação, de outra, está condenado a tornar-se obsoleto pelo fluxo do real.

Os projetos de trabalho e planos de ensino também explicitam os modos de operacionalização do processo de supervisão. Conceitualmente, plano e projeto podem ser aproximados: o primeiro remete mais à ideia de produto; o segundo traz subjacente a ideia de processo-produto, isto é, o projeto, no modo como está sendo concebido, inclui o conceito de plano e transcende-o na medida em que se vincula também a todo o processo de reflexão, de construção das representações e colocação em prática, não apenas ao seu registro (Vasconcellos, 1999).

A ação consciente, competente e crítica de alunos, professores e supervisores transforma a realidade pelas reflexões vivenciadas no planejamento e, consequentemente, no que é proposto no projeto de ensino do professor ou de trabalho do supervisor e no de aprendizagem do aluno. A articulação entre formação e exercício profissional, tendo como solo a formação e competência profissional, precisa ser potencializada no processo de supervisão de estágio nos espaços sócio-ocupacionais. Se o espaço profissional oferece a oportunidade de o aluno desenvolver competências e habilidades no que concerne a planejamento, execução, sistematização e análise da prática, certamente lhe está permitindo conhecer aspectos relacionados ao planejamento de políticas sociais, à gestão na área da assistência social, cumprindo o disposto nas diretrizes que norteiam a profissão do assistente social.

Além de planos e projetos, são destacadas no material empírico a importância do aporte de recursos, como o espaço físico, e a bagagem de conhecimento dos supervisores. Quanto ao primeiro, obviamente, um espaço físico condizente com o número de pessoas participantes de uma sessão de supervisão é condição básica, acrescida de outros recursos, se possível, como os da informática e audiovisuais. Assim, poderá se estabelecer um clima que favoreça a troca e a abertura entre os sujeitos, facilitando a comunicação. Contudo, todo o sucesso do trabalho depende, mais que tudo, da bagagem de conhecimento e da experiência do supervisor, sem os quais nenhum recurso físico tem sentido.

A disponibilidade de recursos físicos para a supervisão ganha importância, visto que a modalidade a ser processada, seja individual, seja grupal, exigirá espaços de infraestrutura e projeção na relação custo-benefício do processo de formação profissional. Tais requisitos institucionais são demandados tanto da universidade quanto dos campos de estágio. Além disso, é importante salientar que na supervisão pedagógica a garantia da modalidade de reuniões em pequenos grupos de estagiários requer uma estrutura compatível, demandando não só recursos físicos e materiais, mas também humanos. Isso reforça a concepção de supervisão abordada no item "Significados atribuídos à supervisão", que remete ao seu entendimento com *status* de disciplina.

No entender dos docentes há uma diversidade de recursos didático-pedagógicos que inserem a supervisão na perspectiva mais ampla de ensino-aprendizagem, superando a ideia tecnicista de saber-fazer, como exposição didática, oficinas, pesquisa bibliográfica, seminários e debates; relatos de experiências; aprofundamento teórico sobre a temática trabalhada; levantamentos de referências empíricas; problematização das situações trabalhadas; demarcação dos eixos da intervenção. São importantes também leituras de documentos, de relatórios, idas ao campo de estágio, entrevistas ou contatos com chefias e funcionários; ainda, perguntas, reflexões, exposição de casos, síntese e técnicas psicodramáticas (de percepção, de aquecimento, de conteúdo, de avaliação). Tudo isso deve ser permeado pelo questionamento, pela reflexão, pelo debate e diálogo, pela demonstração operacional, pela análise.

Os modos de operacionalização apresentados estão direcionados ao manejo do professor de técnicas pedagógicas, que exigirão qualificação para tal. Faz-se menção, também, à vinculação das técnicas ao projeto de formação profissional, evidenciando-se sua utilização para trabalhar situações da realidade como fundamento da intervenção, pela investigação e análise de situações concretas. Também é utilizada como recurso pedagógico pelos supervisores de campo e docentes a bibliografia pertinente à área de concentração de estudo na qual é realizado o estágio.

Esse aspecto foi valorizado pelos alunos no grupo focal como importante elemento para a compreensão da realidade na qual irão intervir, os quais ressaltaram como importante o fato de a supervisora disponibilizar-lhes ou orientá-los para a leitura de materiais referentes à instituição, aos aspectos referentes à criança e ao adolescente, violência contra a criança. O acesso a essa literatura básica, certamente, permite ao aluno conhecer o campo onde atuará e a demanda que nele encontrará.

Do mesmo modo, os assistentes sociais dos campos demonstram conhecer o valor do necessário processo de apreensão da realidade e suas determinações, como um deles relatou dizendo que, no seu caso, orienta os alunos a lerem toda uma bibliografia referente à realidade hospitalar e ao Serviço Social. Também os aconselha a lerem todos os trabalhos de conclusão dos alunos que passaram por aquele campo, além de detalhar materiais bibliográficos dependendo da área onde o aluno atuará. Percebo, portanto, uma preocupação do supervisor no sentido de dotar o aluno de condições para ter acesso ao instrumental teórico básico que lhe proporcione conhecer melhor a realidade onde atuará.

Sem dúvida, ressalto que a indicação do acervo é destacada como uma das atribuições do processo de supervisão, salientando-se, inclusive, sua constante atualização. Os trabalhos de conclusão de curso utilizados como referência bibliográfica também são uma possibilidade de reflexão, de aprimoramento intelectual do processo de trabalho do assistente social no espaço institucional. O referencial teórico e o estudo da temática específica contribuem para o desvelamento das demandas institucionais, as quais evidenciam a particularidade dos campos que é produzida a partir de mediações.

O processo de supervisão deve contribuir para que o aluno apreenda as demandas institucionais advindas dos espaços sócio-ocupacionais como particularidades que expressam tanto as determinações da universalidade e de suas leis tendenciais históricas como a singularidade dos sujeitos usuários dos serviços. O compromisso é a superação da imediaticidade dos fatos e, a partir do campo de mediações estabelecidas, a compreensão da realidade a ser trabalhada, numa perspectiva de totalidade social. Dessa forma, os modos de operacionalização da supervisão e da prática profissional não se colocam como processos discricionários dos supervisores, alunos ou profissionais, mas, sim, como propostas de enfrentamento e superação das particularidades evidenciadas no campo de estágio.

As atividades sistemáticas e interinstitucionais desenvolvidas pela universidade ou pelos campos de estágio precisam ser construídas permanentemente. A realização de supervisões conjuntas configura-se como uma estratégia de qualificação do processo de ensino-aprendizagem no âmbito do estágio supervisionado, porque aproxima a instituição de ensino e o lócus do exercício profissional. Especificamente no caso do supervisor pedagógico, o acompanhamento do aluno ocorre pela apresentação semestral da pasta de documentos contendo plano individual de estágio, diário de campo, relatórios de prática, projeto de intervenção, projeto de pesquisa (quando existente no campo), folha de frequência, relatórios semestrais de avaliação do estágio e relatórios de supervisão, a qual permanece na escola até a conclusão do curso. Então, um segundo momento da supervisão, a "supervisão técnico-pedagógica", dá-se no campo de estágio e em conjunto com o supervisor de campo e os estagiários do setor de Serviço Social.

Considero importante pontuar que esse modo de operacionalização possibilita vinculação orgânica da supervisão acadêmica com a de campo e, ao mesmo tempo, apresenta-se como limitador. Tal limitação ocorre em virtude das condições objetivas de trabalho do supervisor de campo e do supervisor acadêmico, que precisam responder às demandas de maior produtividade exigidas nas organizações. Esse é um dos desafios que os profissionais enfrentam, sendo necessário para garantir que, no tempo de trabalho dos supervisores, possam ser incluídos e reconhecidos espaços para capacitação e articulação permanente junto à universidade e às entidades representativas da categoria.

A vinculação entre as instituições e os sujeitos no processo de supervisão de estágio foi mencionada no conteúdo do presente estudo, evidenciando a relação estabelecida entre campo de estágio, faculdade e o trabalho em conjunto das supervisões de campo e acadêmica. No caso, o aluno ressaltou a importância de ter tido contato direto com os assistentes sociais e o dirigente da instituição campo de estágio, o que lhe permitiu esclarecer a proposta de estágio e o trabalho que ali realizaria. Ainda destacou o docente a contribuição para o seu crescimento proporcionada pela ocorrência regular de reuniões integradas entre os alunos e os profissionais do campo de estágio com o objetivo de discussão de projetos e avaliações.

Enfatizo, pois, a direção do processo de supervisão, que alimenta os projetos de estágio, correspondendo às demandas reais e às finalidades da dimensão técnico-operativa. Identificamos também que a metodologia correspondente à supervisão não é única, em razão da sua flexibilidade, associada ao planejamento e ao trabalho da equipe. Tal aspecto possibilita a construção coletiva do processo de estágio, que não se limita a um quadro fechado de procedimentos, ou seja, a supervisão não se realiza num único momento, mas abrange desde a realização de uma atividade interventiva até o momento de avaliá-la, ou, ainda, em cada encontro do aluno com o supervisor.

Nesse sentido, a experiência de planejamento conjunto envolve dúvidas levantadas pelo aluno, planejamento ou avaliação de atividade, discussão sobre modo de elaboração de documentos, leituras e reflexão sobre textos referentes ao projeto de intervenção. Como uma professora citou, essa discussão/análise pode envolver cada ponto da pauta, com definição de tarefas, encaminhamentos e prazos para resolver ou encaminhar cada questão. É dada oportunidade de abordar assuntos bem específicos da necessidade do aluno. Nas supervisões coletivas os alunos são envolvidos na organização da própria atividade, organizando a pauta, coordenando a reunião, propondo estratégias para a discussão do conteúdo e providenciando os materiais necessários. Portanto, as supervisões são planejadas.

Elaborar, executar e avaliar projetos exige do supervisor de campo e do acadêmico clareza crítica quanto ao trabalho do assistente social na sociedade brasileira. Sobretudo, é preciso que o profissional assistente social e o aluno se conheçam mutuamente, bem como aos limites que ambos têm, tanto no sentido das possibilidades do aluno quanto das possibilidades e limites da instituição. Certamente, esse conhecimento é fundamental porque nem sempre se pode fazer o que se planeja sem considerar as condições do espaço institucional; logo, qualquer projeto só terá "futuro" se alicerçado no conhecimento da realidade da instituição campo de estágio.

A direção, o horizonte e o compromisso do trabalho a ser exercido norteiam as exigências advindas da instituição e do cotidiano, ao mesmo tempo que se reproduzem as relações sociais e a vida diária. O atendimento será ainda mais qualificado ao serem identificadas as contradições e as mediações que a realidade impõe e as próprias relações de poder presentes no espaço socioinstitucional. A intenção do assistente social não deriva exclusivamente de sua atuação individual ou de seu compromisso; sua competência política vai sendo construída. A relação entre supervisor e aluno, a vivência crítica e a criação de projetos são caminhos que necessitam ser abertos no processo. O esforço de transformação faz parte de um amplo movimento de democratização, que depende de participações simultâneas e interdependentes em vários âmbitos e níveis da vida social e da pessoal.

Efetivar a supervisão articulada ao projeto profissional é uma preocupação dos sujeitos envolvidos nesse processo. Para isso é necessário a identificação e compreensão das situações objeto da intervenção e dos sujeitos envolvidos no processo da prática; construção, adequação e utilização de instrumentos pedagógicos; definição de objetivos da intervenção e correlatas estratégias e táticas profissionais; identificação e mobilização de recursos institucionais e da comunidade; definição de funções em equipes interprofissionais; identificação e análise das relações de força em presença no contexto institucional; estabelecimento de alianças políticas; elaboração de documentos técnicos; identificação de demandas institucionais e dos usuários; orientações e socialização de informações; mobilização da participação popular; estudos e levantamentos socioeconômicos; identificação e debate sobre as contradições sociais.

A exigência que hoje está posta é a de construção de um processo de supervisão no contexto do projeto ético-político, ressaltando-se a importância de pensar criticamente os instrumentais técnico-operativos da profissão. Sem esses, a profissão não ganha concretude, não se operacionaliza, pois nenhuma prática social pode se efetivar sem o uso de instrumentos adequados (Martinelli, 1993).

Supervisão individual e grupal

A supervisão individual, contemporaneamente menos praticada, distingue-se da prática efetuada em décadas passadas, quando predominava entre os supervisores de campo. Seu valor e importância são evidenciados especialmente pelos assistentes sociais e alunos, na medida em que percebem que com a supervisão individual o aluno aprende mais rapidamente as orientações. Nesse momento o supervisor dedica atenção individual ao aluno, conversa com ele, fornece-lhe material, enfim, partilha com ele conhecimentos importantes para a atuação do estagiário. Como referiu uma das alunas entrevistadas, é "um tempo sagrado", no qual conta com a disponibilidade do profissional para acompanhá-la, sanar-lhe as dúvidas e discutir os problemas e dificuldades verificados na prática.

Até a década de 1990 a supervisão individual apresentava-se como estratégia imprescindível para o processo de formação, ao passo que a supervisão grupal era considerada um instrumento complementar (Buriolla, 1995). Entretanto, a supervisão individual configura-se como parte desse processo e a ênfase dada à supervisão é direcionada à dimensão coletiva e grupal. Analisar como esse modo de operacionalização vai se alterando requer o entendimento também das alterações significativas do processo de supervisão a partir das Diretrizes Curriculares (1996).

As Diretrizes Curriculares foram elaboradas como uma resposta às novas exigências da formação profissional, que remetem às contradições do processo capitalista atual, o qual demanda, por um lado, uma formação qualificada e crítica e, por outro, que sejam contempladas as novas características técnicas e sociointelectivas exigidas ao trabalhador (Koike, 1999). Nesse sentido, entendo que é preciso mais do que competências intelectuais, cognitivas e técnicas; necessita-se do desenvolvimento de competências no âmbito das capacidades organizativas, comunicativas e sociais, ativando a subjetividade do indivíduo como parte do processo de trabalho.

A emergência da supervisão grupal insere-se na compreensão de que esse modo de operacionalização possui maior caráter politizante, crítico e reflexivo do que a supervisão individual, além de possibilitar o exercício de habilidades para trabalhar com grupos ou equipes interdisciplinares. Outro fator presente nesse processo é a questão do tempo de trabalho, já discutido no capítulo anterior, referente às condições objetivas de trabalho do supervisor, que requerem qualidade em menor espaço temporal. A supervisão grupal, como estratégia pedagógica de ensino-aprendizagem, foi referida pelos sujeitos como espaço de construção de competência técnico-profissional, na medida em que possibilita aos participantes aprenderem nas discussões e refletirem sobre os relatos ouvidos. Assim, soluções propostas para problemas constatados na prática podem vir a servir aos demais quando do seu enfrentamento.

A supervisão grupal representa, portanto, uma capacitação em grupo, trazendo o aprendizado de saber ouvir as críticas ou os elogios, de estar avaliando e se avaliando, tanto em termos de trabalho como do processo acadêmico. Essa postura de abertura possibilita a crítica, que leva ao crescimento individual e do grupo como um todo. Por mais que a supervisão individual aborde várias questões que interessam ao aluno, a supervisão de grupo capacita o aluno a se posicionar mais, a discutir mais, a assumir o seu espaço enquanto equipe no trabalho que desenvolve. Inclusive, parece ser flagrante o quanto alunos orientados nesse processo de reflexão contínuo da prática têm mais habilidades que os demais.

Portanto, reitero que o espaço coletivo no processo de ensino-aprendizagem da supervisão é um indicador de fortalecimento da competência profissional. O ponto de partida dessa análise é o fato de a competência inerente à ação estar em constante construção social. Assim, o aprendizado do trabalho profissional ganha potência pela interlocução grupal, na qual os espaços de problematização são compartilhados. A construção das competências não deve se centrar apenas nas relações grupais, visto que abrange também a relação dos seus membros com o objeto de intervenção e a construção do conhecimento na busca de respostas profissionais. Para isso é exigido do aluno capacidade para problematizar a realidade, tendo como referência categorias pertinentes ao seu objeto de conhecimento e de intervenção; capacidade de elaborar propostas de intervenção compatíveis às demandas dos usuários; capacidade de operar políticas sociais, de forma crítica.

As respostas exigidas estão diretamente relacionadas aos direitos dos usuários, e isso não é algo que afeta somente os alunos, mas os sujeitos e as instituições que estão implicados no processo de formação e trabalho profissional. A ideia de construção da competência também é mencionada pelas assistentes sociais como atribuição do profissional, porque a supervisão grupal é um modo de operacionalização que potencializa o processo, seja realizada na faculdade, seja no campo de estágio. Nesse sentido, elas referem que o fato de o aluno cometer erros, equívocos, leva-as a pensar, no processo de supervisão grupal, na sua competência para orientá-lo, ou seja, é também oportunidade de o supervisor rever sua prática, ter um aprendizado, perceber como poderia fazer melhor as coisas. Por isso, consideram essa modalidade de supervisão um espaço de enriquecimento, que não significa o abandono do aluno, no caso de não haver supervisão individual.

Além disso, os assistentes sociais apontam a necessidade sentida de que o grupo de supervisores se reúna mensalmente com todos os estagiários para trabalhar conjuntamente fundamentos teóricos e dê retorno do trabalho realizado. Ainda, seria ideal que os diferentes supervisores e estagiários se reunissem todos para uma integração em nível institucional, como num hospital, por exemplo, a fim de dar unidade à ação segundo a missão institucional e qualificar os processo de ensino dos alunos.

Nessa ótica destaco a qualidade dos serviços prestados aos usuários e as respostas às expectativas institucionais. O processo grupal é evidenciado e desenvolve-se conforme as necessidades contextuais, formativas e institucionais; por isso, o sentido e a concepção de grupo que baseiam esta análise são de não mais considerá-lo como dicotômico em relação ao indivíduo (indivíduo sozinho *versus* indivíduo no grupo). É, sim, uma condição necessária para serem conhecidas as determinações sociais que agem sobre ele, bem como a ação transformadora da sociedade ocorrida quando há o agrupamento (Lane, 1994).

É nesse processo da dimensão coletiva de trabalho que o assistente social pode tornar-se disponível aos segmentos populares com os quais trabalha, pelos conhecimentos e informações adquiridos na formação profissional continuada. Os assistentes sociais, em sua maioria, ainda que reconheçam a importância do trabalho coletivo, não priorizam a realização de grupos com os usuários (Vasconcelos, 1999), o que se expressa muitas vezes na realização de reuniões catárticas, sobretudo por meio de aplicação de dinâmicas de grupo que abarcam a vida das pessoas sem que elas tenham consciência e controle do que está ocorrendo, caminhando na direção contrária aos interesses dos usuários.

As competências e habilidades apresentadas estão relacionadas à particularidade dos espaços sócio-ocupacionais, tendo como parâmetro a Lei de Regulamentação (Lei n. 8.662, art. 4°) e as Diretrizes Curriculares (1996), que atrelam as competências e habilidades técnico-operativas à capacitação ético-política e teórico-metodológica como requisito fundamental para o exercício da atividade. As atividades apontadas aparecem na esfera das políticas sociais, expressas pelas habilidades de saber planejar, avaliar, implementar e executar; também se evidenciam na esfera de planos, programas e projetos sociais e na de prestação de serviços no âmbito de benefícios e serviços sociais, nas habilidades de elaborar, implementar, organizar, administrar, pesquisar, encaminhar, coordenar, assessorar. Dessa forma, a supervisão grupal demanda no processo de supervisão de estágio competências e habilidades, tais como:

Competências: teórica (estabelecer mediações entre a realidade (totalidade), e as situações singulares concretas presentes em seu campo de estágio) investigativa (realizar levantamentos, estudos e pesquisas, sistematizar e comunicar experiências técnicas), processos de planejamento e avaliação de programas; leitura crítica das relações político-institucionais; manejo de instrumentos.

Habilidades: trabalhar em equipe, comunicar-se e se relacionar com pessoas (colegas, assistentes sociais e demais profissionais que fazem parte da equipe técnica e da hierarquia da instituição), saber ouvir, cooperar, discutir, lidar com conflitos, propor alternativas às limitações institucionais:

As competências e habilidades apresentadas resgatam os princípios das Diretrizes Curriculares ao se referirem ao estabelecimento de mediações entre totalidade e singularidade. São mencionadas também as habilidades técnico-operativas que fazem parte das atividades cotidianas do trabalho profissional, tendo como eixo norteador a investigação, a informação e o esclarecimento, visando à democratização das informações. Assim, para que haja articulação do processo de supervisão na efetivação da competência profissional, é necessário que esse processo não seja dissociado, mas reavaliado continuamente. Ainda, é preciso considerar as competências do supervisor, pois muitas vezes lhe são cobradas competências das quais ele não pode dar conta. Nesse sentido, novamente reafirmo o quanto é fundamental a indissociabilidade entre a supervisão acadêmica e a profissional no estágio, a fim de se assegurar um compromisso coletivo entre supervisor de ensino, de campo e estagiário.

Essa indissociabilidade entre a supervisão acadêmica e a profissional na atividade de estágio é um dos desafios da formação profissional como processo que assegure um compromisso coletivo entre supervisor de ensino, de campo e estagiário. A separação entre as supervisões e a falta de clareza da competência atribuída aos supervisores são apontadas como elementos que interferem no processo de ensino-aprendizagem. Torna-se, pois, fundamental a vinculação orgânica entre a unidade de ensino, o estagiário e o assistente social supervisor como parceiros e aliados para enfrentar a lógica institucional, na busca da articulação entre campos de estágio e universidade.

Ao concluir este capítulo, reforço a concepção de supervisão de estágio evidenciada pelos sujeitos da pesquisa, que é a de *espaço de mediações entre formação e exercício profissional e espaço afirmativo de formação*, alicerçada nas bases teóricas do projeto profissional. Embora as dimensões ético-política, teórico-metodológica e técnico-operativa que materializam a competência profissional se constituam em direção hegemônica para a formação profissional, a produção intelectual e a organização política, ainda são necessárias articulações em relação à dimensão técnico-operativa propriamente dita, tão importante e central em uma profissão interventiva, na implementação de respostas profissionais diante das demandas sociais contemporâneas.

O ponto de chegada: construindo novos caminhos

> *A vida se repete na estação*
> *Tem gente que chega pra ficar*
> *Tem gente que vai pra nunca mais*
> *Tem gente que vem e quer voltar*
> *Tem gente que vai querer ficar*
> *Tem gente que veio só olhar*
> *Tem gente a sorrir e a chorar*
> *E assim chegar e partir*
> *São só dois lados da mesma viagem*
> *O trem que chega*
> *É o mesmo trem da partida*
> *A hora do encontro é também despedida*
> *A plataforma dessa estação*
> *É a vida desse meu lugar*
> *É a vida!*
>
> Milton Nascimento

Olhar para os dois lados dessa viagem, como convida Milton Nascimento, é poder constatar que a supervisão de estágio, em virtude da sua relação de reciprocidade com a formação em Serviço Social, carrega suas contradições e superações, que se expressam diante das exigências e dos desafios contemporâneos à formação e ao exercício profissional. Uma das possibilidades de efetivação da competência está na construção de processos educativos sistematizados e intencionais, integrados ao processo de trabalho dos supervisores. Requer-se, também, a adesão a uma concepção de formação profissional como processo contínuo de desenvolvimento pessoal, profissional e político-social, que não se constrói em alguns anos de curso, ou mesmo pelo acúmulo de cursos, técnicas e conhecimentos, mas pela reflexão contínua e coletiva do trabalho, de sua direção, de seus meios e fins e durante a carreira profissional.

A identidade profissional precisa ser construída no processo de formação para o enfrentamento dos desafios históricos postos na atualidade, na medida em que seu compromisso com o conhecimento se vincula a igual compromisso com a construção da cidadania. Fica, pois, demarcada a necessária indissociabilidade entre as dimensões ético-política, teórico-metodológica e técnico-operativa.

A concepção de supervisão, na ótica dos sujeitos da pesquisa, é de um espaço de mediações entre formação e exercício profissional, definindo um escopo de possibilidades de apreensão da totalidade social em suas dimensões de universalidade, particularidade e singularidade. O desafio é o deciframento das expressões da questão social, o que exige do trabalho profissional a construção de respostas consistentes, coerentes e consequentes. Trata-se de um processo complexo de mediações que supõe a apreensão da realidade concreta da sociedade e a apropriação do projeto político-profissional, o qual está comprometido com a universalização dos valores democráticos e igualitários e com a qualidade dos serviços prestados à população, oferecendo, assim, pressupostos, diretrizes e parâmetros para a direção dos processos de trabalho dos supervisores e dos estagiários.

A supervisão também se constitui como espaço afirmativo de formação, na direção da garantia de construção de um espaço efetivo de não-tutela, mas de autonomia, de acolhimento, de fruição, de referência, de criatividade, de ensino-aprendizagem e de enfrentamento do cotidiano profissional, constituindo-se, desse modo, num aporte crítico para a intervenção na realidade social.

Reforço a importância de uma concepção de supervisão ampliada, que abrange pensamento e ação como unidades e condução do mesmo processo. O processo de supervisão, para aqueles que o desempenham, é caracterizado como sobretrabalho, por se constituir numa tarefa que exige tempo e está além das atividades cotidianas. As condições objetivas de trabalho do supervisor de campo, reforçadas pelo exíguo tempo disponibilizado para essa atividade, distanciam o assistente social da finalidade do seu trabalho, levando a um esvaziamento de seu sentido e tornando-o ilegível para si próprio. Do mesmo modo, na jornada de trabalho do supervisor pedagógico, o tempo disponibilizado para planejamento, leituras e análises da documentação dos estagiários, bem como para as visitas e reuniões com os assistentes sociais de campo, não é computado como hora-aula, ultrapassando o período que excede a carga horária do docente.

Os dados revelam que os modos de operacionalização do processo de supervisão apresentados pelos sujeitos da pesquisa demonstram a clara intenção da realização de um trabalho mais coletivo entre supervisores e instituições, pela realização de atividades conjuntas entre supervisores (acadêmico e de campo) e alunos, no que se refere ao planejamento das atividades afins e à utilização de recursos e estratégias que contemplem o que é referenciado pelas Diretrizes Curriculares (1996), deixando transparecer que o trabalho de consolidação do projeto ético-político desenvolvido pela ABEPSS já obteve resultados, embora ainda se tenha uma longa caminhada a percorrer. Os recursos e as estratégias pedagógicas evidenciados configuram-se como trabalho contíguo, que se dá pelo plano de ensino, pelo projeto de trabalho, reuniões, encontros entre o assistente social de campo e o acadêmico.

Aponto como instrumentos de trabalho essenciais do supervisor o projeto político-pedagógico do curso, o(s) plano(s) de ensino da(s) disciplina(s), a Lei de Regulamentação da Profissão, o Código de Ética, a bibliografia básica para o entendimento da questão social, política social e processo de trabalho. Os supervisores de campo enfatizaram a relevância do plano de trabalho junto aos alunos, incluindo na sua organização: familiarização com a instituição, com os programas e projetos, com a política social; acompanhamento e fornecimento das produções atualizadas acerca das áreas de conhecimento e da instituição em que é realizado o estágio. Aos assistentes sociais é necessário maior clareza quanto às competências do supervisor de campo, apesar de não apresentarem dificuldade na identificação das atividades inerentes ao processo de supervisão.

Os procedimentos didáticos de operacionalização da supervisão de estágio apresentados remetem à necessidade de valorizar, nesse processo, a supervisão individual e a grupal como modos distintos, mas não excludentes, apesar de a última ser mais evidenciada. A supervisão grupal é apontada pelos docentes, discentes e assistentes sociais como um instrumento de expressivo potencial pedagógico, referendando que a construção de conhecimentos implica ação compartilhada. Nesse sentido, enfatizo a necessidade do exercício contínuo de processos como o saber-ouvir, o trabalho em equipe, a exposição de críticas e o posicionamento diante delas, habilidades que são requeridas para o trabalho profissional. Essa metodologia também é utilizada nos campos de estágio pelos supervisores de campo, salientando seu potencial e produtividade, tendo em vista o número significativo de alunos que supervisionam.

Entretanto, a indissociabilidade entre a supervisão acadêmica e a de campo na atividade de estágio, proposta nas Diretrizes Curriculares (1996), ainda permanece como um desafio às instituições às quais os diferentes profissionais estão vinculados na articulação do processo ensino-aprendizagem entre supervisor acadêmico, supervisor de campo e estagiário, que são atinentes. Um dos desafios é a compreensão dos processos de trabalho do supervisor, uma vez que fazem parte de espaços distintos e não se excluem. Tal pensamento está vinculado à ideia corrente de que a universidade é vista como voltada para o ensino e a produção de conhecimentos, ao passo que os campos de estágio são vistos como executores de serviços, o que tem contribuído para a fragmentação do trabalho. Essa busca exige-nos criar condições para que essas contradições possam ser expostas e superadas articuladamente entre os diferentes espaços.

Como diz Tiago de Mello (1978, p. 12), "quem sabe o que está buscando e onde quer chegar, encontra os caminhos certos e o jeito de caminhar". O processo de articulação resulta do momento conjuntural e das demandas sociais dele decorrentes, evoca discussões e enfrentamento das contradições e coerência na busca ao produto do trabalho e seus fundamentos. A direção teórico-técnico-política do processo de supervisão pressupõe concepção, objetivos, estratégias pedagógicas e metodológicas, conhecimento das expressões da questão social e da realidade dos campos de estágio, conhecimento dos saberes profissionais das áreas trabalhadas, incentivo à investigação, articulação constante e programática entre os sujeitos do processo — alunos, professores, supervisores acadêmicos e de campo e a coordenação de estágio. Também se faz necessária nessa caminhada a interlocução com outras áreas e saberes.

Assim, concluo que a supervisão de estágio, referendada pelas Diretrizes Curriculares (1996), na efetivação da competência profissional pressupõe um conjunto de conhecimentos, posturas e habilidades e a conexão entre três eixos articuladores: a vinculação orgânica entre instituições, a inter-relação entre as disciplinas e a interlocução com outras áreas e outros saberes.

- A vinculação orgânica entre instituições é aqui configurada pelo trabalho conjunto entre supervisores e alunos, unidades de ensino, campos de estágios e entidades representativas da profissão — ABEPSS, CFESS/Cress e Enesso — para a qualificação do processo de formação. Para a efetivação de trabalho conjunto é imprescindível que os sujeitos envolvidos tenham uma sólida formação, cuja forma e conteúdo compõem a mesma instância. Apesar dos esforços de aproximação entre profissionais do campo e supervisores pedagógicos, a questão central que se evidencia é ainda a insuficiente apropriação dos debates teóricos que demarcam o projeto ético-político-profissional do Serviço Social brasileiro, do qual não poderiam tergiversar. Nessa perspectiva, é interessante observar que essas e outras questões apontadas constituem significativas limitações para a articulação entre as distintas dimensões que interferem na formação profissional e tornam-se entraves para a execução de propostas compatíveis com o projeto de formação. A adesão a eventos promovidos pela ABEPSS/CFESS/Cress constitui-se em meio de capacitação e de participação política e organizativa que cria espaços de problematização para questões que compõem esse cotidiano, como, por exemplo, a exploração do estagiário como mão de obra barata, a falta de reconhecimento do trabalho do supervisor de campo pela instituição, dentre outros. É recomendada pelos sujeitos da pesquisa, para o exercício da supervisão, a permanente formação, exigência vital não só para o segmento de supervisores, mas para toda a categoria profissional. A ausência de capacitação não só compromete o processo de

trabalho do profissional como o estrangula, uma vez que, não estando capacitado e atualizado, não acompanha as construções coletivas da categoria profissional.
- Quanto à inter-relação entre as disciplinas, constata-se a ausência de base teórica definida *a priori* para a supervisão, pois os fundamentos são os mesmos do projeto profissional. Essas informações vão ao encontro da letra de Milton Nascimento, quando diz "Tem gente que vem e quer voltar". Ao voltar à supervisão, verifica-se que seu caráter processual é determinante para a compreensão de que não há um lugar para aprender o conteúdo sobre o ensino do trabalho profissional, visto que é processual e acumulativo; assim, sua construção é obra de todos os professores, com o suporte do projeto pedagógico de cursos e da imbricada articulação entre os conteúdos teórico-práticos. Isso remete à lógica curricular que sustenta o tripé pelos núcleos de fundamentação da formação profissional na superação da fragmentação do processo de ensino e aprendizagem. Contudo, os achados do estudo revelam justamente a vulnerabilidade desses eixos, e contribui para isso o fato de que a supervisão acadêmica na formação do assistente social institucionaliza-se no currículo do Serviço Social como disciplina constitutiva dos núcleos de fundamentação do trabalho profissional, porém não há convergência entre professores, alunos e assistentes sociais sujeitos da pesquisa sobre ser ou não ser a supervisão uma disciplina. No entanto, é apontado que, como disciplina, a supervisão diferencia-se das demais pela natureza de seu conteúdo, pela centralidade e efetivo acompanhamento do ensino do trabalho profissional, com incidência nos conteúdos da grade curricular, em sua integralidade. Essa perspectiva e singularidade exigem metodologia apropriada e flexibilidade na condução do processo, que se constitui para além da sala de aula, reafirmando o valor atribuído à experiência e ao conhecimento, este último percebido pelos alunos como um patrimônio a serviço do usuário, não apenas um balizador de aprovação curricular.

- O terceiro eixo, a interlocução com outras áreas, potencializa, na supervisão, o convívio com equipes e com outros saberes que demarcam a interdisciplinaridade, traço marcante da formação profissional do assistente social. As demandas com as quais os estagiários se defrontam exigem conhecimentos e habilidades para atendimento cotidiano dos usuários e para participação em equipes. Entretanto, essa participação exige clareza das bases teóricas que fundamentam a profissão, embora se evidenciem ainda fragilidades no exercício da atividade técnico-política. A efetivação da competência no processo de supervisão é pensada política, técnica e teoricamente, contudo ocorre uma fragilização da dimensão técnico-operativa em virtude da vulnerabilidade dos conteúdos teórico-metodológicos que a sustentam. A vulnerabilidade da dimensão teórico-metodológica também fica representada na dimensão técnico-operativa por ocasião da inserção do aluno no campo de estágio, o que exige capacitação dos docentes e dos alunos. A interdisciplinaridade constitui-se num importante indicador de avaliação da formação profissional, trazendo subsídios sobre esse processo. A exigência de um trabalho envolvendo outras áreas de saber compromete o supervisor acadêmico e de campo quanto à clareza da direção social da profissão e à ampliação do foco de seu trabalho junto aos discentes. O aluno, ao responder às expectativas dos campos de estágios, acolhe a possibilidade de conhecer diferentes saberes e outros projetos profissionais. Isso revela que a supervisão, como processo, constrói-se no momento em que é realizada, no encontro entre professor, supervisor, aluno e assistente social, supervisor e aluno vai se consolidando no compromisso coletivo de todos os envolvidos.

O reconhecimento de estratégias no processo de supervisão sintonizadas com os novos tempos, em face dos novos fatores conjunturais e das questões postas pela dinâmica social, é o momento do encontro na última plataforma. Por isso, aventuro-me a tecer algumas sugestões:

- criação de fóruns de debates e de intercâmbio de natureza técnico-científico-pedagógica entre professores, supervisores acadêmicos e de campos;
- fortalecimento dos processos de planejamento, acompanhamento e avaliação conjuntos entre aluno, supervisores acadêmico e de campo;
- planejamento conjunto entre universidade e campos de estágio das competências e atribuições dos supervisores de campo e acadêmico e dos alunos, tendo em vista a elaboração de uma política de estágio;
- criação de estratégias de sistematização das práticas desenvolvidas nos campos de estágio e nos processos contínuos de investigação sobre o processo de supervisão, caracterizada pela sua natureza múltipla e provisória, tendo como referência as produções dos eventos científicos da categoria profissional;
- continuidade do debate sobre o Código de Ética (1993), a Lei de Regulamentação da Profissão (n. 8.662/93) e as Diretrizes Curriculares (1996) junto aos assistentes sociais supervisores de campo, buscando o fortalecimento e o aprimoramento do trabalho profissional;
- capacitação dos profissionais quanto aos conteúdos que englobam e sustentam o tripé dos núcleos de fundamentação da formação profissional;
- comprometimento das universidades com a formação continuada dos profissionais, visando consolidar o projeto ético-político.

E assim, chegando e partindo na plataforma da supervisão, conformo que a supervisão de estágio em Serviço Social é uma construção social circunscrita ao contexto profissional que lhe confere sentido, instituindo-se em processo que pressupõe ver sobre, não no sentido de superioridade, não em termos de hierarquia, mas de modo perspectivado, incorporando a história, as contradições e as superações. Significa participar da totalidade, vendo o presente e projetando o futuro segundo o ângulo abrangente das várias relações que abarcam o ato de ensinar e aprender, cuja tarefa principal é garantir, para além da unidade didática entre ensino e aprendizagem, o alcance teórico-metodológico e técnico-político da ação profissional. Constitui-se em instância que articula e dá visibilidade às inter-relações entre instituições, sujeitos e outras áreas e saberes e entre as dimensões ético-política, teórico-metodológica e técnico-operativa, as quais asseguram a competência profissional.

Assim, como diz a música de Milton Nascimento — "Tem gente que vem e quer voltar. Tem gente que vai querer ficar. Tem gente que veio só olhar" —, prossigo querendo ficar, como docente e pesquisadora, mas empreendendo novas caminhadas na direção da materialização de uma concepção de ensino que contemple as diferentes dimensões do processo de formação do assistente social, marcadas pelo dinamismo sócio-histórico do cotidiano da vida social, no qual se encontra circunscrita a supervisão de estágio. O desafio inicial persiste, e a experiência vivida reconstrói e me anima a buscar uma constante atualização.

Referências bibliográficas

ABBAGNANO, Nicola. *Nomes e temas da filosofia contemporânea*. Lisboa: Dom Quixote, 1998.

ABRAMIDES, Maria Beatriz. *O ensino do trabalho profissional*: o estágio no processo de formação profissional. São Paulo: ABEPSS, 2003. Relatório da Oficina da ABEPSS Sul II GESTÃO 2003-2004. Referente às unidades de ensino de Serviço Social do Estado de São Paulo e Mato Grosso do Sul.

ABRAMIDES, Maria Beatriz; CABRAL, Maria do Socorro Reis. *O novo sindicalismo e o Serviço Social*. São Paulo: Cortez, 1995.

ABREU, Marina Maciel. A questão pedagógica e a hegemonia das classes subalternas — aportes da análise gramsciana. *Serviço Social & Sociedade*, São Paulo: Cortez, n. 51, 1996.

_____. Dimensão pedagógica do SS: bases histórico-conceituais e expressões particulares na sociedade brasileira. *Serviço Social & Sociedade*, São Paulo: Cortez, n. 79, 2004.

AGUIAR, Geraldo de. *Serviço Social e filosofia*: das origens a Araxá. São Paulo: Cortez, 1982, p. 59.

AGUINSKY, Beatriz Gershenson. *Eticidades discursivas do serviço social no campo jurídico*: gestos de leitura do cotidiano no claro-escuro da legalidade da moral. Tese (Doutorado em Serviço Social) — Faculdade de Serviço Social, Pontifícia Universidade Católica do Rio Grande do Sul, Porto Alegre, 2003.

ALBIEIRO, Célia Maria G. Ensinar e aprender: desafios constantes na formação profissional em Serviço Social. In: ENCONTRO NACIONAL DE PESQUISADORES EM SERVIÇO SOCIAL, 7., 2000, Brasília. *Anais*... Brasília: ABEPSS.

ALBORNOZ, Suzana. *O que é trabalho*. São Paulo: Brasiliense, 2002.

ALMEIDA, Gláucia Elaine Silva de; MELO, Ana Inês Cardoso de. Interdisciplinaridade: possibilidades e desafios para o trabalho profissional. Programa de Capacitação Continuada para Assistentes Sociais. *Capacitação em Serviço Social e política social*: o trabalho dos assistentes sociais e as políticas sociais. Brasília: CFESS/ABEPSS/CEAD/NED-UnB, 2000. Módulo 04.

ALMEIDA, Ney Luiz Teixeira de. Políticas Sociais Especiais: Educação. Programa de Capacitação Continuada para Assistentes Sociais. *Capacitação em Serviço Social e política social*. Brasília: CEAD/UnB/ABEPSS/CFESS, 2000a. Módulo 03.

_____. Desafios contemporâneos para a formação profissional em Serviço Social. *O Social em Questão*: revista do Programa de Mestrado em Serviço Social da PUCRIO, Rio de Janeiro, ano IV, v. 5, n. 5, 2000b.

ANDER-EGG, Ezequiel. Evolución de la metodologia del servicio social: hacia una metodología integrada u hacia una metodologia única? *Selecciones de Servicio Social*, Buenos Aires, ago./dec. 1971.

_____. *Dicionário de trabajo social*: Cadernos de trabajo social. 11. co-edición. Buenos Aires: ECRO-ILPH, 1974.

_____. *El trabajo social como acción libertadora*. Buenos Aires: Humanitas/ECRO, 1976.

ANDER-EGG, Ezequiel et al. *Del ajuste a la transformación*: apuentes para una história del trabajo social. Buenos Aires: ECRO, 1975.

ANDRADE, Carlos Drummond. *Poesia e prosa*. Rio de Janeiro: Nova Aguilar, 1983.

ANTUNES, Ricardo. *Adeus ao trabalho?*: ensaios sobre as metamorfoses e a centralidade do mundo do trabalho. São Paulo: Cortez, 1995.

_____. Crise capitalista contemporânea e as transformações no mundo do trabalho. Programa de Capacitação Continuada para Assistentes Sociais. *Capacitação em Serviço Social e política social*. Brasília: CFESS/ABEPSS/CEAD/UnB, 1999. Módulo 01.

_____. *Os sentidos do trabalho*. Ensaio sobre a afirmação e a negação do trabalho. São Paulo: Boitempo, 2000.

_____. O desenho multifacetado do trabalho hoje e sua nova morfologia. *Serviço Social & Sociedade*, São Paulo: Cortez, ano XXIII, n. 69, mar. 2002.

ARAÚJO, Marlene Silveira. Supervisão em psicoterapia de crianças. In: MABILDE, Luis Carlos (Org.). *Supervisão em psiquiatria e em psicoterapia analítica*: teoria e técnica. Porto Alegre: Mercado Aberto, 1991.

ARENDT, Hanna. *A condição humana*. 10. ed. Rio de Janeiro: Forense Universitária, 2003.

ARROYO, Miguel Gonzalez. *Trabalho-educação e teoria pedagógica*. Educação e crise do trabalho: perspectivas de final século. 6. ed. Petrópolis: Vozes, 2002a.

_____. *Ofício de mestre*: imagens e autoimagens. 6. ed. Petrópolis: Vozes, 2002b.

ASSOCIAÇÃO BRASILEIRA DE ENSINO DE SERVIÇO SOCIAL. Centro de Documentação e Pesquisa em Políticas Sociais e Serviço Social. Proposta básica para o projeto de formação profissional. *Serviço Social & Sociedade*, São Paulo: Cortez, n. 50, 1996.

_____. Centro de Documentação e Pesquisa em Políticas Sociais e Serviço Social — ABESS/CEDEPSS. Diretrizes gerais para o Curso de Serviço Social. *Cadernos ABESS* — Formação profissional: trajetos e desafios. São Paulo, Cortez, n. 7, 1997.

_____. *Temporalis*, Brasília: ABEPSS, ano 3, suplemento 2002.

_____. Memórias. In: SEMINÁRIO LATINO-AMERICANO DE SERVIÇO SOCIAL. *Anais...* Porto Alegre: PUCRS, jul. 2003.

_____. Diretrizes Curriculares para o Curso de Serviço Social (ABEPS). In: *Coletânea de Leis e Resoluções*. Assistente social: ética e direitos. 4. ed. Rio de Janeiro: CRESS, 2004a.

_____. *Boletim Informativo*. Porto Alegre, ABEPSS, jul. 2004b.

BAPTISTA, Miriam Veras. A produção do conhecimento social contemporâneo e sua ênfase no serviço social. *Caderno ABESS*, São Paulo: Cortez, n. 5, 1992.

_____. Questões que se colocam para a investigação na prática profissional. São Paulo, 1993. Mimeo.

_____. Ação profissional no cotidiano. In: MARTINELLI, Lúcia; RODRIGUES, Maria Lúcia; MUCHAIL, Salm Tannus. *O uno e o múltiplo nas relações entre as áreas do saber*. 2. ed. São Paulo: Cortez, 1998.

BARDIN, Laurence. *Análise de conteúdo*. Lisboa: Edições 70, 1977.

BARRILI, Heloisa S. de C. Uma atitude fenomenológica na supervisão em Serviço Social. *Revista da PUCRS*, Porto Alegre, t. XXVII, n. 105, mar. 1982.

BARROCO Maria Lúcia Silva. *Ética e Serviço Social*: fundamentos ontológicos. 2. ed. São Paulo: Cortez, 2003.

_____. A inscrição da ética e dos direitos humanos no projeto ético político do Serviço Social. *Serviço Social & Sociedade*, São Paulo: Cortez, n. 79, 2004.

BATISTONI, Rosângela. O estágio no processo de formação profissional. In: ABRAMIDES, Maria Beatriz. *O ensino do trabalho profissional*: o estágio no processo de formação profissional. São Paulo: ABEPSS, 2003. Relatório da Oficina da ABEPSS Sul II GESTÃO 2003-2004. Referente às unidades de ensino de Serviço Social do Estado de São Paulo e Mato Grosso do Sul.

BAUER, Martin W.; GASKELL, George. *Pesquisa qualitativa com texto, imagem e som*: um manual prático. 2. ed. Petrópolis: Vozes, 2002.

BAUMAN, Zygmunt. *Em busca da política*. Rio de Janeiro: Jorge Zahar, 2000.

BECK, Ulrich; GIDDENS, Anthony; LASCH, Scott. *Modernização reflexiva*: política, tradição e estética na ordem social moderna. São Paulo: Ed. Unesp, 1997.

BOMBASSARO, Luis Carlos. *As fronteiras da epistemologia*: como se produz o conhecimento. 2. ed. Petrópolis: Vozes, 1993.

_____. *Ciência e mudança conceitual*: notas sobre a epistemologia e história da ciência. Porto Alegre: EDIPURCS, 1995.

BOOTH, Ivete Ana Schmitz. Ciência, universidade e sociedade: uma relação complexa e delicada. *Ciência, universidade e sociedade*. Caxias do Sul: Educs, 1994.

BOOTH, Waine C.; COLOMB, Gregory G.; WILLIANS, Joseph M. *A arte da pesquisa*. São Paulo: Martins Fontes, 2000.

BRAZ, Marcelo Moraes. O governo Lula e o projeto ético-político do serviço social. *Serviço Social & Sociedade*, São Paulo: Cortez, n. 78, 2004.

BRASIL. Ministério da Educação/Secretaria de ensino a Distância — SEED. *Referenciais de qualidade para cursos de graduação a distância*. Brasília, DF, 2003. Disponível em: <http://portal.mec.gov.br/seed/arquivos/pdf/ReferenciaisdeEAD.pdf>. Acesso em:

BRASIL. Ministério da Educação. Portaria Normativa n. 2, de 10 de janeiro de 2007. Dispõe sobre os procedimentos de regulação e avaliação da educação superior na modalidade a distância. Brasília, DF, 2007. Disponível em: <http://portal.mec.gov.br/sesu/arquivos/pdf/pdi/port%20normativa%20n2%20de%2010%20de%20janeiro%20de%202007.pdf>.

BRASIL Projeto de Lei n. 993, aprovado no Congresso Nacional em setembro de 2007. Disponível em: <http://www.planalto.gov.br/CCIVIL/Projetos/PL/2007/msg279-070424.htm>. Acesso em: 25 set. 2007.

BRASIL. Decreto-lei n. 87.497, de 18 de agosto de 1982. Regulamenta a Lei n. 6.494, de 7 de dezembro de 1977, que dispõe sobre o estágio de estudantes de estabelecimentos de ensino superior e de 2° grau regular e supletivo. Suprimindo a redação do artigo 1°, pela Lei n. 8.859/94. Brasília, 1982. Disponível em: <http://www.eximiarh.com.br/redator/6520.doc>. Acesso em: 25 mar. 2006.

BRASIL. Lei n. 9.394, de 20 de dezembro de 1996. Estabelece as Diretrizes e Bases da Educação Nacional. Sancionada, em 12 de dezembro de 1996, pelo Presidente da República Federativa do Brasil.

BRASIL. Código de Ética Profissional. In: *Coletânea de Leis e Resoluções*. Assistente Social: ética e direitos. 4. ed. Rio de Janeiro: CRESS, 2004a.

BRASIL. Constituição Federal de 1988. Direitos Sociais e Lei n. 8.662, de 7 de junho de 1993. Brasília, DF, jun./dez. 2000. In: *Coletânea de Leis e Resoluções*. Assistente Social: ética e direitos. 4. ed. Rio de Janeiro: CRESS, 2004b.

BRASIL. Lei n. 8.662, de 7 de junho de 1993. Dispõe sobre a profissão do assistente social. In: *Coletânea de Leis e Resoluções*. Assistente Social: ética e direitos. 4. ed. Rio de Janeiro: CRESS, 2004c.

BRASIL. Lei n. 8.742 de 7 de dezembro de 1993. Lei Orgânica da Assistência Social In: *Coletânea de Leis e Resoluções*. Assistente Social: ética e direitos. 4. ed. Rio de Janeiro: CRESS, 2004d.

BRASIL. Ministério da Educação. Conselho Nacional de Educação/Câmara de Educação Básica. Resolução CNE/CEB 1/2004. *Diário Oficial da União*, de 4 de fevereiro de 2004e, Seção 1, p. 21.

BRASIL. Ministério da Educação. Educação Superior. Disponível em: <www.educacaosuperior.inep.gov.br/funcional/lista — cursos>. Acesso em: 26 fev. 2005.

BRASIL. Ministério da Educação. Instituto Nacional de Estudos e Pesquisas Educacionais Anisio Teixeira — MEC/INEP. Disponível em: <www.educacaosuperior.inep.gov br/funcional/lista — cursos.asp>. Acesso em: 25 maio 2002.

BRASIL. Ministério da Educação. Instituto Nacional de Estudos e Pesquisas Educacionais Anisio Teixeira — MEC/Inep. Disponível em: <www.educacaosuperior. inep.gov br/funcional/lista — cursos.asp>. Acesso em: 25 dez. 2002.

BRASIL. Ministério da Educação. Instituto Nacional de Estudos e Pesquisas Educacionais Anisio Teixeira — MEC/Inep. Disponível em: <www.educacaosuperior. inep.gov br/funcional/lista — cursos.asp>. Acesso em: 26 fev. 2005.

BRASIL. Ministério da Educação. Instituto Nacional de Estudos e Pesquisas Educacionais Anisio Teixeira — MEC/Inep. Disponível em: <www.educacaosuperior. inep.gov br/funcional/lista — cursos.asp>. Acesso em: 25 jan. 2006.

BRITO, César Luis de Souza. *A transmissão do conhecimento psicanalítico através da supervisão*. Porto Alegre: PUCRS, 1999. Dissertação (Mestrado) — Faculdade de Psicologia, Pontifícia Universidade Católica do Rio Grande do Sul, 1999.

BROWN, Dan. *O código da Vinci*. Rio de Janeiro: Sextante, 2004.

BRUGINSKI, Zenilda B. Proposta metodológica para supervisão em Serviço Social de Comunidade. *Serviço Social & Sociedade*, São Paulo: Cortez, ano V, n. 15, 1984.

BULLA, Leônia Capaverde (Org.). *As múltiplas formas de exclusão social*. Porto Alegre: EDIPUCRS, 2004.

BURIOLLA, Marta A. Feiten. *Supervisão em serviço social*. O supervisor, sua relação e seus papéis. São Paulo: Cortez, 1994.

_____. *O estágio supervisionado*. São Paulo: Cortez, 1995.

_____. *O estágio supervisionado*. 5. ed. ampl. São Paulo: Cortez, 2008.

CADERNOS ABESS. São Paulo: Cortez, n. 3, 1995.

_____. São Paulo: Cortez, n. 4, 1996.

CARDOSO, Franci Gomes. As novas diretrizes curriculares para a formação profissional do assistente social: principais polêmicas e desafios. *Temporalis*, Brasília: ABEPSS, ano I, n. 2, 2000.

_____; LOPES, Josefa Batista; ABREU, Marina Maciel. Avaliação institucional na universidade brasileira e os cursos de graduação em serviço social. *Cadernos ABEPSS*, Brasília, ano I, n. 2, 2000.

_____; MACIEL Marina. Mobilização social e práticas educativas. Programa de Capacitação Continuada para Assistentes Sociais. *Capacitação em Serviço Social e política social*: o trabalho dos assistentes sociais e as políticas sociais. Brasília: CFESS/ABEPSS/CEAD/NED-UnB, 2000. Módulo 04.

CARDOSO, Myriam Limoeiro. Avaliação da universidade: legitimação e lógica mercantil. *Temporalis*, Brasília: ABEPSS, ano II, suplemento, 2001.

CARVALHO, Alba Maria Pinto. O projeto da formação profissional do assistente social na conjuntura brasileira. *Cadernos ABESS*, São Paulo, n. 1, 1993.

_____; BONETTI, Dilséia Adeodata; IAMAMOTO, Marilda Vilela. Projeto de investigação: a formação profissional do assistente social. *Serviço Social & Sociedade*, São Paulo: Cortez, ano V, n. 14, 1984.

CASSAB, Maria Aparecida Tardin. Indicações para uma agenda de debates sobre o ensino da prática a partir do novo currículo. *Temporalis*, Brasília: ABEPSS, ano I, n. 2, 2000.

CASTELLS, Manuel. *A sociedade em rede*. 6. ed. São Paulo: Paz e Terra, 1999.

CASTILHOS, Lucia. Aspectos éticos na formação de assistentes sociais. Trabalho apresentado na 10ª Convenção da ABESS, 1960. *Supervisão em Serviço Social*, CBCISS, Rio de Janeiro, n. 46, 1972.

CASTRO, Cláudio de Moura. O ensino superior: uma demanda social. *Veja*, São Paulo: Abril, n. 37, 2004.

CATTANI, Antonio David (Org.). *Dicionário crítico sobre trabalho e tecnologia*. 4. ed. Petrópolis: Vozes, 2002.

CENTRO DE ESTUDOS E PESQUISAS sobre as Qualificações. Enseignement superior: um "changement sans réforme". *Formation Emplo*, Paris: Céreq, n. 79, 2002.

CENTRO LATINO-AMERICANO DE SERVIÇO SOCIAL. *Serviço social*: intervenção na realidade. Petrópolis: Vozes, 1980.

CENTRO BRASILEIRO DE COOPERAÇÃO E INTERCÂMBIO DE SERVIÇOS SOCIAIS (Org.). *Documento de Teresópolis*, 10 a 17 de janeiro de 1970. Metodologia do Serviço Social. II Seminário de Teorização. Rio de Janeiro, 2. ed. Aguiar, 1986.

_____. (Org.). *Documento de Araxá*, 19 a 26 de março de 1967. I Seminário de Teorização do Serviço Social. Debates Sociais Rio de Janeiro, n. 4, maio 1967.

_____. (Org.). *Documento de Sumaré*, 20 a 24 de novembro de 1978. III Seminário de Teorização do Serviço Social. Rio de Janeiro, suplemento, n. 8, set. 1980.

CHAUI, Marilena de Souza. Identidade. In: LANE, Silvia Tatiana Maurer; CODO, Wanderley (Orgs.). *Psicologia social*: o homem em movimento. 13. ed. São Paulo: Brasiliense, 1994.

_____. A universidade em ruínas. In: TRINDADE, Hélgio (Org.). *Universidade em ruína*: república dos professores. Petrópolis: Vozes, 1999.

_____. *Cultura e democracia*: o discurso competente e outras falas. 8. ed. São Paulo: Cortez, 2000.

_____. *Introdução à historia da filosofia*: dos pré-socráticos a Aristóteles. 2. ed. São Paulo: Companhia das Letras, 2002.

_____. A universidade pública sob nova perspectiva. In: CONFERÊNCIA DE ABERTURA DA ANPED. *Anais...* Poços de Caldas, 2003.

CIAMPA, Antonio da Costa. *A estória do Severino e a história da Severina*: um ensaio de psicologia social. São Paulo: Brasiliense, 1987.

_____. Identidade. In: LANE, Silvia T. M. (Org.). *Psicologia social*: o homem em movimento. 13. ed. São Paulo: Brasiliense, 1994.

CONSELHO FEDERAL DE SERVIÇO SOCIAL. Serviço Social a caminho do século XXI: O protagonismo ético-político do conjunto CFESS/CRESS. *Serviço Social & Sociedade*, São Paulo: Cortez, n. 50, 1996.

CONSELHO FEDERAL DE ASSISTENTES SOCIAIS. Parecer Jurídico n. 012/98. *Supervisão direta*: conceito, abrangência e alcance, 1998. Disponível em: <http://www.cfess.org.br/>. Acesso em: out. 2006.

CONSELHO FEDERAL DE ASSISTENTES SOCIAIS. Atribuições privativas do(a) assistente social. *Em questão*, Brasília: CFESS, fev. 2002.

CONSELHO REGIONAL DE SERVIÇO SOCIAL — CRESS 7ª Região-RJ. *Assistente social*: ética e direitos. Coletânea de Leis e Resoluções. Rio de Janeiro: Lidador, ago. 2004.

CONSTANTINO, Núncia Sontoro de. *Pesquisa histórica e análise de conteúdo*: uma questão de afinidades. Porto Alegre: PUCRS, [20__]. Mimeo.

CONTRERAS DOMINGO, José. *La autonomia del profesorado*. Madrid: Morata, 1997.

CONTRERAS DOMINGO, José. *Autonomia de professores*. São Paulo: Cortez, 2002.

CORALINA, Cora. *Cantigo da Terra*. Disponível em: <www.kavorka.wordpress.com/2006/06/20/o-cantigo-da-terra>. Acesso em: 30 ago. 2006.

CORAZZA, Sandra Mara. Manual infame, mas útil, para escrever uma boa proposta de tese de dissertação. In: BIANCHETTI, Lucidio; MACHADO, Ana Maria (Orgs.). *A bússola do escrever*: desafios e estratégias na orientação de teses e dissertações. Florianópolis: Ed. UFSC; São Paulo: Cortez, 2002.

CORTIZO, Maria del Carmen; OLIVEIRA, Adriana Lucinda de. A economia solidária como espaço de politização. *Serviço Social & Sociedade*, São Paulo: Cortez, ano XXV, 2004.

COSTA, Marisa Vorraber (Org.). *Caminhos investigativos*: novos olhares na pesquisa em educação. Porto Alegre: Mediação, 1996.

COSTA, Newton Carneiro Afonso da. *Conhecimento científico*. São Paulo: Discursos, 1999.

CUNHA, Antônio Geraldo. *Dicionário etimológico*: nova fronteira da Língua Portuguesa. Rio de Janeiro: Nova Fronteira, 1982.

_____. *Dicionário etimológico*. 2. ed. Rio de Janeiro: Nova Fronteira, 1999.

CUNHA, Luiz Antônio. *A universidade temporã*. Rio de Janeiro: Francisco Alves, 1986.

CURY, Carlos R. Jamil. *Educação e contradição*. 6. ed. São Paulo: Cortez, 1995.

DESALUNIERS, Julieta Beatriz Ramos (Org.). *Formação & trabalho & competência*: questões atuais. Porto Alegre: EDIPUCRS, 1998.

DICIONÁRIO DA LINGUA PORTUGUESA. São Paulo: Ática, 2001.

DI CARLO, Enrique. *Perspectivas en la conducion de grupos*. Montevideo: Guillaumet, 1969.

DINIZ, Tânia Maria de Goddoi. As diretrizes curriculares na Região Sul II — São Paulo, Mato Grosso do Sul: Desafios de uma agenda política para a sua implantação. *Temporalis*, Brasília: ABEPSS, ano 3, 2002.

DOURADO, Eliziane Olina. Estágio supervisionado: "O calcanhar de aquiles" da formação profissional. In: IX CONGRESSO BRASILEIRO DE ASSISTENTES SOCIAIS, 9., 1998, Goiânia. Trabalho e Projeto Ético Político Profissional. *Anais...* Goiânia, 1998.

DUARTE, Newton. Educação escolar, teoria do cotidiano e a Escola de Vygotski. Campinas: Autores Associados, 1996.

_____. *A individualidade para si*. Contribuição a uma teoria histórico-social da formação do indivíduo. 2. ed. Campinas: Autores Associados, 1999.

_____. A anatomia do homem é a chave da anatomia do macaco: a dialética em Vygotski e em Marx e a questão do saber objetivo na educação escolar. *Educação & Sociedade*, São Paulo, ano XXI, n. 71, 2000a.

_____. *Vigostski e o "aprender a aprender"*: crítica às apropriações neoliberais e pós-modernas da teoria vigotskiana. Campinas: Autores Associados, 2000b.

_____. Formação do indivíduo, consciência e alienação: o ser humano na psicologia de A. N. Leontiev. *Cadernos CEDES*, Campinas, v. 24, n. 62, abr. 2004.

DUARTE, Rosália. Pesquisa qualitativa: reflexões sobre o trabalho de campo. *Cadernos de Pesquisa*, Rio de Janeiro: Pontifícia Universidade Católica do Rio de Janeiro, n. 115, mar. 2002.

ENGUITA, Mariano Fernández. O discurso da qualidade e a qualidade do discurso. In: GENTILI, Pablo; SILVA, Tomaz T. (Orgs.). *Neoliberalismo, qualidade total e educação*. 2. ed. Petrópolis: Vozes, 1995.

FALEIROS, Vicente de Paula. *Metodologia e ideologia do trabalho social*. 3. ed. São Paulo: Cortez, 1982.

_____. Aonde nos levam as diretrizes curriculares? *Temporalis*, Brasília: ABEPSS, ano I, n. 2, 2000.

_____. Reconceituação do Serviço Social no Brasil — Uma questão em movimento? *Serviço Social & Sociedade*, São Paulo: Cortez, n. 84, ano XXVI, 2005.

FERREIRA, Ivanete Boschetti. Implicações da Reforma do Ensino Superior para a formação do assistente social: desafios para a ABEPSS. *Temporalis*, Brasília: ABEPSS, ano I, n. 1, 2000.

_____. O desenho das Diretrizes Curriculares e dificuldades na sua implementação. O ensino do trabalho profissional: desafios para a afirmação das Diretrizes Curriculares e do projeto ético-político. *Temporalis*, Porto Alegre: ABEPSS, ano IV, n. 8, 2004.

FERREIRA, Naura Syria Carapeto (Org.). *Supervisão educacional para uma escola de qualidade*: da formação à ação. 2. ed. São Paulo: Cortez, 2000.

FOULQUÉ, Paul. *Dictionaire de la langue pedagogique*. Paris: Universitaires de France, 1971.

FRANTZ, Walter; SILVA, Enio Waldir da. *As funções da universidade*: o papel da extensão e a questão das comunitárias. Ijuí: Ed. Unijuí, 2002.

FREIRE, Paulo. *Pedagogia do oprimido*. 5. ed. Rio de Janeiro: Paz e Terra, 1978.

FREIRE, Paulo. *Pedagogia da autonomia*: saberes necessários à prática educativa. 31. ed. São Paulo: Paz e Terra, 2003. (Coleção Leitura.)

FREUD, Sigmund. Análise de uma fobia em um menino de 5 anos. In: *Edição Standard Brasileira das Obras Completas da Sigmund Freud*. Rio de Janeiro: Imago, 1970. v. 10.

FRIGOTTO, Gaudêncio. *Educação e a crise do capitalismo real*. 4. ed. São Paulo: Cortez, 1995.

_____. Educação, crise do trabalho assalariado e do desenvolvimento: teorias em conflito. In: FRIGOTO, Gaudêncio (Org.). *Educação e crise do trabalho*: perspectivas de final de século. 6. ed. Petrópolis: Vozes, 1998.

_____. *A produtividade da escola improdutiva*: um (re)exame das relações entre educação e estrutura econômico-social capitalista. 5. ed. São Paulo: Cortez, 1999.

FUNDAÇÃO INSTITUTO BRASILEIRO DE GEOGRAFIA E ESTATÍSTICA — IBGE. *Síntese de indicadores sociais*. Rio de Janeiro: IBGE, 2000.

GADAMER, Hans George. *Verdade e método*: traços fundamentais de uma hermenêutica filosófica. 4. ed. Petrópolis: Vozes, 2002.

GADOTTI, Moacir. *Pensamento pedagógico brasileiro*: a dialética entre o afetivo e o cognitivo. 2. ed. São Paulo: Ática 1988.

_____. *Pedagogia da práxis*. 2. ed. São Paulo: Cortez, 1998a.

_____. *História das ideias pedagógicas*. 6. ed. São Paulo: Ática, 1998b.

GENTILI, Pablo A.; SILVA, Tomaz Tadeu. *Neoliberalismo*: qualidade total e educação. Petrópolis: Vozes, 1994.

GENTILLI, Raquel. Desafios da prática ao novo currículo de serviço social. *Temporalis*, Brasília: ABEPSS, ano I, n. 2, 2000.

GIRARDI, Neuza Maria. *Autonomia da gestão escolar e as funções educacionais do Estado*. Dissertação (Mestrado em Educação) — Programa de História e Filosofia da Educação — Pontifícia Universidade Católica de São Paulo. São Paulo, 1994.

GIROUX, Henry A. *Os professores como intelectuais*: rumo a uma psicologia da aprendizagem. Porto Alegre: Artes Médicas, 1977.

GÓMEZ, Angel Pérez. O pensamento prático do professor: a formação do professor como profissional reflexivo. In: NÓVOA, Antonio. *Os professores e sua formação*. Lisboa: Dom Quixote, 1992.

GRAMSCI, Antônio. *Cadernos do cárcere*: os intelectuais. Tradução de Carlos Nelson Coutinho. 3. ed. Rio de Janeiro: Civilização Brasileira, 1995.

GRAVE, Fátima. Trabalho, desemprego e Serviço Social. *Serviço Social & Sociedade*, São Paulo: Cortez, ano XXIII, n. 69, 2002.

GRINBERG, León. *Supervisão psicanalítica*: teoria e prática. Rio de Janeiro: Imago, 1975.

GUARESCHI, P. *A técnica dos grupos focais como pesquisa qualitativa*. Porto Alegre: EDIPUCRS, 1996.

GUERRA, Yolanda. *A instrumentalidade do Serviço Social*. São Paulo: Cortez, 1995.

_____. A categoria instrumentalidade do Serviço Social no equipamento de "pseudos-problemas" da/na profissão. São Paulo, 1998. Mimeo.

_____. Ensino da prática profissional no serviço social: subsídios para uma reflexão. Diretrizes Curriculares: polêmicas e perspectivas. *Temporalis*, Brasília: ABEPSS, ano I, n. 2, 2000.

_____. O ensino da prática no novo currículo: elementos para o debate. Palestra proferida na Oficina Regional — Região Sul I, da ABEPSS, maio de 2002. Mimeo.

GUILLON, Roland. Formation continue et mutations de l'emploi. *Formation Emplo*, Paris, n. 77, jan./mar. 2002, p. 8-14.

GUIMARÃES, Gleny Terezinha Duro (Org.). *Aspectos da teoria do cotidiano*: Agnes Heller em perspectiva. Porto Alegre: EDIPUCRS, 2002.

HARDT, Michael; NEGRI, Antonio. *Império*. Rio de Janeiro: Record, 2003.

HARNECKER, Marta. *Manual de economia política*: Lapidus e Ostrovitianov. São Paulo: Parma, 1978.

_____. *Tornar possível o impossível*: a esquerda no limiar do século XXI. São Paulo: Paz e Terra, 2000.

HARVEY, David. *A condição pós-moderna*: uma pesquisa sobre as origens da mudança cultural. Tradução de Adail Ubirajara Sobral e Maria Stela Gonçalves. São Paulo: Loyola, 1993.

HEGEL Georg Wilhem Friedrich. *Página Vida e Filosofia*. Disponível em: <www.cobra.pages.nom.br/fcp-hegel.htm>. Acesso em: 1 jul. 2005.

HOBSBAWN, Eric. *Era dos extremos*: o breve século XX — 1914-1991. São Paulo: Companhia das Letras, 1995.

HOUAISS, Antonio. *Dicionário Houaiss da Língua Portuguesa*. São Paulo: Objetiva, 2004.

HYPPOLITE, Jean. *Introducción a la filosofía de la história de Hegel*. Tradução de Alberto Drazul. Buenos Aires: Caldén, 1970.

IAMAMOTO, Marilda Vilela. Reflexões sobre o eixo fundamentos teóricos-metodológicos e históricos do Serviço Social no processo de implantação do currículo pleno. Documento elaborado para subsidiar as discussões nos seminários de estudo de Fundamentos em Serviço Social para implantação do Currículo na Escola de Serviço Social da Universidade Federal do Rio de Janeiro. Rio de Janeiro: UFRJ, 1994a. Mimeo.

IAMAMOTO, Marilda Vilela. *Renovação e conservadorismo no Serviço Social*: ensaios críticos. São Paulo: Cortez, 1994b.

_____. O serviço social na contemporaneidade: os fundamentos teórico-metodológicos e técnico-operativos do trabalho profissional. *Cadernos Técnicos*: Metodologias e técnicas do Serviço Social, Brasília: Sesi-DN, n. 23, 1996.

_____. *O Serviço Social na contemporaneidade*: dimensões históricas, teóricas e ético-políticas. CRESS-CE — Gestão 1996-1999. Fortaleza: Expressão, 1997.

_____. *O serviço social na contemporaneidade*: trabalho e formação profissional. 2. ed. São Paulo: Cortez, 1998.

_____. O trabalho do assistente social frente às mudanças do padrão de acumulação e de regulação. Capacitação do padrão de acumulação e de regulação social. Programa de Capacitação Continuada para Assistentes Sociais. *Capacitação em Serviço Social e política social*. Brasília: CEAD, 1999. Módulo 02.

_____. Reforma do ensino superior e Serviço Social. *Temporalis*, Brasília: ABEPSS, ano I, n. 1, 2000.

IAMAMOTO, Marilda Vilela. Atribuições privativas do (a) assistente social. *Em Questão*, Brasília: CFESS 2002.

_____. *Serviço Social em tempo de capital fetiche fetiche*: capital financeiro, trabalho e questão social. São Paulo: Cortez, 2007.

_____; CARVALHO, Raul de. *Relações sociais e Serviço Social no Brasil*: esboço de uma interpretação histórico-metodológica. São Paulo: Cortez, 1982.

IBÂÑEZ, Jesús. *Como se realiza una investigación mediante grupos de sicusion*. El análisis de la realidad social, métodos y técnicas de investigación. Madrid: Alianza, 1986.

_____. *Más allá de la sociología*: el grupo de discusion: técnicas y critica. 3. ed. Madrid: Siglo XXI, 1992.

JACOMETTI, Rita de Cássia. Faculdade de Serviço Social: significação da sua criação para Juiz de Fora. *Libertas*, Juiz de Fora, n. 1, 2001.

JACQUES, Maria da Graça. Identidade e trabalho. In: CATTANI, Antonio David (Org.). *Dicionário crítico sobre trabalho e tecnologia*. Petrópolis: Vozes; Porto Alegre: Editora da UFRGS, 2002.

JOAZEIRO, Edna Maria Goulart. *Estágio supervisionado, experiência e conhecimento*. Santo André: ESETEC, 2002.

KAMEYAMA, Nobuco. Concepção de teoria e metodologia. *Cadernos ABESS*, São Paulo: Cortez, n. 3, 1989.

_____. A trajetória da produção de conhecimentos em Serviço Social: avanços e tendências. *Cadernos ABESS*, São Paulo: Cortez, n. 8, 1998.

KISNERMANN, Natálio. *Temas de Serviço Social*. São Paulo: Cortez e Moraes, 1976.

_____. *Serviço Social de grupo*: uma resposta ao nosso tempo. 2. ed. Petrópolis: Vozes, 1978.

_____. *Sete estudos sobre Serviço Social*. Petrópolis: Vozes, 1979.

KOIKE, Maria Marieta. As novas exigências teóricas, metodológicas e operacionais da formação profissional na contemporaneidade. *Capacitação em Serviço Social e política social*. Brasília: CEAD-UnB/ABEPSS/CFESS, 1999. Módulo 02.

KOIKE, Maria Marieta et al. Caracterização da área de Serviço Social, formação profissional: trajetórias e desafios. *Cadernos ABESS*, São Paulo: Cortez, n. 7, 1997.

KONDER, Leandro. *O que é dialética*. São Paulo: Brasiliense, 2003.

KONNO, Cristiane Carla. O estágio supervisionado na formação do assistente social. In: ENCONTRO NACIONAL DE PESQUISADORES EM SERVIÇO SOCIAL (ENPESS), 9., 2004, Porto Alegre. Anais... Porto Alegre: PUCRS, 2004. 1 CD-ROM.

KOSIK, Karel. *Dialética do concreto*. 7. ed. Rio de Janeiro: Paz e Terra, 2002.

KRIPPENDORFF, Klaus. *Metodología de análisis de contenido*: teoría y práctica. Barcelona-Buenos Aires-México: Paidós Comunicación, 1990.

KRUSE, Herman. *Un servicio social comprometido con el desarrollo*. Buenos Aires: Ecro, 1968.

_____. *Filosofia del siglo XX y servicio social*. Buenos Aires: Libreria ECRO, 1970.

KUNZER, Acácia Zeneida. *Ensino de 2º grau*: o trabalho como princípio educativo. São Paulo: Cortez, 1998.

_____. Desafios teórico-metodológicos da relação trabalho-educação e o papel social da escola. In: FRIGOTTO, Gaudêncio (Org.). *Educação e crise do trabalho*: perspectiva de final de século. 6. ed. Petrópolis: Vozes, 2002.

LAFIN, Silvio Filipozzi. *Supervisão em grupo e Serviço Social em grupo*: um novo enfoque. Trabalho apresentado ao concurso de Livre-docência. Faculdade de Serviço Social, Pontifícia Universidade Católica do Rio Grande do Sul. Porto Alegre, 1976.

LAKATOS, Eva Maria; MARCONI, Marina de Andrade. *Metodologia científica*. São Paulo: Atlas, 1983.

_____. *Fundamentos da metodologia científica*. São Paulo: Atlas, 1985.

_____. *Técnicas de pesquisa*: planejamento e execução de pesquisas; amostragens e técnicas de pesquisa; análise e interpretação de dados. 3. ed. São Paulo: Atlas, 1996.

LANE, Silvia Maurer; CODO, Wanderley (Org.). *Psicologia social*: o homem em movimento. 13. ed. São Paulo: Brasiliense, 1994.

LAROUSSE CULTURAL. São Paulo: Plural, 1998.

LARROSA, Jorge. Literatura, experiência e formação. Uma entrevista de Jorge Larrosa, para Alfredo Veiga Neto, em julho de 1995. In: COSTA, Marisa Vorraber. *Caminhos investigativos*: novos olhares na pesquisa em educação. Porto Alegre: Mediação, 1996.

_____. *Nietzsche & a educação*. Belo Horizonte: Autêntica, 2002.

LEFÉBVRE, H. *A vida cotidiana no mundo moderno*. Tradução de Alcides João de Barros. São Paulo: Ática, 1991.

LEONTIEV, Alexis. *O desenvolvimento do psiquismo*. Lisboa: Horizonte, 1978.

LEWGOY, Alzira Maria Baptista. A supervisão de estágio em serviço social: os caminhos dos discursos na formação profissional In: ENCONTRO NACIONAL DE PESQUISADORES EM SERVIÇO SOCIAL (ENPESS), 9., 2004, Porto Alegre. *Anais*... Porto Alegre: PUCRS, 2004.

_____. *Diário de campo*. Porto Alegre: PUCRS, 2005.

_____; SCAVONI, Maria Lúcia. Supervisão em Serviço Social: a formação do olhar ampliado. In: MENDES, Jussara Maria da Rosa et al. (Org.). *Textos & contextos*: perspectivas da produção do conhecimento em Serviço Social. Porto Alegre: EDIPUCRS, 2002.

_____; FORESTI, Andréa Jaeger; MARQUES, Myriam Fonte. Experiência e conhecimento: o trabalho da tríade no estágio supervisionado em Serviço Social. In: SEMINÁRIO LATINO-AMERICANO DE SERVIÇO SOCIAL. *Anais*... Porto Alegre: PUCRS, 2003.

_____; ARRUDA, Marina Patrício. Novas tecnologias na prática profissional do professor universitário: a experimentação do diário digital. In: MENDES, Jussara Maria da Rosa et al. (Org.). *Textos & contextos*: perspectivas da produção do conhecimento em Serviço Social. Porto Alegre: EDIPUCRS, 2004.

_____; SILVEIRA, Esalba. Relatório avaliativo do processo didático pedagógico da disciplina de Estágio Curricular II. Porto Alegre: PUCRS, 2004.

LEWGOY, Alzira Maria Baptista et al. Supervisão de estágios e formação profissional: Montagem de um novo script, cenário e atores. In: CONGRESSO BRASILEIRO DE ASSISTENTES SOCIAIS (CBASS), 9., 2004, Fortaleza. *Anais*... Fortaleza, 2004.

LIBÂNEO, José Carlos. *Democratização da escola pública*: a pedagogia crítico-social dos conteúdos. 5. ed. São Paulo: Loyola, 1987.

LIBÂNEO, José Carlos. *Didática*. São Paulo: Cortez, 1994.

LIMA, Boris Alexis. *Contribuição à metodologia do Serviço Social*. Tradução de Idel Yonne Grossi. 3. ed. Belo Horizonte: Interlivros, 1978.

LOJKINE, Jean. *Revolução informacional*. São Paulo: Cortez, 1995.

LOPE, Andreu; ARTILES, Martin A. Las relaciones entre formacion y empelo: que formacion, para que empleo? In: RAMOS, Julieta Beatriz Ramos (Org.). *Formação & trabalho & competência*: questões atuais. Porto Alegre: EDIPUCRS, 1998.

LOPES, Antonia Osima. Aula expositiva: superando o tradicional. In: VEIGA, Ilma Passos Alencastro (Org.). *Técnicas de ensino*: Por que não? São Paulo: Papirus, 1999.

LÖWY, Michael. *Ideologias e ciência social*: elementos para uma análise marxista. São Paulo: Cortez, 1985.

LUKÁCS, György. *Introdução a uma estética marxista*: sobre a categoria da particularidade. Tradução de Carlos Nelson Coutinho e Leandro Konder. Rio de Janeiro: Civilização Brasileira, 1978.

_____. *Ontologia do ser social*: a falsa e a verdadeira ontologia de Hegel. Tradução de Nelson Coutinho. São Paulo: Ciências Humanas, 1979.

MABILDE, Luis Carlos (Org.). *Supervisão em psiquiatria e em psicoterapia analítica*: teoria e técnica. Porto Alegre: Mercado Aberto, 1991.

MACHADO, Sergio Pinto. Objetivos e aspectos motivacionais. In: MABILDE, Luiz Carlos (Org.). *Supervisão em psiquiatria e em psicoterapia analítica*: teoria e técnica. Porto Alegre: Mercado Aberto, 1991.

MADEIREIRA, Amália. Diagnóstico dos campos de estágio de serviço social no estado do Paraná: a prática acadêmica, o processo de supervisão e o papel do Conselho Regional na fiscalização do exercício profissional. In: ENCONTRO NACIONAL DE PESQUISADORES EM SERVIÇO SOCIAL (ENPESS), 5., 1996, Rio de Janeiro. *Anais...* Rio de Janeiro, 1996.

MAGALHAES, Leila Vello. *A metodologia do Serviço Social na América Latina*. São Paulo: Cortez, 1982.

MAINGUENEAU, Dominique. *Novas tendências em análise de discurso*. Campinas: Pontes Campinas, 1984.

MANACORDA, Mário Alighiero. *O princípio educativo em Gramsci*. Porto Alegre: Artes Médicas, 1990.

_____. *Marx e a pedagogia moderna*. 3. ed. São Paulo: Cortez, 2000.

MARAZITA, Maria Beatriz. *A supervisão de estágio em Serviço Social*: relação teoria-prática. Dissertação (Mestrado em Metodologia do Serviço Social). Faculdade de Serviço Social, Pontifícia Universidade Católica do Rio Grande do Sul. Porto Alegre, 1999.

MARKERT, Werner. Trabalho e comunicação: reflexões sobre um conceito dialético de competência. *Educação & Sociedade*, São Paulo, ano XXIII, n. 79, ago. 2002.

MARQUES, Maria Inês Barbosa. *A quem serve o Serviço Social?*: o "significado social" da profissão de acordo com Marilda Iamamoto. Londrina: Universidade Estadual de Londrina, 1996. Mimeo.

MARTINATO, Fátima Jeanette. Conhecimento: acesso e acessibilidade. *Chronos*, Caxias do Sul: Educs, v. 27, n. 1 e 2, 1994.

MARTINELLI, Maria Lúcia. Notas sobre mediações: alguns elementos para sistematização da reflexão sobre o tema. *Serviço Social & Sociedade*, São Paulo: Cortez, ano IX, n. 43, dez. 1993.

_____. O ensino teórico-prático do Serviço Social: demandas e alternativas. *Serviço Social & Sociedade*, São Paulo: Cortez, n. 44, 1994a.

_____. *O uso de abordagens qualitativas em Serviço Social*: um instigante desafio. Programa de Estudos de Pós-Graduados em Serviço Social. 2. ed. [s.l.]: Renovada, maio 1994b.

_____. *Serviço Social*: identidade e alienação. 8. ed. São Paulo: Cortez, 2003.

MARTINS, José de Souza. *Capitalismo e tradicionalismo*: estudo sobre as contradições da sociedade agrária no Brasil. São Paulo: Pioneira, 1975.

MARX, Karl. *Manuscritos econômico-filosóficos e outros textos escolhidos*. São Paulo: Abril Cultural, 1978.

_____. *O capital*: crítica da economia política. São Paulo: Abril Cultural, 1983.

MARX, Karl. *O capital*: crítica da economia política. Livro I. O processo de produção do capital. 16. ed. Tradução de Reginaldo Sant'Anna. Rio de Janeiro: Civilização Brasileira, 1998, v. 1.

MARX, Karl; ENGELS, Friedrich. *A ideologia alemã* (Feuerbach). 9. ed. São Paulo: Hucitec, 1993.

MATUÍ, Jiron. *Cidadão e professor em Florestan Fernandes.* São Paulo: Cortez, 2001.

MEDEIROS, Marilú Fontoura. Disciplina Práticas de Pesquisa, Faculdade de Educação: Apontamentos de sala de aula. Porto Alegre: PUCRS, 2003.

MEDINA, Antônia da Silva. *Supervisão escolar da ação exercida à ação repensada.* Porto Alegre: EDIPUCRS, 1995.

MELLO, Guiomar Namo de. *Magistério de 1º grau*: da competência técnica ao compromisso político. São Paulo: Cortez, 1988. (Educação contemporânea.)

MELLO, Tiago. *Poesia comprometida com a minha e a tua vida.* 2. ed. Rio de Janeiro: Civilização Brasileira, 1978.

_____. *O verso e o anverso de uma história*: o acidente e a morte no trabalho. Porto Alegre: EDIPUCRS, 2003.

_____. Oficina Nacional da Associação Brasileira de Ensino e Pesquisa em Serviço Social. Florianópolis, abril de 2004. *Temporalis*, Porto Alegre, n. 8, 2004.

_____; MIOTO, Regina; NOGUEIRA, Vera. A importância ético-política do fortalecimento das associações organizativas da categoria profissional em cenários contemporâneos. In: RUIZ, Ana. *Búsquedas del trabajo social latinoamericano*: urgencias, propuestas y posibilidades. Buenos Aires: Espacio, 2005.

MENDES, René. Requisitos para a competência no exercício das profissões que cuidam da saúde dos trabalhadores. In: FERREIRA FILHO, Mário (Ed.). *Saúde no trabalho*. São Paulo: Roca, 2000.

MESZÁROS, István. *Produção destrutiva e Estado capitalista.* São Paulo: Ensaio, 1989.

MINAYO, Cecília. *Fase de análise ou tratamento do material.* O desafio do conhecimento: pesquisa qualitativa em saúde. São Paulo: Hucitec/Abrasco, 1993.

MINAYO, Maria Cecília de Souza. *O desafio do conhecimento*: pesquisa qualitativa em saúde. 5. ed. São Paulo: Hucitec/Abrasco, 1998.

MORA, José Ferrater. *Dicionário de filosofia.* São Paulo: Martins Fontes, 1996.

MORAES, Roque. Uma experiência de pesquisa coletiva: introdução à análise de conteúdo. In: GRILLO, Marlene Correro; MEDEIROS, Marilú Fontoura de (Org.). *A construção metodológica*. Porto Alegre: EDIPCURS, 1998.

MOROSINI, Marilia Costa. Docência. Ciência universitária e os desafios da realidade nacional. In: BRASIL. Ministério da Educação. *Professor do ensino superior*: identidade, docência e formação. Brasília: MEC/Inep, 2001.

MOTA, Ana Elizabete (Org.). *A nova fábrica de consensos*. São Paulo: Cortez, 2000.

NASCIMENTO, Milton. *Encontro das despedidas*. Disponível em: <http://miltonnascimento.letras.terra.com.br?letras/47425/>. Acesso em: 10 jan. 2007.

_____; BRANT, Fernando. *Travessia*. Disponível em: <http://milton-nascimento.letras.terra.com.br?letras/47425/>. Acesso em: 20 set. 2006.

NETTO, José Paulo. Notas para a discussão da sistematização da prática e teoria em Serviço Social. *Cadernos ABESS* — A metodologia no Serviço Social, São Paulo: Cortez, n. 3, 1989.

_____. *Ditadura e serviço social*: uma análise do Serviço Social no Brasil pós-64. São Paulo: Cortez, 1994.

_____. A construção do projeto ético-político do Serviço Social frente à crise contemporânea. *Cadernos CEFESS, ABEPSS, CEAD, UnB*, São Paulo: Cortez, 1, 1999.

_____. A reconceituação: ainda viva, 40 anos depois. In: ALAYÓN, Norberto (Org.). *Trabajo social latinoamericano*: a 40 anos de la reconceptualización. Buenos Aires: Espaço, 2005.

_____; FALEIROS, Vicente de Paula. Teoria, método e história na formação profissional. *Cadernos ABESS* — O processo da formação profissional do assistente social, São Paulo: Cortez, n. 1, 1993.

NIETZSCHE, Friedrich. *Ecce Homo*. Madrid: Alianza, 1971.

NISBET, Robert. *La formacion del pensiamento sociológico*. Buenos Aires: Amorrortu, 1969.

_____. Conservadorismo e sociologia. In: MARTINS, José de Souza. *Introdução crítica à sociologia rural*. São Paulo: Hucitec, 1980.

_____. *O conservadorismo*. Lisboa: Estampa, 1987.

NOGUEIRA, Vera Maria Ribeiro. Assistência técnica e supervisão de programas em Serviço Social. *Serviço Social & Sociedade*, São Paulo: Cortez, ano IX, n. 27, out. 1988.

_____. *A formação do assistente social*: convergências, controvérsia e desafios. Florianópolis: Universidade de Santa Catarina-Departamento de Serviço Social 2001. Mimeo.

_____. O estágio curricular como espaço de aprendizagem profissional. Conferência e deliberações do XXXII Encontro Nacional CFESS/CRESS — 10 anos do Código de Ética em vigor e da Lei de Regulamentação da Profissão. *Anais...* Salvador: Conselho Federal de Serviço Social CFESS, 2003.

OLIVA, M. H. B. A formação profissional — questões metodológicas e experiências de estágio. *Serviço Social & Sociedade*, São Paulo: Cortez, ano X, n. 31, 1989.

OLIVEIRA, Afonso Celso. *Genealogia*. Disponível em: <www.mauxhomepage.com/historia>. Acesso em: 30 out. 2006.

OLIVEIRA, Cêurio de. *Dicionário cartográfico*. 4. ed. Rio de Janeiro: IBGE, 1993.

OLIVEIRA, Cirlene Aparecida Hilário da Silva. O estágio supervisionado na formação profissional do assistente social: desvendando significados. *Serviço Social & Sociedade*, São Paulo: Cortez, ano XXV, n. 80, nov. 2004.

OLIVEIRA, João Batista Araújo; CASTRO, Cláudio de Moura (Org.). *Ensino fundamental & competitividade empresarial*: uma proposta para ação do governo. São Paulo: Instituto Herbert Levy, 1993.

ORLANDI, Puttinelli Eni. *Análise de discurso*: princípios e procedimentos. 5. ed. Campinas: Pontes, 2003.

OSÓRIO, Cláudio Maria da Silva. Supervisão em clínica psiquiátrica. In: MABILDE, Luis Carlos (Org.). *Supervisão em psiquiatria e em psicoterapia analítica*: teoria e técnica. Porto Alegre: Mercado Aberto, 1991.

PASSINI, Elza Yasuko; ALMEIDA, Rosangela Doin de. *O espaço geográfico*: ensino e representação. São Paulo: Contexto, 1994.

PAVIANI, Jayme. O método e os modos básicos de conhecer. *Chronos*, Caxias do Sul: Universidade de Caxias do Sul, v. 26, n. 1 e 2, 1993.

_____. Disciplinaridade e interdisciplinaridade. *Revista de Estudos Criminais*, Porto Alegre: PUCRS, ano 3, n. 12, 2003.

PAVIANI, Neires. Universidade: agência de conhecimento ou agência de emprego? *Chronos*, Caxias do Sul: Universidade de Caxias do Sul, v. 27, n. 1 e 2, 1994.

PERONI, Vera Maria Vidal. *Política educacional e papel do Estado*: no Brasil dos anos 1990. São Paulo: Xamã, 2003.

PERRENOUD, Philippe. *Novas competências para ensinar*: convite à viagem. Tradução de Patrícia Chittoni Ramos. Porto Alegre: Artmed, 2000.

PETERS, Francis Edwards. *Termos filosóficos gregos*: um léxico histórico. Tradução de Beatriz Barbosa. Lisboa: Fundação Calouste Gulbekian, 1974.

PIMENTA, Selma Garrido. Prefácio. In: RIOS, Terezinha Azerêdo. *Compreender e ensinar*: por uma docência da melhor qualidade. 5. ed. São Paulo: Cortez, 2005.

_____; ANASTASIOU, Lea das G. Camargos. *Docência no ensino superior*. São Paulo: Cortez, 2002. v. 1.

PINTO, Rosa Maria Ferreiro. *Política educacional e serviço social*. São Paulo: Cortez, 1986.

PINTO, Rosa Maria Ferreiro. *Estágio e supervisão*: um desafio teórico-prático do Serviço Social. São Paulo: PUCSP, 1997.

POLANYI, Karl. *A grande transformação*: as origens de nossa época. São Paulo: Campus, 2000.

POLITZER, Georges. *Princípios fundamentais de filosofia*. Tradução de João Cunha Andrade. 2. ed. São Paulo: Fulgor, 1963.

PONTES, Reinaldo Nobre. A propósito da categoria de mediação. *Serviço Social & Sociedade*, São Paulo: Cortez, ano X, n. 31, 1989.

_____. *Mediação e Serviço Social*. São Paulo: Cortez, 1995.

_____. A categoria mediação em face do processo de intervenção do Serviço Social. Metodologias e técnicas do Serviço Social. *Cadernos Técnicos*, Brasília: Sesi-DN, n. 23, 1996.

_____. Mediação: categoria fundamental para o trabalho do assistente social. Capacitação em serviço social e política social. *Cadernos CEFESS, ABEPSS, CEAD, UnB*, São Paulo: Cortez, módulo 04, 2000.

PRATES, Jane Cruz. Planejamento da pesquisa social. *Temporalis*, Porto Alegre: ABEPSS, ano 4, n. 7, jan./jun. 2004.

PROCOLI, Ângela. Nouvelle études antropologiques. *Formation Emplo.* L'Harmattan, Paris, Céreq, n. 77, 2002.

PRODUÇÃO de conhecimento e ensino superior. *Folha de S.Paulo*, São Paulo, 17 nov. 2006.

QUINTANA, Mario. *O mapa*. Disponível em: <www.releituras.com/mquintana>. Acesso em: 30 set. 2006.

RAMOS, Maria Aparecida et al. O estágio na formação profissional: o debate sobre os desafios e as formas de enfrentamento. In: ENCONTRO NACIONAL DE PESQUISADORES EM SERVIÇO SOCIAL (ENPESS), 9., 2004, Porto Alegre. *Anais...* Porto Alegre: PUCRS, 2004.

RAMOS, Marise Nogueira. *A pedagogia das competências*: autonomia ou adaptação? São Paulo: Cortez, 2001.

REGO, Teresa Cristina. *Vygotsky*: uma perspectiva histórico-cultural da educação. 9. ed. Petrópolis: Vozes, 1995.

REIS, Marcelo Braz Moraes dos. A política nacional de fiscalização e o estágio como espaço de aprendizagem do exercício profissional. Conferência e deliberações do XXXII Encontro Nacional CFESS/CRESS — 10 anos do Código de Ética em vigor e da Lei de Regulamentação da profissão. *Anais...* Salvador, 2003.

_____. *Notas sobre o projeto ético-político do Serviço Social*: assistente social: ética e direitos. 4. ed. Rio de Janeiro: CRESS, 7ª Região, 2004. Coletânea de Leis e Resoluções.

RICHARDSON, Roberto Jarry et al. *Pesquisa social*: métodos e técnicas. 2. ed. São Paulo: Atlas, 1989.

RICHMOND, Mary E. *Diagnóstico social*. Lisboa: Fundação Russell Sage, 1950.

RICO, Elizabeth de M. Considerações sobre a proposta de normatização do exercício da supervisão e credenciamento de instituições: campos de estágio. *Serviço Social & Sociedade*, São Paulo: Cortez, ano VII, n. 24, 1984.

RIOS, Terezinha Azerêdo. *Ética e competência*. 14. ed. São Paulo: Cortez, 2004.

_____. *Compreender e ensinar*: por uma docência da melhor qualidade. 5. ed. São Paulo: Cortez, 2005.

ROPÉ, Françoise; TANGUY, Lucie (Org.). *Saberes e competências*: o uso de tais saberes na escola e na empresa. São Paulo: Papyrus, 1997.

ROSA, João Guimarães. *Grande sertão*: veredas. Rio de Janeiro: José Olympio, 1988.

ROSO, Adriane. Grupos focais em psicologia social: da teoria à prática. *Psico*: Revista Semestral-Instituto de Psicologia, Porto Alegre: PUCRS, 1997.

ROSSO, Sadi Dal. Tempo de trabalho. In: CATTANI, Antônio (Org.). *Dicionário crítico sobre trabalho e tecnologia*. 4. ed. Petrópolis: Vozes; Porto Alegre: UFRGS, 2002.

SÁ, Jeanete L. Martins de. *Conhecimento e currículo em Serviço Social*: análise das contradições (1936-1975). São Paulo: Cortez, 1995.

SÁ-CHAVES, Idália da Silva Carvalho. *A construção de conhecimento pela análise reflexiva da práxis*. Lisboa: Fundação Calouste Gulbenkian, Fundação para a Ciência e Tecnologia, Ministério da Ciência e Tecnologia, 2002.

SALM, Cláudio. Novos requisitos educacionais do mercado de trabalho. In: OLIVEIRA, Marco Antônio (Org.). *Economia & trabalho*: textos básicos. Campinas: Unicamp/IE, 1998.

SANT'ANA, Raquel Santos. O desafio da implantação do projeto ético-político do Serviço Social. *Serviço Social & Sociedade*, São Paulo: Cortez, n. 62, 2000.

SANTOS, Boaventura de Sousa. O papel da produção de conhecimento na transformação social. In: SEMINÁRIO INTERNACIONAL. O papel da sociedade civil nas novas pautas políticas. *Anais*... São Paulo: Associação Brasileira de Organizações Não-Governamentais, 2003.

SANTOS, Leila Lima. *Textos de Serviço Social*. São Paulo: Cortez, 1982.

SAVIANI, Dermeval. *Pedagogia histórico-crítica*: primeiras aproximações. 3. ed. São Paulo: Cortez, 1992.

SCHESTATSKY, Samuel Sidnei. As intervenções do supervisor. In: MABILDE, Luiz Carlos. *Supervisão em psiquiatria e em psicoterapia analítica*: teoria e técnica. Porto Alegre: Mercado Aberto, 1991.

SCHÖN, Donald. A. *Educando o profissional reflexivo*: um novo design para o ensino e a aprendizagem. Porto Alegre: Artmed, 2000.

SECCHIN, Antonio Carlos. *Todos os ventos*. Rio de Janeiro: Nova Fronteira, 2002.

SEMINÁRIO LATINO-AMERICANO DE SERVIÇO SOCIAL. *Anais...* Porto Alegre: PUCRS, 2003.

SENNETT, Richard. *A corrosão do caráter*: as consequências pessoais do trabalho no novo capitalismo. 8. ed. Rio de Janeiro: Record, 2004.

SERRA, Rose M. S. *Crise de materialidade no Serviço Social*: repercussões no mercado profissional. São Paulo: Cortez, 2000.

SEVERINO, Antônio Joaquim. Educação e construção de cidadania: desafios para a supervisão em novos tempos. *Revista do III Congresso do SINESP*, São Paulo, out. 1998.

_____. *Metodologia do trabalho científico*. 22. ed. São Paulo: Cortez, 2002.

SETÚBAL, Aglair Alencar. *Pesquisa em Serviço Social*: utopia e realidade. São Paulo: Cortez, 1995.

_____. Análise de conteúdo e suas implicações nos estudos de comunicação. In: MARTINELLI, Maria Lúcia. *Pesquisa qualitativa*: um instigante desafio. São Paulo: Veras, 1999.

SGUISSARDI, Valdemar; SILVA JR., João dos Reis. *Novas faces da educação superior no Brasil*: reforma do Estado e mudança na produção. 2. ed. São Paulo: Cortez, 2001.

SHERIFF, Teresa. Servicio social: noción y metodologia de la intervencion. *Hoy en el Trabajo Social*, Buenos Aires: ECRO, n. 18, jan./mar. 1971.

SHERIFF, Teresa et al. *Supervisión en trabajo social*. Buenos Aires: ECRO, 1973.

SILVA, Ademir Alves da. A questão dos estágios e o mercado de trabalho. *Serviço Social & Sociedade*, São Paulo: Cortez, ano X, n. 29, 1989.

SILVA, Ana Célia Bahia. Das diretrizes curriculares à construção dos projetos pedagógicos em cada instituição. *Cadernos ABESS*, São Paulo: Cortez, n. 8, 1998.

SILVA, José Fernando Siqueira da. Cinco observações sobre supervisão acadêmica em Serviço Social: o Serviço Social e a esfera pública no Brasil, o desafio de construir, afirmar e consolidar direitos. In: XI CBAS; III ENCONTRO DE NACIONAL DE SERVIÇO SOCIAL E SEGURIDADE. *Anais...* Fortaleza: CEFESS, ABEPSS-3ª Região, ENESSO, 2004.

_____; CARDOSO, Priscila Fernanda Gonçalves. Desafios e possibilidades para o estágio supervisionado na formação profissional: a experiência desenvolvida na

Faculdade de Serviço Social da UNISA-SP. In: X CONGRESSO BRASILEIRO DE ASSISTENTES SOCIAIS (CBAS), 10., 2001. *Anais...* Rio de Janeiro: Uerj, 2001.

SILVA, Maria Dulce. O estágio na formação profissional: elementos para a análise. *Serviço Social & Sociedade*, São Paulo, ano XV, n. 45, ago. 1994.

SILVA, Maria Ozanira da Silva e. Configuração de um projeto profissional: as contribuições do CBCISS para o Serviço Social no Brasil. Rio Janeiro, ano XXVI, 1994. (Temas sociais, 241.)

_____. Configuração de um projeto profissional: as contribuições do CBCISS para o serviço social no Brasil. *CBCISS*, Rio Janeiro, n. 241, jun. 1994.

_____. (Coord.). *O Serviço Social e o popular*: resgate teórico-metodológico do projeto profissional de ruptura. São Paulo: Cortez, 1995.

SILVA, Naura Syria Correa da. *Supervisão educacional*: uma reflexão crítica. 12. ed. Petrópolis: Vozes, 1981.

SILVA JÚNIOR, Celestino Alves da; RANGEL, Mary (Org.). *Nove olhares sobre a supervisão*. 5. ed. Campinas: Papirus, 2000.

SIMIONATTO, Ivete. Fundamentos históricos e teórico-metodológicos do Serviço Social. *Temporalis*, Brasília: ABEPSS, n. 8, jul./dez. 2004.

SOARES, Maria Clara Couto. Banco Mundial: políticas e reformas. In: HADDAD, Sérgio et al. (Org.). *O Banco Mundial e as políticas educacionais*. 4. ed. São Paulo: Cortez, 2003.

SOTO, William; Hector Gómez. A análise do discurso nas ciências sociais. *Cadernos de Sociologia*, Porto Alegre, n. 9, 1998.

SOUZA, Paulo Nathanael Pereira de. *LDB e educação superior*: estrutura e funcionamento. 2. ed. São Paulo: Pioneira/Thompson Learning, 2001.

SOUZA, Rosenária Ferraz. *Carta da assistente social de Minas Gerais*. Belo Horizonte: CRESS 6ª Região, 2005.

TANGUY, Lucie. Formação: uma atividade em vias de definição? In: COSTER; PICHAULT (Org.). *Traté de sociologie du travail*. Bélgica: de Boeck-W, 1994.

_____. Introdução. In: TANGUY, Lucie; FRANCOISE Ropé. *Saberes e competências*: o uso de tais noções na escola e na empresa. São Paulo: Papirus, 1997.

_____. Formação: mudanças técnicas e recomposição dos saberes ensinados aos trabalhadores: dos discursos às práticas. In: DESALUNIERS, Julieta Beatriz

Ramos (Org.). *Formação & trabalho & competência*: questões atuais. Porto Alegre: Edipucrs, 1998.

TARDIN, Maria Aparecida Cassab. Indicações para uma agenda de debates sobre o ensino da prática a partir do novo currículo. *Temporalis*, Niterói: ABEPSS, n. 2, 2002.

TERRASSOVICH, Eliana Marcos dos Santos. *A disciplina de supervisão em Serviço Social no curso de graduação em Serviço Social*: subsídios para seu conteúdo programático. Dissertação (Mestrado) — Pontifícia Universidade Católica de São Paulo. São Paulo, 1977.

THALHEIMER, August. *Introdução ao materialismo dialético*. São Paulo: Ciências Humanas, 1979.

TOLEDO, Laisa Regina Di Maio Campos. Considerações sobre a supervisão em Serviço Social. *Serviço Social & Sociedade*, São Paulo: Cortez, ano V, n. 15, ago. 1984.

TONET, Ivo. Fundamentos filosóficos para nova proposta curricular do serviço social. *Serviço Social & Sociedade*, São Paulo: Cortez, n. 15, 1984.

TONON, Graciela; ROBLES, Claudio; MEZA, Miguel. *La supervisión en trabajo social*: una questión profesional y académica. Buenos Aires: Espacio, 2004.

TRINDADE, Rosa Lúcia Prédes. Desvendando as determinações sócio-históricas do instrumenttal técnico-operativo do Serviço Social na articulação entre demandas sociais e projetos profissionais. *Temporalis*, Brasília: ABEPSS, n. 4, dez. 2002.

TRINDADE, Rosa Lúcia Prédes et al. A formação profissional do assistente social na contemporaneidade: a Regional ABEPSS/Nordeste no Debate. *Temporalis*, Brasília: ABEPSS, ano 3, 2002.

TRIVIÑOS, Augusto Nibaldo Silva. *Introdução à pesquisa em ciências sociais*: a pesquisa qualitativa em educação. São Paulo: Atlas, 1987.

UNIVERSIDADE FEDERAL DE PELOTAS. Disponível em: <www.ufpel.tche.br/academia>. Acesso em: 25 jan. 2006.

UNIVERSIDADE FEDERAL DO RIO GRANDE DO SUL. Disponível em: <www.ufrgs.br/Graduação/Informacoes>. Acesso em: 25 jan. 2006.

UNIVERSIDADE LUTERANA DO BRASIL. Disponível em: <www.ulbra.br>. Acesso em: 25 jan. 2006.

VASCONCELLOS, Celso dos Santos. Planejamento projeto de ensino-aprendizagem e projeto político-pedagógico: elementos metodológicos para sua elaboração e realização. *Cadernos Pedagógicos do Libertad*, São Paulo: Libertad, v. 1, 1996.

_____. Construção do conhecimento em sala de aula. *Cadernos Pedagógicos do Libertad*, São Paulo: Libertad, 1999.

VASCONCELOS, Ana Maria. Relação teoria e prática: o processo de assessoria/consultoria e o serviço social. *Serviço Social & Sociedade*, São Paulo, ano XIX, n. 56, mar. 1998.

_____; CALDEIRA, Alany Pinto. Serviço Social e estágio curricular. In: ENCONTRO NACIONAL DE PESQUISADORES EM SERVIÇO SOCIAL (ENPESS), 9., 2004, Porto Alegre. *Anais...* Porto Alegre: PUCRS, 2004.

VASCONCELOS, Eduardo Mourão. Serviço Social e interdisciplinaridade: o exemplo da saúde mental. *Serviço Social & Sociedade*, São Paulo: Cortez, n. 54, jul. 1997.

VÁSQUES, Adolfo Sánchez. *Filosofia da práxis*. Rio de Janeiro: Paz e Terra, 1977.

VEIGA, Ilma Passos Alencastro. *Didática*: uma retrospectiva histórica. São Paulo: Papirus, 1995.

_____. Metodologia do ensino no contexto da organização do trabalho pedagógico. In: LEITE, Denise; MOROSINI, Marilia (Orgs.). *Universidade futurante*: produção do ensino e inovação. Campinas: Papirus, 1997.

VIANA JUNIOR, Aurélio (Org.). *A estratégia dos bancos multilaterais para o Brasil* — análise crítica e documentos inéditos. Brasília: Rede Brasil, 1998.

VIEIRA, Balbina Ottoni. *A história do Serviço Social*: contribuição à sua construção de sua teoria. Rio de Janeiro: Agir, 1976.

_____. *Serviço social*: processos e técnicas. 3. ed. Rio de Janeiro: Agir, 1977.

_____. *Metodologia do serviço social*: contribuição para sua elaboração. Rio de Janeiro: Agir, 1978.

_____. *Supervisão em Serviço Social*. 2. ed. Rio de Janeiro: Agir, 1979.

_____. *Serviço Social*: política e administração. 3. ed. Rio de Janeiro: Agir, 1980.

_____. *Modelos de supervisão em Serviço Social*. Rio de Janeiro: Agir, 1981.

VYGOTSKY, Lev Semenovictch. *Pensamento e linguagem*. São Paulo: Martins Fontes, 1993.

VYGOTSKY, Lev Semenovictch. *Estudos sobre a história do comportamento*: símios, homem primitivo e criança. Porto Alegre: Artes Médicas, 1996.

_____. *A formação social da mente*. 6. ed. São Paulo: Martins Fontes, 1998.

WARDE, Mirian Jorge. Debates realizados no seminário "O Banco Mundial e as Políticas de Educação no Brasil". In: HADDAD, Sergio; TOMMASINI, Lívia de; WARDE, Mirian Jorge (Orgs.). *O Banco Mundial e as políticas educacionais*. 4. ed. São Paulo: Cortez, 2003.

WILLIAMSON, Margaret. *Supervision en servicio social del grupo*. 4. ed. Buenos Aires: Humanitas, 1967.

WILSON, Gertrudes; RYLAND, Gladis. *Prática do Serviço Social de grupo*. Rio de Janeiro: Departamento Nacional do Sesc, 1957.

WOLFF, Maria Palma. *Antologia de vidas e histórias na prisão*: emergência e injunção de controle social. Rio de Janeiro: Lúmen Júris, 2005.

YAZBEK, Maria Carmelita. Pobreza e exclusão social: expressões da questão social no Brasil. *Temporalis*, Brasília: ABEPSS, ano II, n. 3, jan./jun. 2001.

YAZBEK, Maria Carmelita et al. Projeto de Revisão Curricular da Faculdade de Serviço Social da PUC-SP. *Serviço Social & Sociedade*, São Paulo: Cortez, ano V, n. 14, abr. 1984.

ZILLES, Urbano. *Teoria do conhecimento*. Porto Alegre: EDIPUCRS, 1994.

ZIMERMAN, David Epelbaum. Supervisão de psicoterapia em situações especiais. In: MABILDE, Luis Carlos (Org.). *Supervisão em psiquiatria e em psicoterapia analítica*: teoria e técnica. Porto Alegre: Mercado Aberto, 1991.

Anexos

Anexo 1

Cartografia da metodologia

O desenho desta pesquisa acompanha a ideia de cartografia uma vez que o processo de construção, de reflexões de decisões, e de conclusões, somente é possível em razão dos instrumentos utilizados e da interpretação dos resultados a que o uso dos instrumentos permite chegar. A descrição da realidade ou de fenômenos que permitem conhecê-la mostra-se contraditória e, por vezes, desvirtuada por uma ilusão da aparência. Isso quer dizer que a descrição traz, em si, significações da própria subjetividade do pesquisador, que precisam ser compreendidas no desenvolvimento da pesquisa. A análise e a apreensão crítica do processo de supervisão de estágio não se limitaram ao que está aparentemente dado e expresso. O estudo exigiu constantemente percepção do real e das contradições existentes, pois o mundo social "[...] não é um dado natural, sem problemas: ele é ativamente construído por pessoas em suas vidas cotidianas, mas não sob condições que elas estabeleceram" (Bauer; Gaskell, 2002, p. 65). Isso pressupõe a capacidade de apreender dialeticamente transições, passagens e contraposições, fundamento que serviu de ancoragem para esta investigação, quanto à maneira de pensar e compreender a realidade como contraditória e em permanente transformação. Nesse propósito, a cartografia da metodologia ilustra as conexões internas entre os elementos básicos para operacionalização desta investigação, buscando registrar a coerência entre os objetivos e o problema formulado, confrontar se as questões norteadoras respondem à questão central da pesquisa e se os instrumentos escolhidos abarcam o objeto pesquisado.

A trajetória percorrida constou: da coleta através de mergulho nas publicações lançadas no período de 1996 a 2004, feitas pela ABEPSS, com o objetivo de reconhecer a produção sobre supervisão então gestada; de encaminhamento de questionários com as principais questões que embasam o processo de supervisão e que compõem o cotidiano do trabalho docente; bem como de ouvir alunos-estagiários e assistentes sociais de campo, através da realização de grupos focais. Através da análise do material coletado, retomou-se e ampliou-se o foco da investigação, estabelecendo conexões e desvendando contradições. Sob orientação dos objetivos e referenciais teóricos, procederam-se a codificação, à classificação e à categorização das informações, a partir das quais se construiu o mapa das descobertas. Por fim, realizou-se a interpretação, que, além de superar "[...] a dicotomia objetividade *versus* subjetividade, exterioridade *versus* interioridade, análise *versus* síntese revelará que o produto da pesquisa é um momento de práxis do pesquisador [...]" (Minayo, 1998, p. 237). A elaboração de uma tese percorre caminhos através da linguagem, na trajetória de problematizar, relacionar, sintetizar, relativizar concepções, valores e saberes no mundo da investigação. Esse processo é compreendido como estado de arte, em que o pesquisador se insere na investigação científica, a fim de construir, sob vários pontos de vista, conceitos, conexões, proposições e métodos, o seu próprio caminho do pensamento (Minayo, 1998).

1. Análise de conteúdo

A Análise de Conteúdo representa um esforço teórico para o desenvolvimento de técnicas, para "ultrapassar o nível do senso comum e do subjetivismo na interpretação e alcançar uma vigilância crítica frente à comunicação de documentos, textos literários, biografias, entrevistas ou observações" (Minayo, 1993, p. 203). Tem como um dos objetivos buscar sentido ou sentidos no texto e fundamenta-se nos pressupostos da concepção dinâmica da linguagem, apreendida como construção real de cada sociedade e como expressão da existência humana, elaborando e desenvolvendo representações, em todos os momentos históricos (Bardin, 1977). A análise de conteúdo é um método de análise de texto desenvolvido dentro das ciências sociais empíricas (Bauer, 2002).

A opção metodológica pela análise de conteúdo, utilizando as produções bibliográficas da área, originou-se pelo conhecimento prévio que as mesmas constituíam numa fonte importante de informações. Para a seleção da amostra percorreu-se as produções divulgadas em diferentes periódicos e eventos organizados pelo Conselho Federal de Serviço Social (CFESS), pela Executiva Nacional de Estudantes de Serviço Social (Enesso) e pela Associação Brasileira de Ensino e Pesquisa em Serviço Social (ABEPSS), dentre os quais, destacam-se: os Encontros

Nacionais de Pesquisas em Serviço Social (Enpess), realizados bienalmente; as Oficinas Nacionais, anualmente, o Seminário Latino-Americano de Serviço Social (SLAM), ocorrido em julho de 2003, e, por último, os Congressos Brasileiros de Assistentes Sociais (CBAS), acontecimentos promovidos, de três em três anos.

O conjunto de documentos foi selecionado do total de 3.950 textos produzidos sobre os diversos temas pertinentes ao exercício profissional, entre os quais 525 versavam sobre formação profissional, e 78 ou 14% desse total tratava especificamente sobre supervisão de estágio. A primeira leitura teve como objetivo selecionar os artigos, cujo conteúdo estivesse relacionado à supervisão e ao estágio. Inicialmente procedeu-se à leitura e à análise do material disponível, para conhecer a estrutura da narrativa, distinguir os sujeitos e os estados do Brasil que estavam sendo representados. Dos 78 artigos que abordaram supervisão e estágio selecionaram-se 45 que versavam diretamente sobre supervisão de estágio com os quais foi feito novo mapeamento. Para tanto, utilizaram-se quatro critérios: a) distribuição geográfica — um de cada estado — e não a numérica — na proporção das publicações existentes; b) período de realização dos eventos, de 1996 a 2004; c) apresentação dos eventos promovidos, tais como Enpess, CBAS, SLAM, e Oficinas; d) apresentação dos diversos sujeitos articulistas, tais como alunos, professores supervisores, assistentes sociais supervisores e pesquisadores, resultando, finalmente, na escolha de 11 artigos produzidos por 14 articulistas. Dentre esses, professores, assistentes sociais supervisores de campo e alunos estagiários, que abordaram o tema através de relatos de pesquisa, de experiências e ensaios teóricos.

A importância de trabalhos dessa natureza está em possibilitar a avaliação do impacto desse processo na formação, ou seja, em que direções caminham as pesquisas já desenvolvidas, em quais questões as ideias têm sido mais utilizadas e em quais aspectos maiores investigações são necessárias tanto para o avanço do conhecimento científico como para o avanço prático da área. Através da linguagem escrita, na frequência, na categorização, na associação de ideias, reconstruindo pelo conhecimento, mapas que podem ir além da classificação de unidades de textos, à medida que, ao fazer relações e comparações, estabeleceu-se uma rede de unidades de análise.

2. Estudo qualitativo

A análise de conteúdo agregou-se, então, ao estudo qualitativo, cuja necessidade metodológica decorreu da importância e necessidade de que os sujeitos envolvidos na problemática estudada pudessem ter expressão direta. Na implementação desse processo metodológico, utilizaram-se duas técnicas de coletas de dados: aplicação de questionários e grupo focal.

2.1. Questionários

Questionário, "[...] instrumento de coleta de dados, constituído por uma série ordenada de perguntas, que devem ser respondidas por escrito e sem a presença do entrevistador [...]" (Lakatos; Marconi, 1985, p. 178), sendo, então, retomados os objetivos da pesquisa buscando contemplá-los na elaboração das perguntas. Antes de sua aplicação definitiva, foi testado com dois professores e posteriormente, enviaram-se as questões via *e-mail*. A fim de acompanhar o questionário, elaborou-se uma carta-convite para a participação no estudo, constando a natureza e a importância desta pesquisa para o trabalho do assistente social.

No período de julho e agosto de 2005, encaminharam-se catorze questionários para os docentes de Serviço Social de várias regiões do Brasil. Houve retorno de oito questionários, o que perfez o percentual de 75%. A coleta individual teve como objetivo identificar de que modo o processo de supervisão de estágio possibilita o exercício da competência e das habilidades previstas no atual projeto profissional, no intuito de fortalecê-las. Os critérios de escolha dos docentes contemplavam quatro aspectos: a) pessoas de reconhecido saber na sua área de atuação, b) publicações bibliográficas produzidas; c) participação em conferências e palestras, d) engajamento em órgãos políticos da categoria, como a ABEPSS, CFESS.

De posse de todos os questionários respondidos, procedeu-se à primeira leitura. E posteriormente, foram organizados em textos temáticos. Foi atribuído a cada professor um número, com a finalidade de identificar as ideias correspondentes e retomar o conteúdo, caso houvesse necessidade de maior compreensão. Realizaram-se a segunda e as demais leituras, decifrando as ideias apresentadas não mais como parte do texto de determinado sujeito, mas da totalidade das respostas. Desse modo, não se enfatizou a resposta "daquele" professor, mas as ideias do conjunto de professores.

2.2 Grupo focal

O grupo focal como recurso metodológico, orientado pela referência de Bauer e Gaskell (2002, p. 79), foi realizado com assistentes sociais, supervisores e alunos estagiários, os quais o definem como um debate aberto e acessível a todos, cujos "[...] assuntos em questão são de interesse comum; as diferenças de *status* entre os participantes não são levadas em consideração, e o debate se fundamenta em uma discussão racional [...]". Esse instrumento foi utilizado para apreender as interações e desvendar como as supervisoras e os estagiários pensam e agem sobre o processo de supervisão de estágio na efetivação da competência profissional.

Conforme Roso (1997), a técnica do grupo focal consiste em entrevista profunda coletiva e tem como propósito descobrir o que cada membro do grupo pensa sobre o tópico em discussão. Trabalha com a percepção do sujeito que vive determinada experiência ou situação, bem como com o significado das motivações, atitudes e valores. Guareschi (1996, p. 1) salienta que os grupos focais se baseiam na interação que se processa dentro do grupo, pois o ponto central dos grupos focais é "[...] o uso explícito da interação grupal para produzirem dados e *insight* que seriam difíceis de conseguir fora da interação que se processa dentro de um grupo [...]".

Os grupos foram constituídos por supervisores-assistentes sociais e alunos estagiários, da PUCRS. Os critérios de seleção dos supervisores-assistentes sociais foram: (a) estar formado há mais de cinco anos; (b) supervisionar ou atuar há mais de dois anos no campo de trabalho; (c) atender ao chamado da pesquisadora por livre e espontânea vontade; (d) estar atuando ou já ter atuado na supervisão a alunos de cursos de Serviço Social de universidades diferentes. Do total de 38 assistentes sociais de campo, o grupo compôs-se de dez elementos, todos do sexo feminino, que exerciam atividade profissional nas áreas da saúde, assistencial, da seguridade, jurídica, educacional e comunitária, de órgãos públicos e privados, governamentais e não-governamentais e de movimentos sociais. Das dez assistentes sociais, sete trabalham em órgão público (municipal ou federal), e três, em instituição particular. Quanto ao nível de escolaridade, uma completou apenas a graduação, oito fizeram pós-graduação em especialização *lato senso*, e uma, de *strictu senso*, com mestrado. O tempo desde a conclusão do curso variou, sendo que, das dez, uma se formou na década de 1970; duas, na década de 1980; quatro, na década de 1990; e três, no ano de 2000. Quatro iniciaram a supervisão de alunos na década de 1990; e seis, em 2000.

Em relação aos discentes, do grupo de 47 alunos do estágio em Serviço Social, dez foram selecionados de acordo com os critérios: frequência à disciplina de estágio curricular, adesão voluntária, composição pelos diferentes supervisores do mesmo nível de estágio, objetivando, assim, o entendimento de como diferem e se formam distintas percepções, opiniões e atitudes acerca do objeto em estudo. Foram sete os participantes, sendo cinco do sexo feminino e dois do sexo masculino, cuja faixa etária variou entre 19 e 45 anos. Cinco deles já haviam trabalhado anteriormente em estágio, e dois não. Durante o processo de pesquisa, quatro alunos trabalhavam com vínculo empregatício concomitantemente ao estágio curricular, e três estavam realizando atividades em núcleos de pesquisa e estágio extracurricular. Quanto à escolaridade dos sete, todos cursaram o ensino médio em escola seriada, sendo que seis em instituição particular e um em pública.

Após a seleção dos sujeitos, fez-se o convite aos assistentes sociais e aos alunos por meio dos seguintes procedimentos: (a) contato telefônico com os assistentes sociais e alunos, para oficializar o convite, no qual foram relatados os objetivos da pesquisa, sua relevância, horários e datas para a realização dos grupos; e (b) posteriormente à confirmação dos participantes, foi enviada, via *e-mail*, uma carta-convite. A coleta de dados contemplou a assinatura prévia do Termo de Consentimento Livre e Esclarecido, das assistentes sociais e alunos entrevistados antes do início dos grupos. Do encontro, fizeram parte a acolhida, a explicação da atividade proposta e a prévia autorização do grupo quanto ao uso do gravador, deixando claro que os nomes não seriam identificados. Solicitou-se que cada um falasse e se sentisse livre para expressar aquilo que lhe vinha à mente. Além disso, reforçou-se a importância da contribuição pessoal para o estudo que estava sendo elaborado. Ficou-se atento para assegurar que não houvesse apenas um participante do grupo dominando os demais; encorajou-se a participação daqueles que apresentaram certa timidez ao falar, e, dessa forma, obteve-se no processo respostas do grupo todo. O tempo de duração das discussões nos grupos focais foi de, aproximadamente, duas horas para cada um, perfazendo o total de quatro horas.

2.3 Classificação e análise dos dados

Concluída a fase da coleta, iniciou-se a análise do material, reunindo artigos, questionários e material dos grupos focais. Após atenta releitura, os documentos foram classificados, respeitando as questões norteadoras da pesquisa, analisados e interpretados. A descrição analítica inicia já na pré-análise, mas nesta etapa o *corpus* é submetido a um estudo aprofundado orientado pelas formulações e referenciais teóricos. Segundo Triviños (1987), os procedimentos de codificação, classificação e categorização são básicos nesta instância do estudo. Daí surgirão os quadros de referência que servirão de base para a realização das inferências.

Após as leituras dos artigos, das respostas dos questionários e dos depoimentos das assistentes sociais e alunos nos grupos focais em sua totalidade foram estabelecendo-se novos nexos. A intimidade com o tema investigado levou-me a acreditar que o conhecia bem; no entanto, quando me dediquei a questioná-lo de forma mais aprofundada, deparei-me com limitações e, ao mesmo tempo, com a probabilidade de novas apropriações e, por conseguinte, de novas sínteses provisórias. Após essa etapa, compreendi o conceito e a amplitude do ato de investigar em pesquisa de tipo qualitativa.

Procuramos inicialmente submeter esse *corpus* a um processo preliminar de codificação e categorização. Para a organização dos dados, procedeu-se de modo a agrupá-los considerando a parte comum existente entre eles. Entende-se que não há categorias definidas *a priori*, mas essas emergem da análise. Classificamos por semelhança, já que este é um passo essencial de redução dos dados. Procurou-se assegurar aqui o critério da homogeneidade segundo o qual os textos são crivados a partir de uma direção da análise, a fim de assegurar a classificação de cada elemento em categorias finais.

Como princípio de validação dos dados e informações coletados para articulação das fontes empregadas na pesquisa, utilizou-se a técnica de triangulação, buscando abranger a amplitude da descrição, da explicação e da compreensão do objeto investigado, partindo de princípios que sustentavam a impossibilidade de conceber a existência disjunta de um fenômeno social, sem raízes históricas, sem significados culturais e sem atrelamentos estreitos e essenciais com uma macrorrealidade social. Buscou-se fundamentação em Triviños (1994), Minayo (1998), delineando cartograficamente a técnica de triangulação entre os questionários de perguntas abertas aos docentes da área de Serviço Social, o processo de grupo focal com alunos e assistentes sociais de campo e a análise de artigos na área de Serviço Social sobre supervisão de estágio nos anais da ABEPSS/CEFESS e Enesso no período de 1996 a 2004. A triangulação, de certa forma, consagra tanto a crítica intersubjetiva como a comparação. Buscou-se mostrá-la como atividade interna que acompanhou todo o processo investigativo na combinação e no cruzamento de múltiplos pontos de vista, de múltiplos informantes e de múltiplas técnicas de coleta de dados (Minayo, 1998).

Anexo 2

Processo de categorização

Categorias	Subcategorias
Espaço de mediações entre formação e exercício profissional	1. Projeto político-profissional 2. Processo de trabalho
Espaço afirmativo de formação	1. Espaço de ensino-aprendizagem 2. Enfrentamento do cotidiano profissional 3. Espaço efetivo de não-tutela, de autonomia, de apoio, de fruição, de criatividade 4. Significados atribuídos à supervisão
Dimensão ético-política: desafios e reafirmação de compromissos	1. Desafios e reafirmação de compromissos 2. Desafio à apropriação dos fundamentos teóricos, metodológicos, históricos, éticos e políticos 3. Agenda comum: alunos, assistente social e professor
Dimensão teórico-metodológica: alicerce em construção	1. Teoria crítica como alicerce 2. Vulnerabilidade teórico-metodológica
Dimensão técnico-operativa: espaço de operacionalização do conhecimento e da ética	1. Dimensão técnico-operativa dissociada das dimensões ético-política e teórico-metodológica 2. Instrumentos e técnicas 3. Supervisão individual e grupal

Fonte: Sistematização elaborada pela autora.

Anexo 3

Publicações em Revistas e Anais de Encontros Científicos sobre Supervisão de Estágio em Serviço Social no Período de 1996 a 2004

Artigos	Estado	Ano	Evento	Autores
01	Paraná	1996	V Enpess	— Conselho Regional de Serviço Social — 11ª Região
02	Rio de Janeiro	1998	VI Enpess	— Mestre em Serviço Social — Representante dos Supervisores na ABEPSS Leste e integrante do Fórum de Supervisores do Rio de Janeiro
03	São Paulo	2000	VII Enpess	— Professora e mestre em Serviço Social
04	São Paulo	2002	VIII Enpess	— Professora e mestre em Serviço Social
05	Rio Grande do Sul	2004	IX Enpess	— Acadêmica em Serviço Social
06	Piauí	2004	IX Enpess	— Professora e doutora em Serviço Social — Assistente social — supervisora de Campo — Assistente social (ex-estagiária)
07	Goiás	1998	IX CBAS	— Professora e Mestre em Serviço Social
08	Minas Gerais	2001	X CBAS	— Professora e mestre em Serviço Social e coordenadora do Curso
09	Paraíba	2004	XI CBAS	— Professoras
10	Amazonas	2003	SLA	— Professoras do Serviço Social e mestres em Serviço Social
11	Santa Catarina	2004	Oficina Nacional da ABEPSS	— Professora e doutora em Serviço Social

Fonte: Anais do Enpess — ABEPSS, CEFESS e Enesso (1996-2004).